EM CONFLITO

IAN LESLIE

CONFLITO

POR QUE AS DISCUSSÕES ESTÃO NOS DISTANCIANDO E COMO PODEM NOS UNIR

TRADUÇÃO
Lígia Azevedo

TITULO ORIGINAL *Conflicted – why arguments are tearing us apart and how they can bring us together*

© 2021 Ian Leslie
International Rights Management: Susanna Lea Associates
© 2021 VR Editora S.A.

Latitude é o selo de aperfeiçoamento pessoal da VR Editora

DIREÇÃO EDITORIAL Marco Garcia
EDIÇÃO Marcia Alves
PREPARAÇÃO Laila Guilherme
REVISÃO Juliana Bormio de Sousa
DESIGN DE CAPA E DIAGRAMAÇÃO DE MIOLO Pamella Destefi

Dados Internacionais de Catalogação na Publicação (CIP)
(Câmara Brasileira do Livro, SP, Brasil)

Leslie, Ian
Em conflito: por que as discussões estão nos distanciando e como podem nos unir / Ian Leslie; tradução Lígia Azevedo. – Cotia, SP: Latitude, 2021.

Título original: Conflicted
Bibliografia.
ISBN 978-65-89275-15-2

1. Administração de conflitos 2. Comunicação 3. Conflitos interpessoais I. Título.

21-78777   CDD-303.69

Índices para catálogo sistemático:
1. Administração de conflitos: Sociologia   303.69
Cibele Maria Dias – Bibliotecária – CRB-8/9427

Todos os direitos desta edição reservados à
VR EDITORA S.A.
Via das Magnólias, 327 – Sala 01 | Jardim Colibri
CEP 06713-270 | Cotia | SP
Tel.| Fax: (+55 11) 4702-9148
vreditoras.com.br | editoras@vreditoras.com.br

Para Douglas, sobre quem todos concordamos

*A cada oposição, não se considera se é justa,
mas como lidaremos com ela, certa ou errada.
Em vez de estender os braços, estendemos as garras.*
Michel de Montaigne

Sem opostos não há progressão.
William Blake, O casamento do Céu e do Inferno

Todos assentiram, mas ninguém concordou.
Ian McEwan, *Amsterdam*

Sumário

PRÓLOGO: A entrevista   1

PARTE UM
Por que precisamos de novas maneiras de discutir

   1. Além do lutar ou correr   9
   2. Como o conflito nos aproxima   24
   3. Como o conflito nos deixa mais espertos   48
   4. Como o conflito nos inspira   73

PARTE DOIS
As regras da discussão produtiva

   5. Crie uma conexão primeiro   91
   6. Solte a corda   111
   7. Preserve a fachada   130
   8. Fique de olho nas suas esquisitices   148
   9. Seja curioso   171
  10. Fortaleça o erro   180
  11. Saia do roteiro   193
  12. Restrições compartilhadas   209
  13. Só se enfureça de propósito   220
  14. A regra de ouro: seja sincero   234

PARTE TRÊS
Mantendo a discussão

15. O jogo infinito	243
16. Resumo das regras da discussão produtiva	263
17. Caixa de ferramentas da discussão produtiva	265
Agradecimentos	271
Notas	274
Bibliografia	282
Índice remissivo	294

PRÓLOGO: A entrevista

Sei muito pouco sobre o homem que estou prestes a encontrar, a não ser pelo fato de que ele é suspeito de um crime hediondo e me vê como um inimigo.

Estou sentado em um cômodo bastante iluminado e escassamente mobiliado, em um hotel anônimo em algum lugar na Inglaterra rural. As cortinas grossas da única janela estão fechadas. À minha frente, há uma mesa; do outro lado, uma cadeira vazia. À minha direita está sentado um policial, que me fala do suspeito, o qual, de acordo com, ele aguarda do lado de fora. O policial me conta o que sabemos e o que não sabemos a respeito do crime, e qual é a informação crucial que preciso dar um jeito de arrancar do suspeito. Ele me diz que se trata de um homem orgulhoso, raivoso e astuto.

Tento me concentrar no que o policial diz, mas o encontro que está por vir produz um zumbido dentro da minha cabeça. O suspeito não quer estar aqui. Ele não gosta de pessoas como eu. Como vou fazer que alguém com quem estou em tão profundo desacordo se abra — que me diga o que quer que seja, quanto mais a verdade?

As instruções chegam ao fim. Mantenho as mãos espalmadas sobre a mesa para que o policial não note que estão tremendo. "Você está pronto?", ele pergunta. "Sim", minto. Uma porta se abre. O suspeito entra na sala.

Seu nome é Frank Barnet. Ele é um entregador, um homem robusto que demonstra uma confiança que certamente não sinto.

PRÓLOGO

Um minuto atrás, disseram-me que Barnet vinha se comportando com agressividade em custódia, gritando com os policiais. Ao que parecia, estava frustrado por ter sido preso enquanto deixava os filhos na escola. Barnet se senta do outro lado da mesa e fixa seu olhar frio em mim. Tentando não dar qualquer sinal de que estou nervoso, começo perguntando se ele se recorda do que estava fazendo no domingo à tarde.

"Por que a final de contas eu deveria te contar alguma coisa?"

Opa. Não estou acostumado com esse tipo de coisa. A maior parte das minhas conversas é com pessoas que querem falar comigo. Em geral, elas querem que tudo corra bem, e eu também. Mesmo quando não concordamos no assunto em questão, concordamos quanto a como vamos falar a respeito. A falta desse consenso tácito me desorienta de forma alarmante. Tento de novo, explicando a Barnet que só quero que me ajude a entender o que ele estava fazendo naquele dia.

FB: Por que está falando comigo?
IL: Estamos falando com pessoas que estavam nas proximidades...
FB: Estou pouco me fodendo com essas outras pessoas. Por que está falando *comigo*, Frank Barnet? Por que eu?

Meu estômago se revira. Parte de mim quer retribuir sua hostilidade, e com juros. O que dá a ele o direito de ser assim agressivo? O suspeito de um crime é ele, e não eu. Parte de mim quer evitar um confronto e pedir desculpas. Estou confuso e me sinto desconfortável e sem saída.

• • •

A entrevista

Por que tantos de nossos desentendimentos públicos correm tão mal é algo que me fascina há anos. Pessoas com pontos de vista diferentes parecem ter cada vez mais dificuldade de discutir de maneira produtiva, e deixam as coisas azedar ou não saem do lugar. Então notei que os mesmos problemas se repetem em nossa vida privada. Seja no caso de pais discutindo com os filhos ou de disputas no ambiente de trabalho, nossa incapacidade de discordar de maneira saudável parece agir como um bloqueio ao progresso. Não deveríamos ser capazes de expressar visões conflitantes sem entrar em briguinhas tóxicas ou impasses improdutivos? O que nos impede?

Incapaz de responder a essas perguntas de maneira satisfatória, dei início a uma pesquisa. Li sobre os princípios do bom debate intelectual, como estabelecidos e refinados por pensadores ao longo de milhares de anos, desde os filósofos antigos. Princípios como "boa-fé", "conheça o raciocínio do seu oponente tão bem quanto o seu", "não caia na falácia do espantalho". Tudo parecia muito sábio e esclarecedor, mas algo me incomodava. Como no caso da alimentação saudável ou da atividade física, parecia que uma coisa era saber o que você *deveria* fazer em caso de discordância, mas de fato fazer outra. Eu compreendia a teoria, mas, no momento em que uma discussão se iniciava com a chefia, minha esposa ou um desconhecido nas redes sociais, ia tudo embora pela janela. Comecei a pensar na discordância produtiva não como uma filosofia, mas como uma disciplina, uma habilidade.

As pessoas são máquinas lógicas. Somos egoístas, orgulhosos, impulsivos, inseguros e carentes. Em vez de pura troca de opiniões e indícios, uma discussão quase sempre se mistura com o que sentimos uns pelos outros. Isso não é necessariamente ruim: emoções podem nos ajudar a defender nossa posição ou a ter empatia pelo ponto de vista de outra pessoa. Mas elas também podem trabalhar

PRÓLOGO

contra a discordância saudável. Os instintos primordiais agem, nublando nossos pensamentos e distorcendo nosso comportamento. Tensões tácitas fervilham sob a superfície das discórdias mais educadas, às vezes se transformando em raiva, às vezes nos levando a um retraimento taciturno, outras vezes nos conduzindo à sinceridade e à intimidade.

Quando discordamos, colocamos todo o nosso ser na conversa: cabeça, coração e entranhas. O problema da maioria dos tratados sobre o debate ou a discussão é focar apenas a cabeça. Eu queria abordar tudo. Por isso convenci uma pessoa especializada em interrogatórios a me deixar realizar um interrogatório policial. A maior parte das discordâncias que você ou eu temos no cotidiano não lembra claramente um interrogatório criminal. Nossas discussões podem ser sobre a melhor maneira de tocar um projeto no trabalho, comer carne ou não ou se alguém está tirando dinheiro demais da conta conjunta. Mas elas têm algo fundamental em comum com minha conversa com Frank Barnet: pelo menos em parte, estão relacionadas a como nos sentimos uns em relação aos outros. Sob cada discordância, dá-se uma negociação sem palavras de um relacionamento. Se não partirmos disso, a conversa não terá nenhuma chance de sucesso.

As discordâncias mais difíceis podem ser transformadas em conversas produtivas se prestarmos atenção nessa dimensão oculta. Algumas pessoas ganham a vida assim. Podemos aprender muitíssimo com aqueles que conduzem profissionalmente conversas em conflitos tensos, nas quais há muito em jogo: policiais, negociadores de crise, diplomatas etc. Encontrei semelhanças notáveis entre os desafios encarados por esses especialistas e aqueles com que qualquer um de nós se depara em uma discórdia conjugal, uma discussão sobre política ou uma disputa no trabalho. Combinando essa experiência com ideias e pesquisas das áreas de

A entrevista

ciências da comunicação e psicologia cognitiva, fui capaz de identificar uma gramática universal da discordância produtiva, que todos podemos aplicar em nossa vida.

Nesse processo, não participei apenas de um interrogatório criminal; fui a Memphis observar policiais sendo treinados para lidar com situações tensas em lugares onde a violência nunca é uma possibilidade distante. Conversei com mediadores de divórcio sobre como fazem com que duas pessoas que mal suportam ficar na mesma sala cheguem a um acordo. Perguntei a terapeutas como se dirigem a pacientes que resistem a todos os conselhos que recebem. Aprendi como negociadores de crise convencem outras pessoas a não explodir um prédio ou não se jogar de uma ponte. Esses profissionais fazem coisas muito diferentes, mas todos têm experiência em recuperar algo valioso em circunstâncias nada promissoras. São mestres da conversa sob a conversa.

Aprendi muita coisa sobre as pessoas ao longo do caminho, inclusive sobre quem escreve estas palavras. Não sou um dos guerreiros naturais da vida; um confronto leve que seja pode me deixar desconfortável. Mas aprendi que o conflito não é algo a ser evitado a todo custo e que, nas circunstâncias certas, tem benefícios imensos e gratificantes. Aprendi que crianças que têm divergências declaradas com os pais são mais felizes — desde que a discórdia não azede — e que casais que têm discussões vigorosas muitas vezes estão mais satisfeitos que aqueles que evitam o confronto. Aprendi que equipes de trabalho têm um desempenho mais elevado quando sabem discordar diretamente, mesmo que com intensidade, sem que isso afete os relacionamentos. Aprendi que concórdia demais não faz bem, e que só podemos tirar o melhor de nossas diferenças quando sabemos como discordar.

Saber como discordar de uma maneira que conduza ao progresso e ao entendimento em vez de à imobilidade e à aspereza

PRÓLOGO

pode ajudar a todos nós. No entanto, a discordância produtiva é mais do que uma aptidão crucial para a vida. Em um momento em que a humanidade tem dificuldade de lidar com desafios existenciais sem precedentes, ela se tornou uma necessidade vital para nossa espécie. A discordância é uma maneira de refletir, e talvez a melhor que temos. Ela é crítica para a saúde de qualquer empreendimento compartilhado, do casamento aos negócios e à democracia. Podemos usá-la para transformar noções vagas em ideias factíveis, pontos cegos em *insights*, desconfiança em empatia. Nunca tivemos maior necessidade disso que agora.

Caso você ainda tenha alguma ilusão: a discordância produtiva não é fácil. A evolução não nos preparou para isso. Tampouco é algo que se alcance com treinamento. Na verdade, acho que é justo dizer que a maior parte de nós não leva jeito para a coisa. Isso precisa mudar, ou nossas discussões cada vez mais estridentes estarão destinadas a gerar apenas atrito, e não calor. Ou não gerarão nada, se recusarmos a entrar nelas. E a única coisa pior que ter discussões tóxicas é não discutir.

PARTE UM

Por que precisamos de novas maneiras de discutir

1. Além do lutar ou correr

A sociedade em que vivemos tende mais do que nunca à discordância, e não estamos nem remotamente prontos para isso.

Em 2010, a revista *Time* descreveu a missão do Facebook como "domar a multidão vociferante e transformar o mundo solitário e antissocial do acaso aleatório em amigável". Durante a primeira década do uso em massa da internet, esta foi uma teoria popular: quanto mais as pessoas puderem se comunicar umas com as outras, mais amistosas e compreensivas vão se tornar, e mais saudável será o discurso público. Conforme entramos na terceira década deste século, tal visão parece dolorosamente ingênua. Multidões vociferantes se enfrentam dia e noite. A internet conecta as pessoas, mas nem sempre cria um sentimento de solidariedade. Em seu pior, pode lembrar uma máquina que produz discórdia e divisão.

Paul Graham, empreendedor do Vale do Silício, observou que a internet é um meio que gera desacordo por definição. As plataformas de redes sociais são inerentemente interativas, e as pessoas gostam de discutir. Como Graham coloca: "A concordância tende a motivar menos que a discordância". Leitores são mais propensos a comentar um artigo ou uma publicação quando discordam dela e têm mais a dizer em caso de discordância (há um número reduzido de maneiras de dizer "Concordo"). Também tendem a se animar mais na discordância, o que em geral implica raiva.

Em 2010, uma equipe de cientistas de dados estudou a atividade dos usuários nos fóruns de discussões da BBC, medindo a carga emocional de quase 2,5 milhões de publicações de quase 18 mil usuários. Foi descoberto que discussões mais longas eram sustentadas por comentários negativos e que os usuários mais ativos tendiam, no geral, a expressar emoções negativas.

Vivemos em um mundo em que a discordância tóxica é onipresente, em que as pessoas são ofensivas e se ofendem com maior frequência, em que falamos cada vez mais e ouvimos cada vez menos. As tecnologias que usamos para nos comunicar uns com os outros claramente contribuíram para essa situação, mas, ainda que seja tentador culpar o Facebook e o Twitter por nossas falhas, deixaríamos escapar assim o significado de uma mudança mais ampla e mais profunda no comportamento humano que vem sendo produzida há décadas, ou talvez séculos. Socialmente, assim como eletronicamente, há menos vias de mão única. Todo mundo responde para todo mundo. Se estamos nos tornando mais desagradáveis, é porque a vida moderna exige que falemos o que pensamos.

• • •

O antropólogo norte-americano Edward T. Hall introduziu uma distinção entre dois tipos de cultura de comunicação: a de alto contexto e a de *baixo* contexto. Como todas as boas teorias, esta simplifica a realidade com um efeito revelador. Em uma cultura de baixo contexto, a comunicação é explícita e direta. Presume-se que o que as pessoas dizem é uma expressão de seus pensamentos e sentimentos. Não é preciso compreender o contexto — quem está falando e em que situação — para compreender a mensagem. Já em uma cultura de *alto* contexto, pouco é dito explicitamente, e a maior parte da mensagem está implícita. O sentido de cada mensagem reside mais no contexto do que nas palavras. A comunicação é oblíqua, sutil e ambígua.

De modo geral, países da Europa e da América do Norte são culturas de baixo contexto, enquanto países asiáticos são culturas de

Além do lutar ou correr

alto contexto. Para dar um exemplo: *bubuzuke* é um prato japonês simples e muito popular em Kyoto, feito regando o arroz com chá-verde ou um caldo. Se você estiver na casa de alguém em Kyoto e lhe oferecerem *bubuzuke*, talvez decida se aceita ou não com base na sua fome. Mas, em Kyoto, oferecer *bubuzuke* é o modo tradicional de sinalizar que é hora de um convidado ir embora. É necessário saber desse contexto para compreender a mensagem.

Sociedades de alto contexto como o Japão tendem a ser mais tradicionais e mais formais. Para uma boa comunicação, é preciso ter uma profunda compreensão de símbolos compartilhados e regras tácitas de civilidade, como a deferência à senioridade em termos de idade e posição. O principal propósito da comunicação é manter boas relações, mais do que trocar informações ou tirar algo do peito. É dada ênfase a ouvir, já que o ouvinte em uma troca de alto contexto deve ler as entrelinhas para compreender o que está sendo dito. Pessoas de culturas de alto contexto tendem a ser econômicas com as palavras, a se sentir confortáveis com pausas e a não se importar em esperar sua vez de falar.

Sociedades de baixo contexto, como os Estados Unidos, são menos tradicionais e mais diversas. Envolvem relações de curto prazo, mais fluxo e menos deferência. Quando se trata de falar ou ouvir, ter conhecimento de tradição, protocolo e posição não ajuda muito; todos falam por si. Como não se pode confiar no contexto, confia-se na língua. A comunicação de baixo contexto é caracterizada pelo que os estudiosos chamam de "constante e às vezes incessante uso das palavras". Intenções são articuladas, desejos são expressos, explicações são dadas. As pessoas se tratam pelo primeiro nome e batem papo furado. Há mais interrupções e conversas cruzadas — e mais discussões.

Isso nos leva à mais importante diferença entre culturas de alto e baixo contexto: o grau de conflito que cada uma gera. Nas culturas

Por que precisamos de novas maneiras de discutir

asiáticas, expressar sua opinião de forma direta e vigorosa é incomum. Pode ser interpretado como algo imaturo ou mesmo ofensivo. Os ocidentais têm maior propensão a "falar o que pensam" e se arriscar a um confronto. Opiniões divergentes são esperadas, mesmo quando geram atrito. A diferença é relativa: mesmo no Ocidente, desenvolvemos estratégias culturais para evitar o excesso de discussão, como o costume de não falar em política ou religião durante o jantar. Mas, conforme tais tradições desaparecem, o mesmo acontece com seu efeito no controle do conflito.

ALTO contexto	**BAIXO contexto**
• Implícita	• Explícita
• Indireta, sutil	• Direta, confrontadora
• Emocional	• Transacional
• Relações mais fortes	• Relações mais rasas
• Maior confiança	• Menor confiança

Faço comparações gerais entre países como ilustração, mas o modelo de culturas de alto e baixo contexto de Hall pode ser aplicado em qualquer escala. Pessoas que moram em cidadezinhas em que todo mundo se conhece têm uma comunicação de mais alto contexto que aquelas que moram em cidades grandes e estão acostumadas a encontrar desconhecidos com origens diferentes. Em empresas há muito estabelecidas, os funcionários podem deixar suas intenções claras uns aos outros de uma maneira que deixa os novatos perplexos, enquanto em uma *start-up* tudo o que não é explicitamente articulado não será ouvido. Indivíduos alternam situações de alto e baixo contexto: com a família ou os amigos, você provavelmente se envolve em muita comunicação de alto contexto, mas, quando fala com um atendente de *call center*, opta pelo baixo contexto. Culturas de baixo contexto são mais adequadas a sociedades que passam por mudanças e têm alto nível de diversidade e inovação. Mas também podem parecer impessoais, frágeis e imprevisíveis, além de ter maior potencial para o conflito.

A maior parte de nós, independentemente de onde esteja no mundo, se encontra cada vez mais em baixo contexto, conforme as pessoas migram para as cidades, fazem negócios com desconhecidos e conversam pelo celular. Países diferentes ainda têm culturas distintas de comunicação, mas quase todos estão sujeitos aos mesmos vetores globais do comércio, da urbanização e da tecnologia — forças que diluem a tradição, derrubam a hierarquia e aumentam o potencial de discussões. Não parece nem um pouco que estamos preparados para isso.

Pela maior parte de nossa existência como espécie, nós humanos operamos no modo alto contexto. Nossos ancestrais viveram em assentamentos e tribos com tradições compartilhadas e cadeias de comando bem estabelecidas. Agora, com frequência encontramos pessoas com valores e costumes diferentes dos nossos. Ao mesmo tempo, somos mais parecidos que nunca em termos de temperamento. Aonde quer que se olhe, há interações em que todas as partes têm ou exigem voz igual. Consideremos o modo como o casamento mudou. Setenta anos atrás, havia pouca necessidade de a maior parte dos casais discutir quem realizaria as tarefas do lar ou cuidaria das crianças — estava implícito. Tais decisões foram terceirizadas para a cultura. Com o aumento da igualdade de gênero, o lar moderno exige mais comunicação explícita e negociação. O contexto não diz mais quem deveria lavar a roupa. Você pode acreditar, como eu acredito, que essa mudança é muito positiva e ainda reconhecer que aumenta o potencial de discussões espinhosas.

O que vale para o casamento vale para a sociedade como um todo. As crianças têm menor propensão a obedecer à autoridade paterna em silêncio; as organizações dependem menos da cadeia de comando e mais da colaboração; jornalistas não esperam mais que os leitores simplesmente acreditem neles; técnicos esportivos descobriram que gritar com os jogadores no vestiário não é necessariamente o melhor caminho para o sucesso. Todo mundo espera que sua opinião seja ouvida, e cada vez mais ela pode ser. No mundo turbulento, irreverente e gloriosamente diverso em que vivemos, as antigas regras implícitas do que pode e do que não pode ser dito agora são mais livres e fluidas, chegando às vezes a desaparecer. Com menos contexto para guiar nossas decisões, o número de coisas com que "todos concordamos" encolhe rapidamente.

A mudança para o baixo contexto vem ocorrendo há muito tempo, mas acelerou de forma estonteante com as tecnologias da comunicação. A habilidade de discernir as intenções de uma pessoa com base em seus olhos, sua postura, seus movimentos, seu tom de voz e a modulação de sua fala é altamente desenvolvida nos seres humanos. Na internet, esse contexto é retirado. Interfaces de celular e plataformas de *microblog* são de baixo contexto por definição, restringindo o usuário a algumas poucas palavras ou imagens por vez. Só fazemos uma leitura grosseira das intenções de alguém a partir de um texto, mesmo que ele conte com *emojis*. Pense no que define a cultura de baixo contexto, pelo menos em sua forma mais extrema: tagarelice infinita, discussões frequentes; todo mundo dizendo o que pensa o tempo todo. Isso lembra alguma coisa? Como Ian Macduff, especialista em resolução de conflitos, explica: "O mundo da internet parece predominantemente um mundo de baixo contexto". Enquanto isso, recorremos a táticas de resolução de conflito criadas com base em um mundo como era 200 mil anos atrás.

• • •

Além do lutar ou correr

Se seres humanos fossem entidades puramente racionais, ouviríamos com educação um ponto de vista contrário antes de refletir e responder. Na verdade, a discordância inunda nosso cérebro de sinais químicos que tornam difícil focar a questão em mãos. Os sinais nos dizem: isso é um ataque *a mim*. "Discordo de você" se torna "Não gosto de você". Em vez de abrirmos a mente ao ponto de vista da outra pessoa, focamos em nos defender.

Essa aversão à discordância está impregnada na história evolutiva. Os neurocientistas Jonas Kaplan, Sarah Gimbel e Sam Harris usaram imagens do cérebro para observar o que acontecia quando as pessoas recebiam indícios que desafiavam suas crenças políticas mais fortes. Eles descobriram que eram ativadas as mesmas áreas do cérebro que aquelas em caso de ameaça física. Mesmo quando se trata de uma discordância relativamente branda, o interlocutor se torna um antagonista perigoso com o intuito de nos prejudicar. É por isso que nosso corpo reage de determinada maneira: sentimos um aperto no peito e a pulsação aumentar.

Animais respondem a ameaças físicas com duas táticas básicas, identificadas pela primeira vez por Walter Bradford Cannon, biólogo da Universidade Harvard, em 1915: lutar ou correr. Seres humanos não são diferentes. Uma discordância pode nos tornar mais agressivos e nos tentar a atacar, ou nos induzir a recuar e reprimir nossas opiniões para evitar o conflito. Essas respostas atávicas ainda influenciam nosso comportamento nos ambientes de baixo contexto atuais: ou entramos em discussões hostis e sem sentido, ou fazemos todo o possível para evitar discutir. No século XXI, ambas as respostas são disfuncionais.

Não é preciso olhar muito adiante para ver a reação "lutar" a uma discordância. É só abrir qualquer rede social ou ler a seção de comentários de um *site*. Em parte, isso acontece pelo motivo que identificamos — a internet dá a todas as pessoas a chance de discordar de qualquer um —, mas também porque as redes sociais foram feitas para transformar discordâncias em disputas de grito em público. Elas têm a reputação de criar "câmeras de eco", nas quais as pessoas só encontram posições com as quais já concordam, mas indícios apontam o contrário. Os usuários das redes sociais recebem *maior* diversidade de notícias do que os outros — um estudo demonstra que elas vêm do dobro de fontes, e, embora as pessoas possam continuar preferindo acessar veículos que reafirmem sua visão de mundo, quem conta com mais fontes costuma ter uma exposição mais ampla a diferentes pontos de vista, gostando disso ou não. Em vez de criar bolhas, a internet as estoura, levando a hostilidade, medo e raiva.

Linguagem moralizante — "Isso é ultrajante", "Ele é do mal" — é uma característica proeminente do discurso da internet. Molly Crockett, neurocientista da Universidade Yale, apontou que na vida *off-line* raras vezes encontramos comportamentos que percebemos como imoral — um estudo conduzido nos Estados Unidos e no Canadá sugeriu que menos de 5% de nossas experiências diárias consistem em testemunhar atos imorais —, mas na internet nos deparamos com isso o tempo todo. As notícias muitas vezes podem parecer um desfile de vilões e de atrocidades. Os dados sugerem que as pessoas são mais propensas a descobrir pela internet sobre atos que consideram moralmente ultrajantes do que pela mídia tradicional. Isso em parte acontece porque o conteúdo que desperta indignação tem mais chances de ser compartilhado. Uma equipe de cientistas liderados por William Brady, psicólogo especialista em tecnologia social da Universidade de Nova York, analisou mais de meio milhão de tuítes sobre questões políticas controversas. Descobriu-se que cada termo moral ou emotivo em um tuíte aumentava sua difusão na rede via retuítes em 20%. Usuários que publicam mensagens raivosas recebem o impulso das curtidas e dos retuítes, e os níveis de atenção e interação aumentam nas plataformas em que as mensagens são publicadas, que é o que elas vendem aos anunciantes. Portanto, as plataformas *on-line* têm um incentivo para impulsionar as versões mais extremas e estimulantes de cada discussão. Nuances, reflexões e compreensão mútua não são apenas vítimas do fogo cruzado, mas baixas necessárias.

As normas sociais que se desenvolveram ao longo de séculos para proteger relacionamentos da disseminação da raiva, assim como a convenção de não discutir assuntos controversos com desconhecidos, não se aplicam na internet: publicamos, tuitamos e encaminhamos alegremente mensagens radioativas para pessoas que nem conhecemos. Quando ficamos bravos com desconhecidos, somos menos propensos a fazer qualquer esforço para ver seu ponto de vista ou tratá-los de maneira justa; profissionais da psicologia observaram que pessoas que incitam à raiva têm maior propensão a ser preconceituosas em relação a indivíduos diferentes delas, ainda que tais indivíduos não tenham nenhuma relação com a fonte de sua raiva.

É claro que as redes sociais não são a vida real, e há poucos indícios de que as pessoas estejam reproduzindo suas discórdias raivosas pessoalmente. No entanto, essa não é uma boa notícia, como pode parecer. A indignação vazia que vemos na internet pode ser um indício da falta de discordâncias reais e reflexivas: o "lutar" como cortina de fumaça do "correr". No estudo de William Brady da disseminação do ultraje moral no Twitter, a difusão acontecia *dentro* de grupos de progressistas e conservadores, e não entre ambos. As pessoas estabeleciam relações através de um ódio compartilhado do grupo externo, mas ninguém entrava em discussão. Em certo sentido, a indignação estava apenas superficialmente relacionada à discordância. O objeto principal da interação era concordar com seu próprio lado.

Por que precisamos de novas maneiras de discutir

Nos Estados Unidos, eleitores republicanos e democratas estão cada vez mais divididos em diferentes bairros, igrejas e lojas. Em vez de entrarem em mais discussões, os eleitores fazem todo o possível para evitá-las, tendo se decepcionado com a política por causa da retórica divisionista que veem na mídia. Um estudo de 2020 da Universidade Colúmbia descobriu que a política era o assunto mais evitado em conversas nos Estados Unidos. As cientistas sociais Samara Klar e Yanna Krupnikov descobriram que a presença de placas de apoio político para qualquer um dos partidos em um bairro fazia com que o interesse de todos os compradores na localidade diminuísse. Em uma pesquisa *on-line*, mais de 20% dos que responderam disseram que não gostariam que chegasse um novo colega com a mesma visão política que eles se tal pessoa falasse de política no escritório. O número aumentou para 40% depois que as mesmas pessoas leram um artigo sobre polarização política, fazendo aumentar os receios de interações desconfortáveis.

Mesmo em culturas de baixo contexto, as pessoas tendem a se esquivar de conversas com potencial para o conflito e do estresse associado a elas. A verdade é que é a sensação de quando concordam com você é melhor do que a de quando discordam, e é melhor concordar que discordar, em especial de alguém de quem não queremos nos distanciar. Mas evitar o conflito — "correr" — também pode levar ao distanciamento.

• • •

O Posterous, uma plataforma de *microblog* parecida com o Tumblr, foi fundado por Garry Tan em 2008. Decolou como um foguete, tornando-se um dos sites mais populares da internet. Os sócios ganharam milhões de dólares e atingiram *status* de celebridade entre seus pares no Vale do Silício. Mas, em 2010, o movimento no *site* se estabilizou, sem que seus fundadores tivessem ideia do que estava acontecendo. "Não sabíamos por que havíamos crescido, e não sabíamos por que tínhamos parado de crescer", Tan me contou. Os sócios discordavam quanto ao que fazer.

Um estudo da Harvard Business School descobriu que 65% das *start-ups* fracassavam por causa de "conflito entre seus fundadores". Para serem bem-sucedidos, os líderes de um novo negócio muitas vezes precisam fazer a difícil transição de um grupo de amigos que trabalham em uma ideia legal para gerentes de uma empresa complexa com múltiplos acionistas. Pessoas que tomam decisões por instinto e em seus próprios termos adquirem novas responsabilidades, muitas vezes onerosas e sem ter quase nenhuma preparação para tal. Funcionários contratados por amizade ou por relações de parentesco têm suas limitações expostas sob pressão, e o grupo original pode ter sua solidariedade testada até o limite.

Tan, que é escrupulosamente educado, tem dificuldade de entrar em conflito. ("Meu pai era muito obstinado e irrefletido. Acabei me tornando o oposto.") As tensões com o amigo o levaram à beira do colapso físico e mental. Tan não conseguia dormir, mal conseguia comer, e sua frequência cardíaca em repouso era parecida com a de alguém dando um pique. Pelo bem de sua saúde, saiu da empresa que ele dera tudo para criar. (O Posterous foi comprado pelo Twitter e fechado pouco depois.)

Quando o Posterous entrou em queda livre, Tan e seu sócio precisavam urgentemente colaborar na busca de soluções. Em vez disso, um evitava o outro. O problema, como Tan concluiu depois, era que nunca haviam brigado durante os anos de sucesso. "Pulei a parte do trabalho duro necessário para chegar a esse tipo de relacionamento e fazer nosso melhor trabalho: abraçar o conflito e lidar com ele. Raras vezes nos falávamos de forma direta e sincera", ele me disse. Na superfície, o relacionamento parecia forte; por baixo, era frágil.

Por que precisamos de novas maneiras de discutir

O ambiente de trabalho moderno coloca ênfase demais em se dar bem com os colegas e se sentir psicologicamente seguro. Em sua pior versão, todo mundo se sente obrigado a concordar, reprimir as dúvidas e engolir as questões difíceis. Diferentes partes de uma empresa *devem* estar em tensão, e os funcionários devem discutir essas tensões abertamente, em vez de cada um buscar realizar suas prioridades em silêncio. Uma cultura que proíbe tacitamente a discordância torna a empresa mais vulnerável a politicagem, erros de julgamento e abusos de poder. As pessoas que participam das tomadas de decisão não devem apenas sentir que podem, mas que precisam falar quando acham que algo, ou alguém, está errado.

Os custos e os benefícios da discordância não são simétricos. Os benefícios de evitar a discordância, ou qualquer tipo de conflito, são imediatos — a pessoa pode sair da sala, literalmente, ou só deixar a mente viajar e se sentir mais relaxada na mesma hora. Os benefícios de ter discordâncias nem sempre são aparentes no momento, comparados ao desconforto associado com eles; eles tendem a vir no longo prazo e a ser cumulativos e, no fim das contas, maiores.

・・・

Profissionais da psicologia que estudam a personalidade identificaram um punhado de traços consistentes que podem ser medidos, como abertura (quanto uma pessoa gosta de novas experiências) e conscienciosidade (quão eficiente e organizada ela é). Outro termo que usam descreve quanta empatia e compaixão alguém tem; em resumo, quão legal ela é. Sabe como os psicólogos nomearam esse traço em inglês? *Agreeableness*, de *agree*, que significa "concordar". E não foram só eles. Na linguagem cotidiana, usa-se o termo *disagreeable*, de *disagree*, que significa "discordar", para algo ou alguém de quem não se gosta. Tem-se a sensação arraigada de que discordar é um comportamento indesejável ou até mesmo vergonhoso.

Superar nossa dificuldade em discordar não pode envolver evitar fazer isso. Precisamos mudar radicalmente a maneira como pensamos e nos sentimos a respeito. O conflito não é algo em que os humanos caem de tempos em tempos, por acidente. É um componente crucial da vida — literalmente. Células e organismos sobrevivem através da exposição a pequenas doses de toxinas. Isso permite que eles aprendam sobre o ambiente em constante mudança no qual vivem, de modo que, quando uma dose com potencial falta da mesma toxina surge, estejam mais bem preparados para lidar com ela. As relações humanas são similares — somos seres vivos que precisam de conflito para sobreviver e aflorar.

Profissionais da psicologia que estudam o conflito em famílias tendem a se concentrar em seu potencial destrutivo; um nível alto de discórdia entre pais e filhos é uma marca registrada da infelicidade adolescente. Mas cada vez mais atenção é dada ao papel construtivo do conflito. Ao longo de um dia típico, adolescentes relatam três ou quatro conflitos com pais e um ou dois com amigos. Em um estudo publicado em 1989, uma equipe de psicólogos sociais liderada por Abraham Tesser, da Universidade da Geórgia, pediu a famílias com crianças entre os 11 e os 14 anos que mantivessem um registro de suas discórdias, fosse quanto ao que assistiriam ou a ser ou não hora de fazer a lição de casa. Os pesquisadores descobriram que filhos que tinham um número relativamente alto de discórdias com os pais eram mais felizes, mais socialmente adaptados e mais bem-sucedidos na escola.

No entanto, isso se aplicava somente àqueles que tinham divergências tranquilas; crianças que passavam por muitas discussões raivosas em casa não se saíam tão bem. Similarmente, um estudo de 2007 envolvendo adolescentes de Miami descobriu que

Por que precisamos de novas maneiras de discutir

crianças com mais conflito em casa tinham maior propensão a se sair bem na escola, mas apenas se as relações familiares subjacentes fossem de calor e apoio. Isso aponta para algo que explorarei mais adiante no livro: a extensão em que discordâncias saudáveis dependem de relacionamentos saudáveis. É vital notar, no entanto, que o reverso também é verdade. Discussões frequentes e abertas tornam um relacionamento mais apto a resistir a grandes desafios — como a implosão de um negócio.

Como investidor, Garry Tan aconselha fundadores de *start-ups* a ter discussões abertas. Ele diz ter visto fundadores cometerem com frequência demais o mesmo erro: insistir que o conflito é algo ruim e que, portanto, é preciso minimizá-lo. O erro mais comum que gerentes cometem é concluir, a partir de indícios vívidos de que o conflito é disfuncional, que ele também é intrinsicamente indesejável. Na verdade, a relação entre o conflito e o sucesso do trabalho em equipe não é linear — ou seja, mais conflito não leva simplesmente a menos sucesso, ou vice-versa. É o que a estatística chama de "curvilíneo", formando um U invertido:

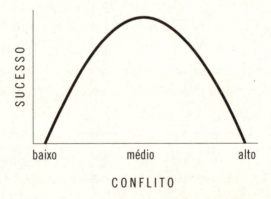

Indícios também sugerem que a discordância é benéfica para as famílias, porque expõe problemas e instiga a mudança. Depois que esses benefícios são notados, no entanto, brigas adicionais começam a corroer os relacionamentos. No caso dos adolescentes, alguns conflitos podem ser produtivos, mas a discórdia incessante só os deixa infelizes.

É revelador que não tenhamos um bom termo para o envolvimento em uma discordância não hostil cujo objetivo mútuo seja levar todos os participantes a um novo entendimento, a uma decisão melhor ou a uma ideia diferente. "Debate" implica uma competição, com vencedores e perdedores. "Discussão" envolve animosidade. "Diálogo" é brando demais. "Dialética" é obscuro demais. Essa lacuna linguística é um indício de como nos falta prática na discordância produtiva. Lutar ou correr nos vem naturalmente; uma maneira adequada de discordar, não. Palavras importam. Em seu trabalho clássico *Metáforas da vida cotidiana*, os linguistas George Lakoff e Mark Johnson apontam para o fato de que falamos sobre discussão como se fosse uma guerra: dizemos que as alegações dela são "indefensáveis", que ele "atacou" o ponto mais fraco de uma tese, que "destruímos" o argumento dele, que ela "derrubou" minha ideia. Tais metáforas têm efeitos reais; elas moldam a maneira como discutimos. Vemos a outra pessoa como um inimigo que precisa ser derrotado. Sentimo-nos atacados e defendemos nossa posição. Conforme Lakoff e Johnson propõem, imagine uma cultura em que uma discussão é vista como uma dança: como uma performance colaborativa, que tem como objetivo ser conduzida da maneira mais satisfatória e elegante possível. Em tal caso, talvez discutíssemos e vivêssemos discussões de uma maneira muito diferente. Em vez de considerá-las estressantes e desagradáveis, poderíamos descobrir que são estimulantes e divertidas. Em vez de nos distanciar, elas poderiam nos aproximar.

2. Como o conflito nos aproxima

Casais e equipes são mais felizes quando têm o hábito de discordar apaixonadamente. O conflito pode aproximar as pessoas.

Nickola Overall, professora de psicologia da Universidade de Auckland, foi criada em uma família neozelandesa grande e barulhenta na qual ninguém tinha vergonha de dizer o que pensava. "Sempre que amigos ou colegas conheciam pessoas da minha família, me diziam: 'Dá pra entender por que você estuda conflitos diretos!'", ela diz. Overall é especialista em como e por que casais começam brigas. Ela se interessa por relacionamentos românticos porque casais são interessantes por si sós, mas também porque "o modo como as pessoas tentam lidar com o conflito em um relacionamento é revelador das estratégias que usam no trabalho ou na política".

Em 2008, Overall começou um estudo sobre relacionamento que deveria ter um impacto duradouro na área. Ela convidou casais a discutir um problema em seu relacionamento diante da câmera, mas sem a presença de qualquer outra pessoa. Alguns casais discutiram seu problema de maneira razoável e tranquila; outros tiveram uma discussão acalorada. "Com frequência, as pessoas me perguntam se os casais realmente começam a brigar no laboratório. A resposta é *sim*, e com certa facilidade", diz Overall. "Cada casal briga com certa frequência a respeito de duas ou três coisas. Quando falam a respeito de uma delas, rapidamente expõem sua raiva e suas mágoas." Overall e seus colegas revisaram as gravações das sessões, analisando cada uma de acordo com um esquema comumente usado no campo que categoriza quatro estilos de comunicação utilizados por casais em uma conversa complicada:

Como o conflito nos aproxima

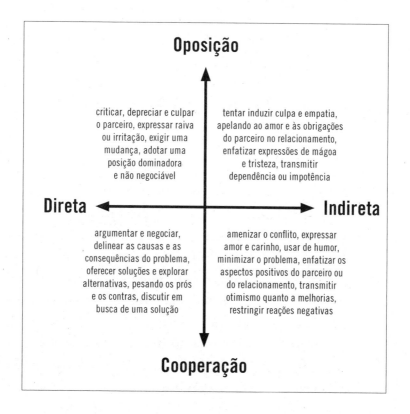

A "cooperação direta" envolve tentativas explícitas de argumentar para tomar uma decisão difícil ou resolver um problema. "Cooperação indireta" se refere a comportamentos que suavizam e reduzem os conflitos, de um abraço a um pedido de desculpas ou uma tentativa de aliviar o clima. A "oposição direta" é o que chamamos de "armar um barraco", e envolve acusações raivosas e exigências de mudança. A "oposição indireta" é o que se conhece popularmente como comportamento "passivo-agressivo" — tentar fazer com que a outra pessoa se sinta culpada em relação a alguma coisa, enfatizar quanto as ações dela te magoaram, declarar de forma ostensiva que *você* vai limpar a cozinha *de novo*, que *não tem problema*.

Nos anos de pós-guerra, os pesquisadores se concentraram em

Por que precisamos de novas maneiras de discutir

distinguir os casais envoltos em hostilidade daqueles que em geral se davam bem. Centenas de estudos apontaram que casais infelizes discutem mais, enquanto casais felizes expressam mais concordância e afeto. O conflito foi enquadrado apenas como problema, e as soluções para ele poderiam ser encontradas no quadrante direito inferior. Isso fez crescer o que chamaremos de modelo-padrão de relacionamentos: um casal feliz é aquele em que ambos se abrem com frequência, evitando discussões hostis. Só que todos conhecemos casais que discordam bastante e às vezes brigam aos gritos, mas ainda assim parecem felizes; talvez seja inclusive o seu caso.

Os casais do estudo de Overall que se envolviam em conflito mais aberto declaravam não gostar daquilo: eles se sentiam tensos e ficavam chateados, depois diziam aos pesquisadores que a conversa não havia resolvido o problema. Mas não estavam necessariamente certos. A equipe de Overall convidou os casais a voltar ao laboratório um ano depois e perguntou a eles se haviam feito progresso na resolução do problema discutido. A maior parte dos especialistas em relacionamento teria previsto que os casais que recorriam à oposição direta — à discussão feroz — haviam feito menos progresso, mas Overall descobriu o oposto: os casais mais confrontadores eram aqueles com maior probabilidade de ter avançado na resolução de suas questões.

O modelo-padrão tem um grande furo. O conflito aberto nem sempre é prejudicial a um casamento ou a uma relação de longo prazo. Agora há indícios suficientes para sugerir quase o oposto: que, com o tempo, a discordância, as críticas e até mesmo a raiva podem aumentar a satisfação conjugal. Desentender-se tem seus benefícios.

• • •

Como um jovem pesquisador na área da psicologia na Universidade do Texas em meados dos anos 1970, William Ickes estava insatisfeito com o modo como a interação humana só era estudada sob condições artificiais, com participantes seguindo instruções estritas quanto ao que poderiam falar. Ele estava interessado em quão bem duas pessoas eram capazes de ler a mente uma da outra durante uma conversa espontânea — ou, no jargão da área, durante uma interação diádica não estruturada ("díade" se refere a dois indivíduos — um grupo de duas pessoas). O corpo de trabalho resultante nos oferece uma pista crucial do papel do conflito em relacionamentos felizes.

Ickes fazia seus objetos de estudo, que eram universitários, chegarem ao laboratório em duplas: eram sempre um homem e uma mulher que não se conheciam. Cada par era levado a uma sala contendo apenas um sofá e um projetor de *slides*. Quem conduzia a experiência pedia ao casal que se sentasse e explicava que ia lhes pedir para ver e avaliar alguns *slides*. Então se descobria que o projetor estava quebrado, e o pesquisador ia buscar uma lâmpada nova. A sós, o casal começava a conversa, um pouco travada de início mas que ia se animando conforme os minutos passavam. O pesquisador retornava e revelava o verdadeiro propósito do experimento: uma câmera escondida gravara a interação da dupla.

Na segunda etapa, os objetos de estudo eram colocados em salas separadas, onde assistiam à gravação de sua conversa. Eles deviam pausar o vídeo a cada momento em que se lembrassem de ter pensado algo específico, anotar o que era e estimar o que seu par poderia estar pensando ou sentindo. Depois, as gravações eram analisadas pelos pesquisadores, que atribuíam notas para a precisão com que cada indivíduo tinha sido capaz de ler a mente de seu interlocutor.

Em 1957, o influente psicoterapeuta Carl Rogers definiu em-

Por que precisamos de novas maneiras de discutir

patia como a habilidade de rastrear, momento a momento, a "alternância de significados percebidos que fluem por outra pessoa". Até Ickes, porém, ninguém tinha apresentado um modo de medir isso. Ickes foi o primeiro a encontrar uma maneira de avaliar a "precisão empática" de alguém — seu sucesso em inferir o que se passa na mente da pessoa com quem se conversa. Sua metodologia foi adaptada para o estudo de muitos tipos de díades, incluindo amigos e pessoas casadas.

Uma das maiores descobertas de Ickes é que as pessoas são péssimas em saber o que se passa na cabeça do outro. Em uma escala de zero a cem, a precisão empática média foi de 22, e o melhor resultado obtido foi de apenas 55. (Ickes notou que quem sai em um primeiro encontro pode relaxar: as chances de que uma pessoa saiba o que a outra está pensando são muito pequenas.) É o relacionamento que faz a maior diferença. Ickes descobriu que amigos são melhores em saber o que se passa na cabeça um do outro do que desconhecidos, porque têm um depósito de informações compartilhadas a respeito de ambos, ao qual podem recorrer para fazer inferências rápidas e precisas. Há outro modo de explicar isso: desconhecidos se comunicam em um ambiente de baixo contexto, no qual é necessário ser explícito e expor toda a informação, enquanto amizades são ambientes de alto contexto, nos quais se pode fazer uso de mensagens altamente codificadas e compactas.

Amigos próximos se comunicam de maneira muito eficiente e raras vezes precisam fazer grande esforço para se compreender. Em contraste, duas pessoas em um primeiro encontro num restaurante precisam se esforçar muito para se compreender e, muitas vezes, entendem as coisas de maneira errada. Dito isso, desconhecidos aprendem rápido. Ickes descobriu que, quanto mais informações trocavam, melhores ficavam em saber o que se passava na mente um do outro, principalmente se tivessem opiniões parecidas ou os mesmos interesses. Amigos trocavam mais informações que desconhecidos, porque suas conversas fluíam mais livremente, mas isso não fazia muita diferença — e às vezes não fazia nenhuma — em sua precisão empática.

O que nos leva a algo importante. Amigos e desconhecidos processam informações **novas** sobre os outros de maneira diferente. Desconhecidos prestam mais atenção a elas, porque ajudam a formar uma imagem da outra pessoa. Amigos próximos, que confiam no que já sabem sobre o outro, tendem a diminuir a importância de novas informações a seu respeito. Não ouvem com tanta atenção porque sentem que não há necessidade.

Em geral, homens se saem pior do que mulheres em testes de precisão empática com casais. Esse indício sugere não que os homens têm menos capacidade de empatia, mas que são menos propensos a **tentar** ser empáticos. Nas pesquisas, descobriu-se que, quando se oferecia dinheiro em troca de precisão, a diferença entre homens e mulheres desaparecia. Não é que os homens não consigam detectar os pensamentos e sentimentos da parceira: na maior parte do tempo, eles só não se dão ao trabalho.

Essa ligação entre nossa capacidade de ler mentes e nossa motivação de fazê-lo ajuda a explicar uma descoberta um tanto perturbadora da área da ciência do relacionamento: embora casais melhorem em ler a mente um do outro nos primeiros meses e anos da relação, quanto mais tempo ficam juntos, pior compreendem um ao outro.

Durante esses anos iniciais, cada membro do casal constrói um modelo mental do outro, através do qual interpreta o que quer que seu parceiro diga ou faça. Considerando que se trate de um bom relacionamento, o modelo será bastante preciso — para usar a linguagem da estatística, será um bom ajuste para a realidade da pessoa. Você aprende as preferências e o modo de pensar do parceiro. Sabe que se acorda rabugento provavelmente é porque

Por que precisamos de novas maneiras de discutir

não dormiu bem, ou porque está preocupado com o trabalho. Quando ele pergunta o que você estava fazendo ontem à noite, você sabe se está genuinamente interessado ou se está irritado com você por ter saído. Muitas das enunciações de seu parceiro seriam obscuras ou inexpressivas para outras pessoas, mas fazem sentido imediatamente para você.

Um modelo assim é uma coisa maravilhosa, mas sua eficiência é a chave de seu fracasso. Quando você começa a pensar que sabe tudo sobre seu parceiro, para de notar informações novas a respeito dele. Talvez venha até a acreditar que o conhece melhor do que ele mesmo se conhece. No entanto, não importa quão próximos sejam, vocês têm experiências diferentes todos os dias, e as pessoas se desenvolvem e mudam, embora tendam a não passar por alterações radicais de personalidade com o passar dos anos. Com o tempo, conforme cresce a distância entre o modelo e a pessoa, a leitura que você faz do seu parceiro piora. O modelo se torna um estereótipo impróprio, uma imagem simplificada e inadequada da realidade. Se o processo continuar por muito tempo, pode terminar em uma ruptura chocante — como quando seu parceiro diz que vai deixar você.

O fato de conversar bastante não implica evitar essa armadilha. Somos levados a acreditar que conversar mais leva a uma maior compreensão, mas, embora isso faça sentido, muitos estudos apontaram que não há correlação entre precisão empática e o quanto ou com que clareza os casais se comunicam. Na verdade, mais comunicação pode levar a **menos** compreensão. Como o especialista em relacionamentos e conflitos conjugais Alan Sillars me explicou: "Resolver na base da conversa nem sempre funciona. Pode piorar as coisas". Se o modelo de um ou de ambos os parceiros se torna uma lente distorcida, cada parceiro faz suposições erradas sobre o que o outro está pensando. Quanto mais ambos

Como o conflito nos aproxima

conversam educadamente, mais erros se acumulam, dos dois lados. Um fica cada vez mais frustrado com o outro por não o compreender.

Alguns casais conseguem evitar esse destino precisamente porque nunca construíram modelos eficientes um do outro. De acordo com Ickes, os casais com maior probabilidade de manter sua precisão empática são aqueles que ou têm uma "ignorância contínua das predileções do outro, ou uma relutância em acomodá-las". Em outras palavras, a ignorância e a teimosia desempenham um papel em relações bem-sucedidas. Às vezes é **bom** ser inflexível, mesmo que isso gere conflito.

Na verdade, talvez criar conflito seja a questão. "Ouvir é um caminho para a compreensão", diz Alan Sillars. "A negatividade é outro." Em uma discussão acalorada, a probabilidade de ouvir o que seu parceiro realmente pensa e quer é maior. Você descobre como ele realmente é. "O conflito nos fornece essa informação", diz Nickola Overall. "A maneira como as pessoas respondem a nós em conflito nos diz muito sobre quão cooperativas são, se são dignas de confiança, com o que se importam." O conflito em um relacionamento não é um acidente infeliz. É uma maneira de aprender sobre os outros, incluindo e especialmente aqueles que conhecemos melhor.

Em 2010, os pesquisadores norte-americanos Jim McNulty e Michelle Russell analisaram dados de dois estudos longitudinais sobre relacionamentos. Eles descobriram que casais que no começo do estudo trocavam farpas por causa de problemas relativamente triviais tinham menor probabilidade de estar felizes no relacionamento quatro anos depois. No entanto, casais que tinham discussões hostis sobre problemas mais profundos, como dinheiro ou abuso de substâncias, tinham maior probabilidade de estar satisfeitos com seu relacionamento ao final do estudo.

Por que precisamos de novas maneiras de discutir

Em outro trabalho, McNulty descobriu que, para recém-casados enfrentando problemas sérios, os comportamentos "positivos" encorajados pelos conselhos comuns, como sempre ser afetuoso e generoso, chegaram a prejudicar alguns relacionamentos, porque os impediam de encarar os problemas. A cooperação indireta – a abordagem mais tranquila e sutil – pode resolver problemas menores, como quem vai levar as crianças para jogar futebol nos fins de semana, mas não é a melhor quando um casal tem algo importante a trabalhar, como o fato de um deles beber demais.

Certa dose de "franqueza negativa" parece ser crucial para resolver questões mais complicadas. "No curto prazo", Russell me disse, "comportamentos negativos podem fazer você se sentir mal. Ninguém gosta de ser considerado culpado de algo ou de ouvir que está errado. Mas isso pode ter um efeito motivacional. Pode de fato levar à raiz do problema." Às vezes, um membro do casal simplesmente não se deu conta de que algo constitui um problema importante, e precisa que isso seja esclarecido em termos diretos. "Uma reação emocional forte, como gritar ou sentir raiva, pode ser necessária para demonstrar à pessoa do outro lado quanto algo importa para o parceiro", Russell me disse.

Em outras palavras, uma briguinha de vez em quando é útil porque atualiza os modelos mentais. As pessoas falam o que pensam livremente, sem se deixar inibir pelo medo de como aquilo afetará o relacionamento, e fazem isso de um jeito que exige atenção. Isso significa que, com frequência – explícita ou implicitamente –, revelam novas informações sobre como estão se sentindo e quem são. Uma boa discussão destrói o estereótipo.

Em um trabalho científico publicado em 2018, Nickola Overall descobriu indícios de um benefício adicional à franqueza negativa: ela mostra que um membro do casal se importa com o outro. Overall recrutou 180 casais e pediu a cada pessoa, separadamente, para identificar os problemas persistentes no relacionamento e o que gostaria de mudar na outra. Depois foi pedido que os casais discutissem juntos um desses problemas, sozinhos em uma sala, enquanto eram filmados por câmeras posicionadas discretamente. Com frequência, discussões acaloradas tinham início.

Overall e sua equipe dividiram as interações de acordo com o estilo de comunicação e foram acompanhando os casais ao longo de doze meses. Ela descobriu uma razão específica pela qual a discussão negativa-direta pode ter um efeito benéfico em uma relação saudável. Quando a pessoa que defende a mudança é percebida previamente pelo parceiro como menos comprometida com o relacionamento, raiva e até mesmo hostilidade fornecem indícios claros de que ela se importa. Raiva é informação. "Expressar emoções negativas pode transmitir investimento", disse Overall.

Os mesmos princípios se aplicam a outros tipos de relações próximas. Pais não necessariamente compreendem melhor os filhos adolescentes conversando com eles sobre o que quer que esteja dificultando seu relacionamento. Mas a pressão e o confronto por parte dos filhos são um alerta confiável para os pais de como eles estão se sentindo. Pais que querem compreender melhor seus filhos não podem simplesmente esperar que eles "se abram" sempre que um problema surgir. Uma maior compreensão se desenvolve ao longo do que Alan Sillars chama de "conversas frequentes e sem restrições". Quando se é sincero com coisas pequenas — inclusive as que irritam —, fica mais fácil lidar com coisas grandes quando elas surgem.

"Ainda não somos bons em pintar um quadro das maneiras como o conflito dramático e difícil pode ser construtivo", disse Sillars. "Relacionamentos podem ser profundamente abalados em alguns pontos, mas, em última análise, melhorar para as pessoas envolvidas como consequência do confronto, se ajudar a encontrar um novo equilíbrio." Michelle Russel concorda: "A psicologia

Por que precisamos de novas maneiras de discutir

como um todo tende a subvalorizar o papel dos comportamentos e das emoções negativos, que podem ser úteis e adaptáveis. Às vezes, é preciso se sentir mal consigo mesmo".

• • •

Brigas podem ser mais úteis do que imaginamos, mas não há dúvida de que também podem ser destrutivas. O que distingue as brigas ruins das boas? Para responder a essa questão, é preciso compreender algo fundamental sobre como as pessoas se comunicam.

Em um experimento conduzido por Alan Sillars, esposa e marido foram filmados discutindo o casamento. Depois, eles assistiram à gravação e a comentaram separadamente. Eis exemplos de comentários do marido:

– Bom, Penny está começando a falar de quando teve que ir para o hospital porque estava doente. Ela acha que não ajudei o bastante na época... e eu achava que tinha ajudado.
– Tenho que ouvir isso o tempo todo em casa, acho... Não saio tanto assim.
– Eu estava tentando explicar a Penny que, hum, pra mim, ela está sempre em primeiro lugar, mesmo que às vezes pareça que me esforço mais por outras coisas.

Eis exemplos de comentários da esposa sobre a mesma parte da conversa:

– Acho que ele estava tentando evitar os problemas reais, por isso fiquei chateada e brava de novo.
– Eu queria que ele entendesse o que eu estava dizendo, por isso fiquei irritada que ele só sorrisse, sem me ouvir.

— Fiquei magoada porque ele não estava ouvindo o que eu dizia sobre meus sentimentos.

Dá para ver que há um descompasso aí. O marido está focado no significado literal do que está sendo dito — nos eventos a que se faz referência e no ponto declarado em discussão: se ele sai muito ou não. Enquanto isso, a esposa aborda a discussão em uma espécie de metanível. Ela fala sobre o que sentia durante a conversa e sobre o desejo do marido de evitar os problemas reais.

Em qualquer conversa, reagimos tanto a seu conteúdo — ao motivo declarado da discussão, seja dinheiro, política, afazeres domésticos ou outras coisas — quanto aos sinais que apontam para o relacionamento — como cada um se vê em relação ao outro. O nível do conteúdo é explícito e totalmente verbalizado, cheio de referências concretas a eventos do mundo real, como quanto dinheiro alguém ganha ou os acertos e erros da política de combate às drogas. O nível do relacionamento é implícito e tácito, transmitido tanto por nosso tom de voz e estilo de comunicação (caloroso ou frio, provocativo ou sarcástico, animado ou taciturno) quanto por nossas palavras. No nível de conteúdo, há uma troca de mensagens; no nível do relacionamento, uma troca de sinais.

Quando os participantes estão essencialmente em acordo no nível do relacionamento — quando cada um está feliz com como acham que estão sendo caracterizados pelo outro —, a conversa no nível do conteúdo corre bem. Problemas são resolvidos, tarefas são realizadas, ideias surgem. Quando há uma discordância tácita no nível do relacionamento, o crepitar e as faíscas do conflito atrapalham o nível do conteúdo. Uma ou ambas as partes têm dificuldade em focar o que deveriam estar discutindo, porque estão envolvidas em uma disputa não declarada e não reconhecida pelo

Por que precisamos de novas maneiras de discutir

respeito, pelo afeto ou apenas pela atenção da outra pessoa. Ou a discordância se torna um impasse, ou explode em uma briga feia.

De acordo com Sillars, que observou e classificou centenas dessas conversas, quando discordâncias conjugais vão mal, com frequência é porque um dos envolvidos se restringe ao nível do conteúdo da conversa, sem prestar atenção a algo que está acontecendo no nível do relacionamento. O oposto também é possível: um parceiro pode estar exageradamente preocupado com o nível do relacionamento e interpretar mal o que a outra pessoa diz, vendo insinuações ou insultos onde não havia.

Talvez você não se surpreenda ao descobrir que, de acordo com os dados, homens são mais propensos a recair no primeiro erro e mulheres são mais propensas a recair no segundo. Na verdade, homens com frequência são tão absorvidos por suas próprias palavras que não conseguem notar os sinais que a parceira está mandando. Sillars descobriu que "maridos pensavam em si mesmos mais do que na esposa, enquanto as esposas pensavam no marido mais do que em si mesmas". Mas a confusão pode ocorrer nos dois sentidos, claro. Independentemente disso, a pessoa que tende a ficar mais chateada com a discussão é aquela mais sensível ao nível do relacionamento. Uma discordância tem maior probabilidade de ser produtiva quando ambos os parceiros prestam a mesma atenção aos dois níveis.

E como conseguir isso? Se você é particularmente sensível a sinais de relacionamento, tente não deixar que eles dominem sua percepção de todas as conversas. Quando seu parceiro parecer chateado ou preocupado, não conclua que é por sua causa: ouça o que ele tem a dizer e se envolva com o conteúdo da conversa. Se, por outro lado, você desconfia que é alguém que se envolve tanto com o conteúdo de uma conversa que não percebe o que seu parceiro está realmente sentindo, tente prestar mais atenção aos sinais não verbais: o tom de voz, a expressão facial e a linguagem corporal. Do contrário, talvez ouça as palavras saindo da boca de seu parceiro, mas não entenda o que está dizendo.

• • •

Se o conflito pode ter um papel surpreendentemente positivo em relações amorosas, o que acontece nas relações entre colegas? O trabalho nem sempre envolve apenas trabalho. Um emprego está sempre ligado aos nossos sentimentos — bons e ruins — em relação às pessoas com quem trabalhamos. No escritório, ainda mais do que em casa, somos pressionados a evitar discordâncias, estresse e os sentimentos negativos que com frequência vêm junto.

Ambientes de trabalho modernos valorizam a boa convivência. Isso é bom, mas significa que, mesmo quando nossa frustração com o comportamento de outra pessoa é perfeitamente justificada, a melhor coisa a fazer costuma ser reprimi-la. Entretanto, o conflito não desaparece só porque não foi exposto — ele se manifesta na política do escritório, que é essencialmente o termo que usamos para o comportamento passivo-agressivo em larga escala. Estudiosos que investigam empresas descobriram que os ambientes de trabalho com a pior cultura e a mais improdutiva estão tomados pelo comportamento passivo-agressivo. É por isso que as empresas de maior sucesso fazem um esforço declarado para fazer seus conflitos internos virem à tona. Se gerenciado com cuidado, o conflito pode aproximar colegas de trabalho.

A Southwest Airlines talvez seja a companhia aérea mais bem-sucedida da história. Em 2019, a companhia de baixo custo baseada no Texas comemorou o 46º ano de lucro consecutivo, um recorde em uma indústria volátil. O sucesso da Southwest muitas vezes é explicado fazendo referência ao carismático Herb Kelleher,

Por que precisamos de novas maneiras de discutir

que foi seu CEO e uma das pessoas que fundaram a empresa em 1967. Kelleher, que morreu em 2019, era um homem de uma cordialidade inquestionável e criou uma cultura corporativa à sua imagem: os funcionários da Southwest são famosos por sua hospitalidade e seu humor peculiar. Jody Hoffer Gitell, professora de gestão na Universidade Brandeis, sugere que o sucesso da empresa não se deve apenas à sua receptividade ou aos carregadores de bagagem que tocam uquelele, mas ao modo como os funcionários da Southwest se comunicam entre si — incluindo o modo como lidam com conflitos internos.

Gittell passou oito anos pesquisando a cultura corporativa de companhias aéreas durante a década de 1990. Ela entrevistou funcionários desde os mais seniores até os mais juniores e focou nas principais companhias, como American Airlines, United e Continental. Gittell identificou um obstáculo significativo ao lucro: guerra sectária. Ela descobriu que a indústria tem uma tradição de concorrência baseada em *status* entre as muitas funções diferentes necessárias para tirar um avião cheio de passageiros do solo e trazê-lo de volta: pilotos, comissários de bordo, agentes de portão, emissores de passagens, agentes de carga e descarga de bagagem, agentes de transferência de bagagem, equipe de limpeza da cabine, de alimentação, abastecimento e mecânicos. Um agente de carga e descarga de bagagem da American explicou o funcionamento da indústria para Gittell:

Agentes de portão e emissores de passagens acham que são melhores que os agentes de carga e descarga, que acham que são melhores que o pessoal da limpeza da cabine, que acredita ser melhor que os funcionários de limpeza do aeroporto. Os mecânicos acham que os agentes de carga e descarga não passam de carregadores.

Os funcionários tinham nomes depreciativos para os cargos dos outros ("agente de lixo", "ratos de carga e descarga") e protegiam ferozmente sua posição naquela hierarquia estrita, que tinha pilotos no topo e equipe de limpeza da cabine na base. Alguém que trabalhava como gerente de estação da American confidenciou a Gittell que os agentes de carga e descarga "têm um enorme complexo de inferioridade [...] os pilotos não os respeitam". Uma pessoa da limpeza reclamou: "Os comissários de bordo acham que são melhores que nós, sendo que dividem um apartamento em cinco e são basicamente garçons no céu".

Como Gittell coloca, com uma boa dose de eufemismo, as diferentes funções em uma companhia aérea "não costumam ter objetivos em comum ou respeito mútuo". Durante sua pesquisa, Gittell vivia ouvindo falar de uma companhia chamada Southwest, que supostamente era diferente, e foi atrás dela. O contraste era impressionante. Funcionários em diferentes cargos pareciam respeitar uns aos outros e até se gostar. Os pilotos valorizavam o trabalho dos agentes de carga e descarga, o pessoal da limpeza se dava bem com os comissários de bordo. Essa cultura de respeito não apenas tornava a Southwest um lugar mais atraente onde trabalhar, mas também era o motivo de sua lucratividade.

O objetivo de Kelleher e de Rollin King, que fundou a empresa com ele, era oferecer voos de baixo custo que percorressem menos de oitocentos quilômetros de distância e saíssem com frequência em mercados movimentados. Era algo corajoso, já que voos curtos são inerentemente mais caros que os de longa distância. Quanto mais tempo um avião passa no solo, menos dinheiro ele rende, e aviões que fazem rotas curtas aterrissam com maior frequência. O que permitiu que a estratégia contraintuitiva da Southwest desse certo foi seu foco contínuo em reduzir o TAT, o tempo gasto preparando o avião para seu próximo voo. É impossível fazer isso

Por que precisamos de novas maneiras de discutir

sem um alto grau de coordenação entre os diversos cargos de uma companhia aérea. Pilotos, comissários de bordo, manipuladores de bagagem e outros precisam comunicar quaisquer problemas no processo e encontrar soluções imediatas. Para fazer isso com eficiência, precisam se dar bem e se preocupar com o sucesso de toda a empresa. A cultura de colaboração da Southwest implica no TAT mais rápido da indústria. Uma pessoa em nível gerencial disse a Gittell: "Às vezes meus amigos me perguntam por que gosto de trabalhar na Southwest. Parece meio bobo, mas é porque todo mundo se preocupa".

Isso não significa que diferentes cargos na Southwest não entrem em conflito. Discussões e incômodos são inevitáveis em qualquer atividade que exija coordenação próxima e complexa. Mas, em vez de transformar frustração em antipatia mútua, a Southwest lida com ela diretamente. Como um gerente de estação explicou para Gittell: "A diferença da Southwest é que somos muito proativos quando se trata de conflito. Damos muito duro para destruir qualquer batalha territorial que surja, e elas surgem".

• • •

Até uma época relativamente recente, acadêmicos que estudavam gestão presumiam que conflitos no ambiente de trabalho prejudicavam a produtividade. Mas, como acontece com os relacionamentos conjugais, cada vez mais se reconhece que o conflito pode ter efeitos positivos — e evitá-lo é prejudicial. Em ambientes de trabalho que evitam conflitos, os funcionários o veem apenas como uma força perigosa e destrutiva que precisa ser impedida. O resultado é que divergências de opinião se transformam em comportamento passivo-agressivo. Uma pessoa que trabalhava em um serviço de educação *on-line* que exemplificava essa cultura contou a Leslie Perlow, especialista em liderança: "Logo notei que os colegas não eram sinceros uns com os outros. [...] Eles sorriam quando estavam incomodados, assentiam quando no fundo não podiam discordar mais. Fingiam aceitar as diferenças em nome da preservação das relações e do negócio".

Garantir que os funcionários entendam o conflito como algo além de rivalidade pessoal é um desafio crucial para qualquer empresa. Estudiosos da área da gestão distinguem entre o conflito na tarefa — discussões sobre como resolver um problema ou tomar uma decisão — e o conflito no relacionamento — quando a coisa se torna pessoal. O conflito na tarefa, mesmo quando acalorado, pode ser colaborativo e produtivo se os envolvidos estiverem preocupados com a solução dos mesmos problemas. Como veremos depois, ele libera novas informações e estimula o pensamento crítico. O conflito no relacionamento é inerentemente competitivo e, em geral, destrutivo: grupos com conflitos pessoais tomam decisões piores, e as pessoas envolvidas se sentem mais infelizes e menos motivadas. Isso se mostra verdadeiro em pesquisas com estudantes e profissionais, operários e executivos.

O limite entre o conflito na tarefa e o conflito no relacionamento é turvo: o primeiro muitas vezes se transforma em uma disputa pessoal. Indícios sugerem que, quando as pessoas interpretam discordâncias com ataques pessoais, sua função cognitiva é prejudicada de duas maneiras principais. Em primeiro lugar, seu pensamento se torna rígido e elas se agarram à posição que escolheram, mesmo que acabe se provando equivocada. Em segundo lugar, elas começam a processar informações de maneira enviesada, ou seja, novas informações só serão absorvidas se fortalecerem sua posição. Em resumo, as pessoas passam a focar exclusivamente em provar que estavam certas, em vez de ajudar o grupo a acertar, o que acaba emburrecendo o grupo.

Por que precisamos de novas maneiras de discutir

O psicólogo organizacional Frank de Wit examinou como uma diferença na mentalidade explica por que o conflito na tarefa pode se transformar em conflito no relacionamento. Ele se baseia em uma distinção da ciência do estresse, usada com frequência na psicologia do esporte, entre *estado de ameaça* e *estado de desafio*. Quando avaliam uma tarefa potencialmente exigente, como dar uma tacada no golfe ou fazer um discurso em público, as pessoas fazem um cálculo instintivo para verificar se têm os recursos necessários para lidar com aquilo. Se sentirem que sim, entram em um estado intensificado de prontidão mental e fisiológica — o estado de desafio. Se sentirem que talvez possa ser demais, elas focam a mente e o corpo em se proteger — o estado de ameaça.

Os estados de ameaça e desafio têm diferentes marcadores fisiológicos. Em estado de desafio, o coração bate mais rápido e se torna mais eficiente, maximizando a quantidade de sangue que pode bombear para o cérebro e os músculos. Em estado de ameaça, o coração também bate mais rápido, mas não bombeia mais sangue. Os vasos sanguíneos do coração aumentam sua resistência, restringindo o fluxo. Daí vem a sensação distintiva de ansiedade, em que a pessoa se sente agitada e encurralada. O estado de desafio também envolve certa ansiedade, que se converte em potência física e cognitiva. Em experimentos de laboratório, pessoas em estado de desafio demonstraram controle motor superior e se saíram melhor em tarefas mentalmente exigentes, como quebra-cabeças lógicos, que pessoas em estado de ameaça.

Em uma série de experimentos, De Wit se debruçou sobre como as pessoas reagiam a uma discordância direta em discussões em grupo. Ele monitorou a reação psicológica de cada participante, enquanto avaliava suas táticas de debate. Quanto mais os valores cardiovasculares de cada participante indicavam que haviam passado para o estado de ameaça, era menos provável que eles mudassem sua opinião e mais provável que descartassem informações que não os ajudassem a vencer a discussão. Participantes em estado de desafio eram mais abertos a pontos de vista divergentes e mais dispostos a rever sua opinião.

Quando as pessoas se sentem desafiadas, mas não ameaçadas, quando têm confiança de que podem lidar com a discordância sem ser humilhadas, elas não se agarram tanto a seus próprios argumentos. Isso impede a discussão de degenerar para uma competição pessoal e mantém o grupo focado na solução do problema que tem em mãos.

Diferentes gestores abordam conflitos na equipe de modos diferentes. Alguns os evitam; outros incentivam ativamente uma cultura combativa. Pesquisadores que estudaram uma empresa de tecnologia bem-sucedida no fim dos anos 1990 observaram que "era esperado que executivos seniores, tanto homens quanto mulheres, se conformassem com as normas dominantes: sinceridade brutal e raiva controlada, o que muitas vezes levava a discussões aos gritos que pareciam um roteiro encenado". O confronto teatral também era central para a cultura de uma empresa de tecnologia para a qual o sociólogo Calvin Morrill deu o pseudônimo de Playco em seus estudos. Um funcionário definiu o que significava ser um executivo na Playco: "Ser um filho da puta durão, um cara que não tem medo de brigar com alguém com quem não concorda, que sabe como jogar o jogo, que ganhe ou perca com honra e dignidade". Esperava-se que superiores e subordinados "batalhassem", e alguém sempre era considerado o "vencedor" (não necessariamente a chefia). A habilidade em batalha era componente-chave nas avaliações. "Somos tubarões circulando a presa", disse outro executivo da Playco. "Se alguém morde você, você morde de volta."

Uma cultura confrontadora pode facilitar uma tomada de decisões rápida, porque argumentos fracos logo são descartados. Ela funciona melhor em empresas que estão lutando para se adaptar

Por que precisamos de novas maneiras de discutir

a mudanças, mas encoraja uma competição pessoal feroz, o que tira o foco da tarefa que se tem em mãos. Além disso — e essa é uma intuição pessoal —, ela valoriza os babacas. O ponto ideal é uma cultura em que os conflitos vêm à tona, mas todo mundo está focado em acertar, e não em provar que se estava certo, uma cultura em que a discordância é um desafio a ser encarado, e não uma ameaça a ser repelida.

Se você é um funcionário relativamente júnior em uma empresa dominada pelo confronto tóxico ou por uma politicagem passivo-agressiva, talvez não haja muito que possa fazer a não ser tentar não deixar que essa cultura te defina e procurar outro emprego. Se estiver em uma posição de liderança, no entanto, pode fazer muito mais. Pode dar o exemplo de discordâncias positivas com colegas seniores próximos e deixar que todo mundo saiba, implícita e explicitamente, que naquele ambiente de trabalho as pessoas podem discordar com vigor e ainda assim ter um bom relacionamento. Você pode transmitir à sua equipe que, quando se discorda de alguém abertamente, não é porque não se respeita a outra pessoa, e sim o contrário. Em ambientes de trabalho em que difíceis decisões precisam ser tomadas rapidamente, a comunicação deve ser direta; há pouco tempo para sutileza ou gentileza. O psicólogo Nathan Smith, que estuda liderança sob pressão, me contou que aconselha médicos seniores a preparar os novatos no hospital para esse estilo de interação, de modo que não se sintam pessoalmente perseguidos quando acontecer com eles.

Organizações também podem introduzir processos simples que permitam que as frustrações venham à tona e sejam resolvidas. Em comparação com outras companhias aéreas do estudo de Jody Gittell, a Southwest tinha de longe a abordagem mais proativa para resolução de conflitos. A análise de Gittell sugere que isso resultava em TAT menor, maior produtividade e menos reclamações dos clientes. Uma pessoa que trabalhava para a Southwest disse a Gittell: "Quando realmente há um problema [entre as funções], fazemos uma reunião e resolvemos tudo. Se há uma guerra em outras companhias aéreas, o objetivo é valorizar todo mundo". Tais reuniões eram chamadas formalmente de "sessões de coleta de informações". Elas tinham um formato regular: um lado dava sua versão do problema e em seguida o outro lado dava a sua, então se chegava a um consenso quanto a como avançar.

Gestores de outras companhias estudadas por Gittell simplesmente tentavam ignorar as discordâncias internas. Quando uma delas, a United, abriu uma subsidiária, a United Shuttle, seus líderes decidiram copiar a abordagem proativa da Southwest. Quando a Shuttle começou a se sair melhor que o resto da empresa, a operação principal começou a realizar sessões de resolução de conflitos também. Um gerente de carga e descarga contou a Gittell a diferença que aquilo estava fazendo: "A princípio, eles nos culpavam e nós os culpávamos. Então começamos a ter reuniões conjuntas, duas vezes no mês. Primeiro, era só reclamação. Depois evoluíram para 'posso assumir isso, posso fazer isso'". O ponto da virada foi uma reunião em particular. "Começou com ataques à gerência e aos outros. Terry [um gerente sênior] chegou com uma lousa e ficou achando que tinha sido o caos. Mas Charlie [um gerente de nível médio] falou que havia sido a melhor reunião que já tínhamos feito. Todo mundo disse o que estava pensando, e as pessoas falavam: 'Eis o que vamos fazer'."

• • •

John Gottman, um dos fundadores da ciência do relacionamento moderno, propôs que o comportamento mais fatal para uma relação é o desdém, porque o desdém representa um ataque a outra

Por que precisamos de novas maneiras de discutir

pessoa sem focar o problema e sem pretender um objetivo comum. Nickola Overall concorda que o desdém é destrutivo, mas mesmo nele, segundo ela, pode haver um sinal à espera de ser descoberto. "Acredito que todas as emoções são informações sociais importantes. Mesmo no caso de emoções negativas difíceis, às vezes é possível ter um vislumbre da perspectiva alheia. É possível ter uma ideia de sua insatisfação e dor." Isso não significa que a negatividade deva ser sempre interpretada com empatia: "Às vezes, a informação que se obtém é de que não dá para confiar na outra pessoa, que ela não está comprometida com você. O objetivo final não pode ser sempre encontrar uma solução. Às vezes, é preciso encerrar um relacionamento!". Mas significa que emoções negativas têm um papel a desempenhar em relacionamentos saudáveis.

É claro que sempre há o risco de uma briguinha sair de controle e prejudicar seu relacionamento com o parceiro, um amigo ou um colega. Estar alerta para esse risco é o que leva muitos de nós a evitar o conflito sempre que possível. É o que nos estressa na perspectiva de um confronto leve que seja. O que tendemos a subestimar são os ricos de *não* expor nossas diferenças. Quando não expomos nosso relacionamento ao estresse relativamente menor de uma discussão sincera, pelo menos dois perigos assomam.

Um deles é o de que, em vez de ir embora, nossas frustrações se manifestem em leves ataques. Pesquisadores discordam em muitas questões relacionadas à complexidade dos relacionamentos, mas uma das descobertas mais evidentes dessa área foi a de que o comportamento passivo-agressivo não tem nenhuma utilidade. Indícios sugerem que a "oposição indireta" é quase sempre uma perda de tempo, seja em casa ou no trabalho. Ela não motiva ninguém a mudar nem resolver qualquer problema — tudo o que faz é corroer a confiança. Se com frequência recorremos a esse comportamento, é porque queremos que outros saibam quando nos sentimos irritados, mas ficamos ansiosos demais diante da perspectiva de confronto para ser diretos.

O segundo perigo é parar de aprender uns sobre os outros até um dia descobrir que é tarde demais. O que se aprende com uma briga? É possível aprender com o que, ou com quem, a outra pessoa realmente se importa. É possível aprender como ela se vê, que pode ser diferente de como você a vê, não importa quão bem ache que a conhece. E é possível aprender como ela vê você.

Sob as condições certas, o conflito une. Também pode forçar as pessoas a considerar outras perspectivas, a pensar mais profundamente sobre o que estão tentando conseguir e a fecundar novas ideias. Em outras palavras, pode nos tornar mais espertos e mais criativos. Os próximos dois capítulos deste livro abordarão isso.

3. Como o conflito nos deixa mais espertos

A discordância colaborativa é a melhor maneira de colher os frutos da inteligência de um grupo, porque transforma em virtude nossa tendência a ser irracionais.

Se eu pedisse a você para imaginar alguém refletindo profundamente, talvez pensasse algo como a escultura *O pensador*, de Rodin. Uma figura solitária em introspecção, explorando os recantos de sua própria mente. Esse modo de pensar sobre o pensar, como algo que se faz melhor a sós, é relativamente moderno. Em uma tradição muito mais antiga, pensar e raciocinar eram atividades essencialmente interativas, uma maneira de tirar o melhor da inteligência de um grupo.

Vamos considerar o primeiro pensador. Sócrates, o pai da filosofia ocidental, não pôs suas ideias no papel. O que sabemos dele nos chegou através dos relatos de seus contemporâneos. O motivo pelo qual Sócrates desconfiava da tecnologia relativamente nova da escrita era o fato de não ser capaz de responder a perguntas. Ele preferia falar, e gostava de falar com pessoas que discordavam dele — ou pelo menos acreditavam nisso. O truque era fazê-las ver, através do questionamento sutil, que elas não concordavam consigo mesmas.

Sócrates acreditava que a melhor maneira de dissipar ilusões e identificar falácias era por meio da troca de argumentos. Ele se envolvia em discussões cara a cara na praça de Atenas, muitas vezes com os mais respeitados intelectuais da cidade. Sua técnica preferida era convidar alguém a apresentar um argumento (por exemplo, sobre a natureza da justiça ou da felicidade) antes de começar a perguntar por que acreditava naquilo, como poderia ter certeza e como explicar as exceções. Eventualmente, sob o persistente questionamento, a confiança inicial do intelectual se revelava baseada em muito pouco. Sócrates não pretendia humilhar ninguém, apenas revelar que todos sabemos bem menos do que pensamos.

Agnes Callard, professora de filosofia da Universidade de Chicago e especialista nos antigos gregos, me explicou que Sócrates não foi apenas o primeiro pensador, mas também um inovador. Ele foi o primeiro a propor, por exemplo, que se pode chegar à verdade com mais segurança e rapidez se, em vez de uma única pessoa pesar os dois lados de um ponto, duas ou mais pessoas estiverem envolvidas, cada uma desempenhando um papel distinto. Callard chama esse método de "divisão contestante do trabalho epistêmico". O trabalho de uma parte é lançar hipóteses, enquanto o da outra é derrubá-las. É possível discordar cooperativamente para chegar à verdade — assim como, em um tribunal moderno, promotores e advogados de defesa cooperam na busca pela justiça refutando os argumentos uns dos outros.

No entanto, a teoria e a prática são coisas diferentes. Para fazer isso funcionar, Sócrates teve que inovar de uma maneira diferente: ele teve que inculcar um novo conjunto de normas sociais. Não que seus interlocutores não estivessem acostumados ao debate. Tratava-se de Atenas, afinal, uma cidade que se orgulhava de sua vigorosa democracia, uma cidade em que todos os homens (ainda que só os homens, e só os homens com propriedades) eram livres para expressar sua opinião em público. No entanto, Atenas era uma cultura de persuasão, de modo que a maior parte de seus cidadãos considerava a discordância um jogo de soma zero: ou se ganhava ou se perdia. Discussões eram maneiras de chegar a fins instrumentais, subordinados a objetivos políticos. Também se tratava de uma cultura de superioridade. Os homens competiam para ser os melhores oradores e os debatedores mais habilidosos. Não buscavam a verdade, e sim prestígio.

Por que precisamos de novas maneiras de discutir

Assim, Sócrates teve de criar o modelo de um tipo novo e diferente de conversa. Há momentos em seus diálogos, de acordo com Callard, em que Sócrates se afasta do tema em discussão para explicar a seus interlocutores o que ele próprio e o que eles todos estão fazendo. "Não me vejo como superior à pessoa com quem falo", Sócrates diria. A investigação não é uma competição por posição social, é uma questão de testar a qualidade dos argumentos. Dedique tempo a entender bem o ponto de vista de seu interlocutor e não se preocupe em encontrar respostas — só estamos tentando compreender uns aos outros um pouco melhor. Discutir com uma pessoa é sinal de que a respeita. De *Hípias menor* (um dos relatos de diálogos socráticos escritos por Platão, seu pupilo): "Hípias, não duvido que seja mais sábio que eu, mas é sempre meu costume prestar atenção quando alguém diz alguma coisa, especialmente quando quem fala parece ser sábio. E porque desejo aprender o que quer dizer, eu o questiono minuciosamente [...] para poder aprender".

Sócrates se esforçava para comunicar a seus companheiros atenienses que não estava tentando derrotá-los. Ele não tinha nenhum objetivo instrumental ou motivo ulterior. Só os estava envolvendo em uma busca para dissipar falsidades pelo mero ato de fazê-lo. Ninguém debatia daquele modo até então, motivo pelo qual Sócrates tinha que descrever o que estava fazendo repetidamente. Ele lançava as pedras fundamentais de uma catedral: toda ideia de investigação intelectual livre, na filosofia e na ciência, deriva da premissa de que a investigação é um objetivo digno por si só e de que pessoas com diferentes pontos de vista podem trabalhar juntas por ele.

Para os ouvintes de Sócrates, essa abordagem ao debate era nova, além de um tanto estranha e incômoda. Os intelectuais de Atenas provavelmente se sentiam inquietos e, às vezes, até chateados com Sócrates atacando seus argumentos. E se eu perder meu

Como o conflito nos deixa mais espertos

prestígio? E se isso projetar uma imagem ruim de mim? Sócrates precisava tranquilizá-los e reassegurá-los; não seria exagero chamar o que ele fazia de "gerenciamento de raiva". Callard me apontou um incidente descrito em *A república*, de Platão:

> Enquanto conversávamos, Trasímaco tentou muitas vezes assumir o controle da discussão, mas foi contido por aqueles sentados perto dele, que queriam ouvir nossa discussão até o fim. Quando fizemos uma pausa depois do que acabei de dizer, no entanto, ele não pôde mais se manter em silêncio. Encolheu-se como uma fera prestes a saltar e se atirou sobre nós como se pretendesse nos destroçar.

Sócrates era uma presença irreverente e incômoda em Atenas, sempre cutucando verdades consideradas sagradas. Durante sua vida, a ameaça da violência física nunca esteve muito longe. As autoridades acabaram condenando-o à morte. Isso não deveria nos surpreender, diz Callard — o que deveria nos surpreender é o fato de ele ter sobrevivido por tanto tempo. Os atenienses não estavam acostumados a encontrar discordância de alguém que não estava tentando superá-los ou persuadi-los a fazer alguma coisa. "Permitiram que ele tivesse uma carreira próspera", diz Callard. "Por que não ficaram mais incomodados?" Ela acha que foi porque Sócrates trabalhava arduamente para amenizar inseguranças. Em uma discordância cooperativa, alguém tem que estar errado, e Sócrates fazia tudo o que podia para que os atenienses soubessem que não apenas não há problema em provarem que eles estavam errados, mas que deveriam ser gratos por aquilo. Em *Górgias*, por exemplo, Sócrates diz a Cálicles: "Se me refutar, não ficarei tão chateado com você quanto você estava comigo; em vez disso, a meu ver será meu maior benfeitor".

Por que precisamos de novas maneiras de discutir

Os outros fundadores da filosofia ocidental adotaram o método socrático e o desenvolveram. Sabemos de Sócrates a partir de seu pupilo Platão, que apresentou suas próprias ideias em uma série de diálogos. Aristóteles, que por sua vez era discípulo de Platão, escreveu um livro sobre como ser um debatedor eficiente e desenvolveu a arte da retórica, uma série de técnicas de persuasão. Para todos esses pensadores, no entanto, o choque de pontos de vista não era apenas uma batalha para persuadir, mas um modo de chegar à verdade — ou, pelo menos, de dissolver a falsidade. De maneira reveladora, os gregos também fundaram o teatro, uma forma de narrativa que separa a verdade do conflito.

Na Europa medieval, estudiosos cristãos incorporaram as regras estabelecidas pelos gregos para a prática da "disputa": um método de debate desenvolvido primeiro nos monastérios e depois nas primeiras universidades para ensinar e revelar verdades na teologia e na ciência. Disputas ocorriam tanto no âmbito privado, entre mestre e aluno, como em público, diante da comunidade universitária. Todas seguiam um formato similar. Uma pergunta era feita. Argumentos em favor de uma resposta eram apresentados e examinados. A seguir, eram considerados argumentos em favor da reação oposta. Os argumentos eram então pesados em comparação uns com os outros, para que uma ou outra resposta fosse escolhida ou uma terceira fosse encontrada. A disputa era competitiva; o objetivo era convencer ao outro ou ao público. Mas também se acreditava que, ao examinar o problema de diferentes ângulos, novas verdades poderiam emergir. A prática consistia essencialmente em diálogo socrático, formalizado e amplificado. Historiadores do período falam em uma "institucionalização do conflito".

Instituições têm o hábito de estagnar. No século XVI, pensadores renascentistas criticaram universidades por se dedicar a áridos debates intelectuais em vez de se envolver com o mundo real. Mas foi o filósofo francês do século XVII René Descartes que fez a disputa escolástica parecer obsoleta. Ele desprezou a prática como um jogo artificial que passara a objetivar apenas vencer discussões, em vez de revelar novas verdades. Sentado sozinho diante da lareira, Descartes inventou um novo tipo de filosofia, baseada em sua convicção de sua própria existência ("Penso, logo existo"). "Se você quer a verdade", disse Descartes, "olhe para dentro."

A Reforma Protestante, com sua ênfase na consciência individual, encorajou esse movimento rumo à contemplação interior. A prática de disputas recebeu outro golpe com a invenção da imprensa; a disseminação de livros significava que indivíduos podiam se educar sozinhos em vez de se submeter a discussões com professores mesquinhos. No século XVIII, os filósofos iluministas defenderam a racionalidade individual como o dom supremo da humanidade. Immanuel Kant localizou a operação do raciocínio em estruturas fundamentais da mente. Fazer um "julgamento" até então era considerado apenas uma ação — algo que juízes eclesiásticos faziam em público. Kant foi o primeiro a conceber tal coisa como uma operação mental, um ato privado de entendimento.

A exploração intelectual passou a ser vista como algo que acontece dentro da mente. Só indivíduos brilhantes que se libertaram das tradições estabelecidas por antigos estudiosos podiam fazer grandes descobertas. A ideia do gênio individual, exemplificada em Newton, se tornou primordial. A ironia é que essa exaltação da mente individual ocorreu em uma época em que o pensar estava se tornando mais intensamente social e argumentativo que nunca: sociedades científicas eram formadas, filósofos trocavam cartas, intelectuais se reuniam em cafés para trocar histórias e debater ideias.

Enquanto o pensar se tornava mais social, o pensar sobre o pensar se tornava mais abstrato. No século XIX e no começo do XX, o estudo da razão, agora identificado com o estudo da lógica formal, se tornou cada vez mais matemático. A correção de um argumento era algo que se podia calcular usando símbolos da álgebra. A linguagem comum não estava à altura da tarefa. Dois mil anos depois de Sócrates debater com todos os que se apresentavam no centro de Atenas, o estudo do raciocínio havia se tornado associal.

Nossas ideias quanto ao que constitui uma boa tomada de decisão e um bom julgamento continuam centradas no indivíduo. Somos mais propensos a celebrar pensadores, inovadores e cientistas individuais do que o grupo ou o meio em que surgiram. Psicólogos estudam a mente individual dividida em Sistema Um e Sistema Dois: operações mentais conscientes e inconscientes. O advento das imagens do cérebro intensificou esse foco. Neurocientistas podem ver imagens de cérebros individuais, mas ainda não sabem com precisão o que acontece com o cérebro quando interagimos com outros (só dá para colocar uma pessoa no aparelho de ressonância magnética). Assim, com algumas exceções, eles simplesmente ignoram isso.

No entanto, nem todo nosso pensamento ocorre "no cérebro". Pensamos juntos. Nosso foco no indivíduo significa que subestimamos a discordância como caminho para revelações, novas ideias e boas escolhas.

• • •

Cientistas que estudam a tomada de decisões em grupo observaram dois modos principais como a ausência de discordância dentro de um grupo de pessoas inteligentes pode levar a decisões ruins. O mais conhecido está relacionado ao desejo de conformidade, de seguir a liderança de uma ou mais pessoas dominantes presentes. Um ponto de vista popular instantaneamente prevalece, e o grupo ruma a uma decisão sem ter explorado totalmente as armadilhas em potencial ou as alternativas. O psicólogo social Irving Janis, o primeiro a nomear esse fenômeno, em 1972, o chamou de "pensamento de grupo". O primeiro problema é que o grupo age como um indivíduo impulsivo. O segundo problema está relacionado a isso, embora de maneira mais sutil. Trata-se do que foi definido como "viés de informação compartilhada". É o que acontece quando todo mundo na sala presume que os outros sabem mais sobre o assunto em questão. Como ninguém se desafia seriamente, os participantes acabam tendo apenas uma discussão superficial. ("Quando dois homens sempre concordam, um deles é desnecessário", dizia William Wrigley Jr., magnata dos chicletes.)

Discutir uma questão expõe novos motivos, informações e percepções que de outra maneira permaneceriam dentro da cabeça das pessoas. Hoje, enfatizamos corretamente a necessidade de montar equipes diversas, não apenas por motivos de igualdade social, mas também porque, quanto mais variadas forem as perspectivas à mesa, mais criativa e perspicaz a discussão será. Mas essa perspicácia e essa criatividade só vão se materializar se as pessoas da equipe estiverem preparadas para desafiar umas às outras abertamente. A discordância libera os benefícios da diversidade.

Como Sócrates sabia, tudo isso pode ser bom na teoria, mas, na prática, as pessoas consideram discordar algo desconfortável e desagradável. Dissidências do consenso muitas vezes são recebidas com antipatia, e discordâncias podem se transformar em rixas. Depois que a noção de pensamento de grupo se tornou amplamente conhecida, algumas empresas começaram a procurar maneiras de impedir que equipes chegassem a um consenso prematuramente sem levar as coisas para o pessoal. Irving Janes propôs uma solução para isso: designar um "advogado do diabo". A prática tem suas origens na Igreja Católica Romana: quando se propõe que alguém seja beatificado ou canonizado, o advogado

Por que precisamos de novas maneiras de discutir

do diabo dá motivos pelos quais o candidato não seria digno. Na teoria, pedindo explicitamente a alguém da equipe que argumente contra qualquer que seja a decisão proposta, colhem-se os benefícios da discordância — novas informações são reveladas e chega-se a soluções melhores — sem abalar a harmonia da equipe.

Mas há um problema: isso não funciona. Charlan Nemeth, professora de psicologia social na Universidade de Berkeley, conduziu experimentos em que comparou um grupo com dissidência autêntica — uma discussão em grupo na qual a dissidente realmente acreditava em seu ponto de vista —, com uma advogada do diabo, ou seja, uma falsa dissidente, a outro sem dissidência. Nemeth descobriu que a dissidência autêntica gerava discussões muito mais produtivas e mais ideias originais do que o consenso ou a situação com a advogada do diabo. Na verdade, a situação com a advogada do diabo foi contraprodutiva: estimulou membros do grupo a produzir mais argumentos em apoio ao plano inicial sem de fato considerar o outro ponto de vista (Nemeth chama esse comportamento de "reforço cognitivo"). A leitura que faço disso é que as pessoas se tornaram complacentes por uma advogada do diabo ter sido designada, acreditando estar protegidas contra uma visão estreita. Como sabiam que a advogada do diabo não acreditava de fato em sua posição, não procuraram refletir sobre o que ela dizia.

Em estudos posteriores, Nemeth testou uma distinção mais sutil. Em uma situação, alguém discordou espontaneamente do ponto de vista da maioria. Em outra, pediram que a mesma pessoa repetisse seus argumentos — argumentos nos quais o resto do grupo sabia que ela acreditava — depois de lhe ser publicamente atribuído o papel de advogada do diabo. Em ambos os casos, a discordância gerou tensão no grupo e estimulou certa antipatia pela dissidente. Mas na situação espontânea a discussão foi melhor, gerando mais e melhores (ou seja, mais criativas) soluções que a situação com a advogada do diabo, ainda que os argumentos usados fossem idênticos.

A explicação especulativa de Nemeth para a diferença de produtividade entre as discussões é que o grupo sentiu que havia menos em jogo para a dissidente quando ela fazia o papel de advogada do diabo. Na discussão espontânea, a dissidência dela pareceu mais corajosa. Quando ela parecia apenas estar seguindo as instruções da pesquisa, o grupo viu alguém argumentando com tranquilidade e confiança, mas sentiu menor responsabilidade de questionar sua própria opinião. Na situação autêntica, os outros participantes responderam à vulnerabilidade da dissidente abrindo-se um pouco mais, o que resultou em uma discussão mais rica, com ambos os lados admitindo a possibilidade de ser persuadidos. Em outras palavras, as pessoas são mais propensas a confrontar a possibilidade de estarem erradas quando se deparam com alguém que parece realmente acreditar no que estão dizendo e está preparado para assumir o risco de expor sua opinião.

A discordância produtiva depende de como as pessoas se sentem umas em relação às outras. Passamos muito tempo pensando como discutir, mas não o bastante pensando como moldar o relacionamento que vai definir o andamento da discussão. É comum dizer que, para uma boa discussão, as pessoas precisam deixar as emoções de lado e pensar apenas racionalmente, mas isso é um mito. A discordância produtiva exige um laço de confiança: a noção de que estamos todos trabalhando juntos, e não uns contra os outros. Essa é uma questão inerentemente emocional, mas também cognitiva, motivo pelo qual o capítulo anterior é crucial para a compreensão deste. As pessoas não são puramente racionais, e agir como se fossem leva a disfunções. A discordância atinge todo o seu potencial quando incorporamos nossa irracionalidade ao processo.

. . .

Por que precisamos de novas maneiras de discutir

Quando uma empresa considera fazer uma oferta pública de aquisição, muitas vezes contrata um banco de investimento como o Goldman Sachs para aconselhamento. Os banqueiros têm um forte incentivo para persuadir o conselho da empresa a fechar o negócio. Afinal, se não houver acordo não receberão sua taxa. Há nisso um óbvio conflito de interesses. O investidor mais bem-sucedido do mundo, Warren Buffett, propõe que as empresas adotem uma medida de contrapeso:

Parece-me que há uma única maneira de ter uma discussão racional e equilibrada. Os diretores precisam contratar uma segunda consultoria, para defender a *não* aquisição, que receberá sua taxa caso o contrato *não* seja fechado.

A genialidade dessa abordagem está na taxa. Buffett não aconselha a simplesmente receber uma segunda opinião; ele aconselha a dar à segunda consultoria um incentivo financeiro para vencer a discussão. Por quê? Porque assim a diretoria colherá os frutos do pensamento tendencioso alheio, ao mesmo tempo que se protege do seu próprio. A segunda consultoria terá uma forte motivação para pensar em todas as razões possíveis para o negócio não ser concluído. Dessa maneira, a diretoria terá argumentos contra e a favor e estará em uma posição melhor para tomar a decisão certa.

Quando você apresenta seus argumentos e eu apresento os meus, ambos motivados a fazer a melhor defesa possível de nossa posição, as respostas que emergirem serão mais fortes, por terem sido forjadas no cadinho de nossa discordância. Em 2019, uma equipe de cientistas liderados por James Evans, sociólogo da Universidade de Chicago, testou essa proposta usando uma ampla base de dados de discordâncias: as edições feitas em páginas da Wikipédia. Evans está interessado nos efeitos da polarização política e se é possível que indivíduos de lados opostos tenham uma discordância produtiva. O choque de perspectivas políticas completamente diferentes sempre leva à hostilidade ou distância — lutar ou correr — ou pode levar a algo mais produtivo?

Evans percebeu que a Wikipédia é o lugar perfeito para investigar essa questão (vou utilizar "Evans" como representante da equipe de pesquisadores que ele liderava). A Wikipédia é um feito notável do trabalho em equipe. Cada página é revista por uma comunidade *ad hoc* de editores voluntários. Por trás de cada tópico há sempre uma "página de discussão", que qualquer pessoa pode abrir para observar o que acontece nos bastidores. Na página de discussão, editores debatem adições e cortes sugeridos, envolvendo-se em discussões elaboradas enquanto tentam persuadir uns aos outros do que deve ser incluído na página que o público geral acessa. Algumas equipes produzem páginas de melhor qualidade que outras. Sabemos disso porque a Wikipédia confere uma nota de acordo com a qualidade de cada página, baseada em quão legível, precisa, abrangente e bem fundamentada ela é.

Evans usou o aprendizado de máquina, o chamado *machine learning*, para identificar as inclinações políticas de centenas de milhares de editores — fossem eles republicanos ou democratas —, com base em suas edições em páginas políticas. Assim, ele pôde identificar a composição política de milhares de equipes editoriais, incluindo aquelas que trabalhavam em páginas relacionadas a política e questões sociais. Alguns artigos eram supervisionados por equipes altamente polarizadas de editores republicanos e democratas, outras por editores mais alinhados entre si. Eis o que Evans descobriu: quanto mais polarizada a equipe, melhor a qualidade da página.

Equipes polarizadas ideologicamente eram mais competitivas — tinham mais discussões que equipes mais homogêneas ou "moderadas". Mas suas discussões contribuíam para a qualidade da página resultante. As conversas que tinham nas páginas de discussão eram mais longas, porque nenhum dos lados estava disposto a ceder em qualquer ponto sem fazer um esforço. Essas discussões mais longas geravam conteúdo de melhor qualidade, conforme suposições eram reveladas e argumentos eram refinados. Editores que trabalhavam em uma página disseram aos pesquisadores: "Temos que admitir que a posição assumida ao fim da discussão era muito mais forte e equilibrada". Esse "temos" é importante: a maneira relutante como os lados chegavam a um acordo tornava sua solução mais forte do que teria sido de outra forma. Como Evans coloca: "Se eles mudassem de opinião com facilidade demais, não estariam motivados a encontrar fatos e dados contrários que alimentassem a conversa".

Egoísmo — a necessidade de ser visto como quem estava certo — e tribalismo — o desejo de ver seu grupo vencer — são geralmente retratados apenas como inimigos de uma boa discussão. Isso é compreensível, porque na maior parte dos casos, de fato, é assim. A competição produtiva entre as equipes de editores da Wikipédia sugere que mesmo o tribalismo pode ter frutos intelectuais, desde que os participantes tenham um objetivo em comum e concordem com as regras de conduta (veremos a respeito mais adiante). A melhor coisa a fazer com nossa tendência a elaborar argumentos autocentrados é saber aproveitá-la.

O que liga Sócrates, Buffett e o pessoal da Wikipédia é sua compreensão de uma profunda verdade sobre a cognição humana: nossa inteligência é interativa.

• • •

Desde a época de Sócrates, a capacidade de raciocinar é vista como o maior atributo da humanidade, aquilo que nos distingue das outras espécies. Isso levanta uma questão complicada. Se o raciocínio rumo à verdade é um superpoder humano, por que somos tão ruins nisso?

Se lhe pedissem para ajudar outras pessoas a chegar a crenças mais precisas e decisões melhores, você provavelmente começaria melhorando a capacidade delas de enxergar seus próprios erros. Afinal, ninguém pode ter certeza de que está certo sobre o que quer que seja até que tenha considerado por que pode estar errado. Mas, em geral, somos todos muito ruins nisso. Agarramo-nos a nossas opiniões mesmo diante de indícios que a contrariam. Se eu acredito que o mundo está acelerando rumo ao fim, só vou notar notícias ruins e ignorar as boas. Se eu decidi que uma política é brilhante, só vou ver suas conquistas e ignorar seus equívocos. Uma vez que decidi que a chegada à Lua é uma farsa, vou procurar vídeos no YouTube que concordem comigo e dispensar as provas em contrário.

Psicólogos estabeleceram de maneira a não deixar dúvidas que as pessoas têm maior propensão a notar e considerar indícios que confirmam aquilo em que acreditam e diminuir o que quer que sugira o oposto. Seres humanos têm uma aversão instintiva à possibilidade de estarem errados; eles empregam seus poderes de raciocínio para se persuadir de que estão certos mesmo quando não estão. Armados com uma hipótese, adequamos o mundo a ela. Essa característica, conhecida como "viés de confirmação", parece ser um problema sério para nossa espécie. Ela nos torna mais propensos a enganar a nós mesmos e a acreditar nas mentiras dos outros, e menos propensos a entender o ponto de vista de outra pessoa. "Se tentássemos identificar um aspecto problemático do raciocínio humano que mereça atenção acima de todos os outros, o viés de confirmação teria que estar entre os candidatos a se considerar", diz Raymond Nickerson, psicólogo na Universidade Tufts. A inteligência não é a cura para esse problema; estudos descobriram que

Por que precisamos de novas maneiras de discutir

pessoas inteligentes e educadas são apenas melhores em convencer os outros de que estão certas, uma vez que têm maior habilidade de gerar argumentos que as justifiquem.

Isso representa um enigma. Por que a evolução nos deu uma ferramenta que é ao mesmo tempo incrivelmente sofisticada, mas vem com problemas o bastante a ponto de ser o caso de a devolvermos se a tivéssemos comprado em uma loja? Uma dupla de psicólogos evolucionistas, Hugo Mercier e Dan Sperber, ofereceu uma resposta intrigante para essa questão. Se nossa capacidade de raciocínio é tão ruim em ajudar indivíduos a descobrir a verdade é porque sua função não é a busca da verdade, afirmam os dois. Em vez disso, o raciocínio evoluiu para ajudar as pessoas a *discutir*.

O *Homo sapiens* é uma espécie intensamente colaborativa. Menores e menos poderosos que outras espécies — magricelas, em comparação com nossos antepassados neandertais —, ainda assim os humanos conseguiram dominar quase todos os ambientes em que colocaram os pés, principalmente porque são muito bons em se juntar para fazer as coisas. Com esse fim, desenvolveram um conjunto de habilidades apuradas para lidar uns com os outros. Na visão de Mercier e Sperber, o raciocínio é uma dessas habilidades sociais. Ele evoluiu para ajudar as pessoas a fazer coisas em conjunto — caçar presas, fazer fogo, construir pontes. Dar e pedir razões permitiu que indivíduos influenciassem outros e os levassem para seu lado; também teve o efeito de torná-los responsáveis por suas próprias ações ("muito bem, vou explicar por que peguei mais que minha cota de carne de mamute..."). O objetivo de ser capaz de estabelecer razões é apresentá-las aos outros de modo a apoiar sua posição, ou derrubar a posição de outra pessoa — ou seja, discutir.

Não é difícil ver por que aqueles com maior capacidade de raciocínio teriam maior probabilidade de sobreviver e transmitir seus genes. A capacidade de dar e examinar razões transforma discordâncias que poderiam ter acabado em violência até mesmo fatal em discussões. Se quero começar um fogo e você quer construir um abrigo, podemos trocar argumentos a favor e contra, em vez de lutar a respeito. Aqueles particularmente hábeis em participar desse vaivém seriam melhores em evitar ameaças e demonstrariam sua competência para o grupo, fazendo aliados e impressionando companheiros em potencial.

O ato de dar e pedir razões é um modo importante de as pessoas estabelecerem o tipo de relacionamento que permite a colaboração. Para que você confie em mim como alguém com quem pode fazer negócios (literal ou metaforicamente), não posso apenas dizer que quero algo, ou que discordo. Preciso explicar meus motivos, e espero o mesmo de você. Os únicos que não esperamos que façam tal coisa são as crianças pequenas, que, quando pedimos que se justifiquem, tendem a responder apenas: "PORQUE EU QUERO". Ensinar crianças a dizer algo mais persuasivo depois de "porque" é uma parte vital de sua socialização. Pais podem encorajar isso através de seu exemplo. Quando você tem uma discordância com seus filhos, tente dar a eles os motivos pelos quais quer que façam alguma coisa, mesmo que tudo o que queira dizer seja: "PORQUE EU MANDEI".

Mercier e Sperber são pensadores "interacionistas", e não "intelectualistas". Para os intelectualistas, o propósito da razão é permitir que os indivíduos tenham conhecimento do mundo. Mas, como vimos, a razão muitas vezes parece ser usada para defender aquilo em que queremos acreditar, independentemente de ser verdade ou não. Na visão interacionista, a razão não evoluiu para ajudar os indivíduos a chegar à verdade, mas para facilitar a comunicação e a cooperação. Em outras palavras, o raciocínio é inerentemente social e só nos torna mais inteligentes quando o praticamos com outras pessoas no processo de discutir. Sócrates estava no caminho certo.

Por que precisamos de novas maneiras de discutir

O mito do indivíduo racional (em geral no masculino mesmo) que pensa em uma solução para qualquer problema no isolamento é poderoso, mas enganador. Para começar, embora a humanidade tenha acumulado um vasto estoque de conhecimento coletivo, cada um de nós sabe surpreendentemente pouco, com certeza menos do que imaginamos. Em 2002, os psicólogos Frank Keil e Leonid Rozenblit pediram que um grupo de pessoas desse uma nota para sua compreensão de como um zíper funciona. As respostas foram confiantes — afinal, usamos zíperes o tempo todo. Mas, quando foi pedido que explicassem como um zíper funciona, foi um fracasso completo. Resultados similares foram encontrados quando se pediu que as pessoas definissem mudança climática e economia. Sabemos muito menos do que imaginamos sobre o mundo à nossa volta. Cientistas cognitivos chamam isso de "ilusão da profundidade explicativa", ou simplesmente "a ilusão do conhecimento".

O que permitiu que os seres humanos conquistassem o planeta não foi "pensarmos por nós mesmos"; foi nossa capacidade incomparável de pensar em grupo. Não há nada que façamos, de nos vestir a usar o computador, que não dependa do conhecimento de outras pessoas. Cada um de nós está ligado a uma vasta rede de conhecimento, transmitida pelos mortos e compartilhada pelos vivos. Quanto mais aberta e fluida nossa rede local, mais inteligente ficamos. A discordância aberta é uma das principais maneiras que temos de aproveitar a experiência de outras pessoas enquanto contribuímos com a nossa para o bem comum.

No entanto, como Sócrates bem sabia, a discordância só leva à verdade sob certas condições. Uma delas é o que Mercier e Sperber chamaram de "divisão do trabalho cognitivo". Na discussão ideal, cada indivíduo foca principalmente na busca por razões a favor de sua solução preferida, enquanto o restante do grupo avalia criticamente suas próprias razões. Todo mundo lança suas hipóteses, que são testadas pelos outros. Esse é um processo muito mais eficiente do que cada indivíduo tentar criar e avaliar todos os diferentes argumentos para ambos os lados da questão, e tende a levar a melhores decisões.

Isso resolve o enigma de por que a evolução nos dotou do viés de confirmação. Em uma discussão em grupo que funciona bem, o viés de confirmação é um recurso, e não um problema — mas só se o utilizarmos como a natureza pretendida. Pense em como é quando alguém te contradiz. Você se sente motivado a pensar em todas as razões pelas quais está certo e as cita em sua defesa, se for algo com que você se importa ou quando é importante ser visto como quem está certo (é por isso que Mercer e Sperber preferem o termo "viés do meu lado" a "viés de confirmação": ele só surge quando sua identidade ou seu *status* são ameaçados). Isso é uma reação emocional, além de cognitiva. Algumas pessoas aconselhariam você a deixar suas emoções de lado e avaliar os argumentos de maneira puramente racional. Mas, permitindo que suas emoções guiem sua busca por bons argumentos, você está fazendo algo produtivo, porque contribui com o grupo com novas informações e novas maneiras de pensar sobre o problema.

Você pode fazer isso por motivos egoístas ou mesquinhos — talvez só queira se justificar e mostrar quão inteligente é. Mesmo assim, vai contribuir para que o grupo tenha diversidade de pontos de vista, à medida que as pessoas se esforçam para apresentar suas razões. Como todo mundo tem um incentivo para derrubar os argumentos contrários, os mais fracos vão cair e os mais fortes vão sobreviver, reforçados com mais indícios e melhores razões. O resultado é um processo mental muito mais profundo e rigoroso do que qualquer um de vocês poderia ter conduzido sozinho. É exatamente como funciona o processo de edição da Wikipédia,

Por que precisamos de novas maneiras de discutir

de acordo com o estudo de James Evans. É como Warren Buffett aborda o processo de tomada de decisão no caso de investimentos. É o princípio subjacente ao diálogo socrático.

Através de lentes interacionistas, o viés de confirmação não é algo a eliminar; é algo de que tirar proveito. Nas condições certas, aumenta a inteligência coletiva de um grupo. E quais são essas condições? Em primeiro lugar, o grupo precisa discordar abertamente, com cada indivíduo se sentindo genuinamente compelido e capaz de apresentar sua melhor defesa. Em segundo lugar, e o que é mais fundamental, os membros do grupo devem ter um interesse comum — a busca da verdade ou da decisão certa. Se cada membro *só* tenta defender sua própria posição ou se sair melhor que os outros, então os argumentos mais fracos não serão eliminados, e o grupo não fará progresso. Quando cada pessoa assume uma posição forte ao mesmo tempo que se permite ser levada por argumentos melhores, o grupo avança.

O viés de confirmação, como o próprio conflito, é curvilíneo e opera em uma curva em U invertido. Em excesso, é prejudicial; assim como quando ausente. Já participei de reuniões de trabalho em que a maioria das pessoas não expressava pontos de vista fortes e simplesmente aceitava o que quer que dissesse a pessoa mais confiante da sala. O resultado é uma discussão sem vida em que a visão dominante não é testada ou desenvolvida. Como em um relacionamento amoroso, talvez você acabe se perguntando quão comprometidas as outras pessoas estão com qualquer que seja o projeto desenvolvido. Talvez você também se pergunte se os líderes da empresa não deixaram claro que não querem discordâncias e que dissidentes serão punidos.

Também participei de reuniões em que diferentes indivíduos defendem sua posição, às vezes até um pouco além do que pareceria razoável. Essas discussões podem ser turbulentas e desconfortáveis, mas em geral são de melhor qualidade e, quando conduzidas de maneira respeitosa, podem aproximar os membros de uma equipe. Dito isso, indivíduos que *nunca* desistem de seu ponto de vista desperdiçam o tempo de todo mundo. Há muitas pessoas irritantes nos extremos opostos do U invertido — e muito debate improdutivo. Você deve levar todo o seu eu apaixonado e tendencioso para uma reunião, mas também precisa saber quando se distanciar do ponto que vem defendendo.

A química da discordância é inerentemente instável. É sempre ameaçador ir para um extremo ou outro. Assertividade se torna agressão, convicção se torna teimosia, o desejo de se encaixar se torna comportamento de rebanho. Ao longo dos séculos, desenvolvemos processos e instituições para estabilizar a volatilidade e providenciar as condições certas para a discordância produtiva. O mais importante entre eles é a instituição da ciência moderna. Mas, mesmo entre cientistas, vieses podem sair do controle.

• • •

Quatrocentos anos atrás, Francis Bacon alertou contra o que agora chamamos de viés de confirmação: "Uma vez que tenha adotado uma opinião, a compreensão humana [...] atrai tudo o que apoia e concorda com ela". Para solucionar esse problema, Bacon formulou o que ficou conhecido como método científico. Ele instruiu estudiosos a testar suas teorias com a observação do mundo real, de modo a "analisar a natureza por meio da rejeição e da exclusão adequadas". A partir de Bacon, a ciência se transformou em uma disciplina e em uma comunidade com uma divisão do trabalho cognitivo. Cientistas publicam pesquisas sobre assuntos que lhes interessam e tentam defender sua teoria. Seu trabalho é revisto por seus pares e examinado por outros especialistas em sua

Por que precisamos de novas maneiras de discutir

área. Cientistas tentam derrubar os argumentos uns dos outros, ao mesmo tempo que aprendem uns com os outros. A ciência tira o máximo proveito da natureza social da razão.

Por mais que celebremos grandes cientistas individuais, é a comunidade científica quem leva a avanços. O viés de confirmação sai do controle quando um indivíduo é isolado daqueles que discordam dele, não importa quão brilhante seja. Isaac Newton passou as últimas décadas de sua vida imerso em uma busca inútil para transformar metais básicos em ouro. Se esse trabalho não levou a lugar nenhum, foi pelo menos em parte porque ele o conduziu sozinho, sem qualquer colaboração ou revisão. Quando publicou seu trabalho inovador na área da física, no entanto, Newton se apoiava no trabalho de outros ("nos ombros de gigantes", como ele colocou) e sabia que matemáticos e astrônomos de toda a Europa atacariam quaisquer argumentos fracos.

Na maior parte, esse sistema tem funcionado muito bem, levando a enormes avanços na medicina e na tecnologia que definem a modernidade. Quando os cientistas envolvidos se esquecem de discordar, as coisas saem do controle, como na historia de John Yudkin ilustra.

No começo dos anos 1980, os governos ocidentais, depois de consultar os principais pesquisadores do mundo na área da nutrição, mandaram a população mudar a maneira como se alimentava. Se quiséssemos nos manter saudáveis, diziam, precisávamos reduzir a ingestão de alimentos ricos em gorduras saturadas e colesterol. De modo geral, fizemos como mandado. Carne bovina e salsicha foram substituídas por macarrão e arroz, a manteiga deu lugar à margarina e ao óleo vegetal, e granola com iogurte desnatado entrou no lugar dos ovos com torrada.

No entanto, em vez de ficarmos mais saudáveis, ficamos mais gordos e com mais doenças. Nas décadas que se seguiram, uma catástrofe se desdobrou na saúde pública. A obesidade, que até então era relativamente estável, aumentou dramaticamente, assim como a incidência de doenças relacionadas a ela, como diabetes. Recentemente, as recomendações se alteraram. Embora o consumo moderado de gordura ainda seja sugerido, é preciso tomar cuidado com outro inimigo da saúde, que é tão ruim quanto a gordura, se não pior: o açúcar.

Seria natural acreditar que essa mudança radical de ênfase tenha ocorrido porque a ciência da nutrição avançou e houve novas descobertas. Só que isso não é verdade. Os indícios científicos sempre existiram. Mas foram ignorados porque os pesquisadores da área da nutrição se esqueceram de discordar uns com os outros e permitiram que o viés de confirmação saísse de controle.

O livro *Pure, White and Deadly*, de John Yudkin, publicado em 1972, alertou o mundo para o fato de que a verdadeira ameaça à saúde das pessoas não era a gordura, mas o açúcar. "Se apenas uma pequena fração do que sabemos a respeito dos efeitos do açúcar fosse revelada em relação a qualquer outro material adicionado na comida", ele escreveu, "esse material seria banido imediatamente."

Professor de nutrição no Queen Elizabeth College, em Londres, Yudkin notou que o açúcar refinado constitui parte importante da dieta ocidental há apenas trezentos anos; em termos evolutivos, é como se tivéssemos provado açúcar pela primeira vez neste segundo. Gorduras saturadas, por outro lado, estão tão intimamente ligadas à nossa evolução que estão presentes em abundância no leite materno. Para Yudkin, parecia mais provável que era a inovação recente, e não um elemento pré-histórico, que estava fazendo as pessoas adoecer. Ele também acreditava que os indícios de que a gordura fazia mal eram relativamente fracos. Yudkin argumentava que o açúcar tinha maior propensão a causar obesidade, doenças do coração e diabetes. Nos anos 1960, havia um debate animado

Por que precisamos de novas maneiras de discutir

quanto a qual era mais prejudicial: o açúcar ou a gordura. Quando Yudkin escreveu seu livro, os maiores expoentes de sua área eram pessoas que apoiavam a hipótese de que a gordura era a maior vilã, e a maior parte dos pesquisadores da área da nutrição se alinhou ao consenso de que uma dieta saudável era uma dieta com pouca gordura. Yudkin liderava um grupo de dissidentes cada vez menor.

O livro, cujo objetivo era alertar o público em geral, era seu último recurso. Ele pagou um preço alto por defender que o açúcar era uma ameaça maior que a gordura. Os maiores pesquisadores do mundo na área da nutrição não gostaram de ter suas ideias desafiadas publicamente. Yudkin viu convites para conferências científicas serem retirados e foi marginalizado pelas publicações científicas. A própria universidade em que trabalhava voltou atrás na promessa que lhe fizera de permitir que continuasse usando suas instalações de pesquisa depois da aposentadoria, já que não era uma boa ideia deixar que um opositor da hipótese da gordura como grande vilã fosse visto circulando por ali. A pesquisa de Yudkin deixou de circular. Ele morreu em 1995, decepcionado e amplamente esquecido.

Enquanto isso, seguindo os conselhos da elite da nutrição, os governos dos Estados Unidos e da Inglaterra incentivaram seus cidadãos a reduzir o consumo de comidas ricas em gordura e colesterol. Quando reduzimos a gordura, em geral aumentamos o consumo de carboidratos. Os fabricantes de alimentos reagiram às novas diretivas vendendo produtos com baixo teor de gordura que eram tornados mais palatáveis com a adição de açúcar. Hoje, fica cada vez mais claro que, ao transformar a gordura saturada no inimigo número um na alimentação, deixamos passar a ameaça mais versátil, palatável e prejudicial do carboidrato.

A história da morte profissional de Yudkin assustou outros cientistas interessados em desafiar o consenso de que a gordura era o principal problema na dieta ocidental. Só no século XXI voltou-se a aceitar nos círculos científicos que se pesquisasse o que o açúcar faz com nosso corpo. Um pediatra chamado Robert Lustig abriu o caminho. Depois de estudar os efeitos do açúcar no metabolismo, ele publicou em 2013 o livro *Fat Chance*, que veio a se tornar um sucesso mundial ao expor a ligação entre açúcar e obesidade. A pesquisa de Yudkin tinha sido tão bem enterrada que Lustig só se deparou com ela por acidente, quando um colega cientista a mencionou durante uma conferência. Lustig ficou perplexo ao descobrir que ela antecipava seu próprio trabalho. Quando lhe perguntei por que ele havia sido o primeiro cientista em anos a focar os perigos do açúcar, sua resposta foi: "John Yudkin. Eles o derrubaram tão definitivamente, tão definitivamente que ninguém mais quis se arriscar".

A indústria de alimentos muitas vezes é culpada pela epidemia de obesidade, e as empresas da área certamente têm muito pelo que responder. Mas, se a recomendação nutricional que seguimos esse tempo todo era profundamente falha, isso também se deve ao fato de até mesmo a investigação científica estar sujeita a um comportamento de grupo disfuncional: a pressão da opinião majoritária, o imenso desconforto de admitir um erro e a deferência em relação a quem está no topo.

"A ciência avança um funeral por vez?" era o título de um artigo escrito em 2015 por uma equipe de estudiosos do Escritório Nacional de Pesquisa Econômica dos Estados Unidos, que buscava uma base empírica para um comentário feito pelo físico Max Planck: "Uma nova verdade científica não triunfa convencendo seus opositores e fazendo com que vejam a luz, mas porque esses opositores acabam morrendo e uma nova geração cresce já familiarizada com ela". Pesquisadores identificaram mais de 12 mil cientistas de elite de diferentes áreas. Em obituários, encontraram

452 que haviam morrido antes da aposentadoria e procuraram descobrir o que havia acontecido com as áreas que aqueles nomes celebrados haviam deixado inesperadamente. O que descobriram confirmou a máxima de Planck. Pesquisadores mais jovens que haviam trabalhado de perto com cientistas de elite e escrito artigos com eles publicaram menos. Ao mesmo tempo, havia um aumento notório de artigos de novatos na área, com menor propensão a citar o trabalho do falecido. Os artigos dos novatos se provaram substanciais e influentes, recebendo um alto número de citações. Livres da pressão de concordar com os cientistas dominantes mais velhos, os novatos levaram toda a sua área a avançar.

Discordâncias podem nos tornar mais inteligentes, como indivíduos e como grupos, ao permitir que aprendamos com os outros e a nos forçar a pensar com maior afinco sobre por que acreditamos no que acreditamos. Só que, como Sócrates sabia, para que a discordância gere revelação em vez de raiva, é preciso lidar com as questões de relacionamento que ela inevitavelmente cria. É apenas quando há compreensão mútua, respeito e confiança que realmente se chega lá — e, em tal situação, tudo é possível.

4. Como o conflito nos inspira

Conflito é a faísca que acende o fogo da criatividade do grupo.

No condado de Dare, na Carolina do Norte, há uma cidadezinha chamada Kill Devil Hills, construída em terreno arenoso à beira-mar. Em setembro de 1902, a cidade e seu aeroporto ainda nem existiam, mas quem passava pela região podia testemunhar uma estranha cena: dois homens cara a cara em meio às dunas de areia, perto de um planador, sacudindo os braços e gritando um com o outro.

Por alguns meses, os irmãos Wilbur e Orville Wright foram a Kill Devil Hills com o melhor planador que já haviam construído. Com base em dados de experimentos com túneis de vento, eles sabiam exatamente que desenho de asa forneceria a melhor sustentação e a menor resistência. Mas, em seus voos testes, continuavam se deparando com o mesmo problema, que fez com que um deles chegasse perto da morte uma vez. Em 23 de setembro, quando Orville tentou fazer uma curva, uma asa de repente subiu enquanto a outra desceu. Ele perdeu o controle do planador, que caiu na areia. O resultado, de acordo com o diário de Orville, foi "um amontoado de máquina voadora, tecidos e gravetos [...] comigo no meio, sem nenhum machucado ou arranhão".

O problema, que eles julgavam que ocorria a cada cinquenta vezes que planavam, podia ser fatal. Os irmãos chamavam de "fundo do poço" o que depois ficou conhecido como "parafuso". Eles precisavam resolver aquilo urgentemente, se quisessem realizar sua ambição de construir a primeira máquina voadora. Na noite de 2 de outubro, os Wright debateram o problema com seu amigo George Spratt, e logo começaram a discutir. Orville, o mais

Por que precisamos de novas maneiras de discutir

novo, gritava e agitava os braços. Wilbur respondia com explosões curtas em *staccato*. Spratt estava desconfortável, mas devia saber que aquilo não era incomum. Os irmãos Wright eram debatedores implacáveis.

Aqui estamos tão familiarizados com o fato de que os irmãos Wright inventaram o avião que a natureza miraculosa de sua realização nos passa despercebida. Wilbur e Orville não era cientistas; não fizeram faculdade. Não estavam ligados a nenhuma corporação ou instituição. Eles tinham uma loja de bicicletas em Dayton, Ohio. Tinham feito relativamente pouco até resolverem um dos maiores quebra-cabeças da engenharia.

Os irmãos Wright, apesar dos quatro anos de diferença de idade, eram muito próximos. "Desde que éramos muito pequenos", escreveu Wilbur, "meu irmão Orville e eu vivíamos juntos, trabalhávamos juntos e inclusive pensávamos juntos." O modo como pensavam juntos era discutindo. O som de suas brigas era familiar aos moradores de Dayton, que ouviam os gritos vindos do andar de cima de sua loja. Foi o pai deles, Milton Wright, que lhes ensinou como discutir de maneira produtiva. Depois do jantar, Milton introduzia um assunto e instruía os meninos a debatê-lo de maneira tão vigorosa quanto possível sem ser desrespeitosos. Depois — seguindo as regras clássicas do debate —, ele os instruía a mudar de lado e recomeçar. Esse se provou um ótimo treinamento.

"Com o tempo", escreveu Tom Crouch, um dos biógrafos dos irmãos, "eles aprenderam a argumentar de maneira mais eficiente, trocando ideias em uma espécie de taquigrafia verbal até que o cerne de verdade começasse a surgir." Wilbur notou que discutir "traz à tona novas maneiras de olhar para as coisas e aparar as arestas". Depois que voltou para casa, George Spratt escreveu uma carta para Wilbur expressando seu incômodo com o modo como os irmãos discutiam. Perturbava-o em particular a maneira como os irmãos trocavam de lado no meio da discussão, o que lhe parecia desonesto. Vale a pena ler em detalhes a resposta de Wilbur:

Não era minha intenção defender a desonestidade numa discussão, nem uma disposição ruim em uma controvérsia. Não há verdade sem certa dose de erro, e não há erro tão falso que não possua nenhum elemento de verdade nele. Se um homem descarta um erro com pressa demais, está sujeito a descartar alguma verdade nele e, ao aceitar os argumentos do outro homem, ele certamente está aceitando alguns erros também. A discussão sincera é meramente um processo de tirar o cisco e a trave dos olhos de cada um para que ambos possam ver claramente [...]. Depois que chego a uma verdade odeio perdê-la, e gosto de peneirá-la toda antes de descartar um erro.

Os irmãos não discutiam por dever; tinham prazer nisso. "Orv é um bom brigador", disse Wilbur com carinho. Em outra carta a Spratt, Wilbur o repreendeu por ser razoável demais. "Vejo que voltou a seu velho truque de desistir antes de ser verdadeiramente derrotado em uma discussão", ele escreveu. "Estou muito convicto de minha própria opinião, mas estava antecipando o prazer de uma boa disputa antes que o assunto fosse resolvido."

Charles Taylor, mecânico e único funcionário da Companhia de Ciclos Wright, descreveu o ambiente no cômodo acima dele, onde os irmãos trabalhavam, como "marcado por discussões". Ele lembrou: "Os meninos estavam desenvolvendo sua teoria naquela época e, ocasionalmente, iniciavam discussões impressionantes. Eles gritavam um com o outro ao extremo. Não acho que estivessem bravos de verdade, mas as coisas certamente ficavam acaloradas".

Como eles se exaltavam sem ficar bravos? Ivonette Wright

Por que precisamos de novas maneiras de discutir

Miller, sobrinha dos irmãos, identificou um ingrediente crucial quando notou que os irmãos eram adeptos de "discutir e *ouvir*". Quanto mais duramente brigavam, mais atentamente ouviam um ao outro. Outros ingredientes eram a profunda confiança que vinha de seu afeto e o foco implacável no mesmo objetivo.

Na noite seguinte à discussão dos irmãos sobre como resolver o problema do parafuso, Orville não dormiu. Não porque havia discutido com o irmão, mas porque as possibilidades geradas pela conversa deles mantinham sua mente acelerada. Ele reviu os pontos de Wilbur e os sintetizou com os seus próprios. À mesa do café da manhã, apresentou a solução: um leme de direção ajustável. Depois de algumas sugestões de Wilbur, os irmãos construíram seu primeiro planador totalmente controlável. Agora eles podiam passar para uma nova série de discussões.

• • •

Em sua autobiografia intitulada *Vida*, Keith Richards conta uma história que representa um pouco da cultura de trabalho dos Rolling Stones. É 1984, e a banda está em Amsterdã para uma reunião (sim, até mesmo Keith Richards vai a reuniões). À noite, Richards e Mick Jagger saem para beber alguma coisa e voltam ao hotel de madrugada, com Jagger totalmente bêbado. "É só servir uns copinhos a Mick, e pronto", aponta Richards. Jagger decide que quer ver Charlie Watts, que está dormindo. Ele pega o telefone, liga para o quarto de Watts e diz: "Onde está meu baterista?". Não há resposta. Jagger e Richards bebem mais um pouco. Vinte minutos depois, batem à porta. É Watts, impecavelmente vestido em um de seus ternos elegantes, recém-barbeado e perfumado. Ele pega Jagger pelas lapelas e grita: "Nunca mais me chame de seu baterista!". Depois acerta um belo gancho de direita no queixo do cantor, lança-o sobre uma mesinha com champanhe e salmão defumado e quase o faz cair pela janela no canal lá embaixo.

É o tipo de incidente que teria acabado com muitas amizades. Mas os Stones continuam juntos depois de cinquenta anos porque ficam totalmente confortáveis com uma briga ocasional. Warren Zanes, biógrafo de roqueiros e antigo guitarrista do Del Fuegos, me disse: "Bandas que ficam juntas não são necessariamente aquelas em que uns cumprimentam os outros depois de todo *show* ou trocam abraços".

Assim como os irmãos Wright eram inovadores que usavam o conflito para impulsionar seus voos mentais, o conflito parece ser um elemento crucial de qualquer colaboração criativa. Pode-se até dizer que a inovação e a criatividade surgem de discussões com o mundo. Uma *start-up* diz: a sociedade está fazendo isso completamente errado — há um modo mais conveniente de fazer suas compras ou se locomover. Artistas muitas vezes agem em revolta contra a sociedade ou as convenções de sua época; os Rolling Stones se opuseram ao conservadorismo social da Inglaterra do pós-guerra. Por isso, não chega a surpreender que grupos de pessoas criativas troquem socos tanto quanto beijos. Certo nível de conflito interno parece ser vantajoso para a criatividade, mas, a menos que o grupo consiga lidar com a tensão de modo produtivo, os estresses decorrentes do sucesso podem fazer com que se separe. A história das bandas de *rock* é um rico conjunto de dados para estudar os principais problemas de qualquer empreendimento criativo: como fazer com que um grupo de pessoas talentosas represente mais do que a soma de suas partes e, depois que se consegue isso, como manter a banda unida.

Bandas de sucesso lidaram com conflitos de maneiras diferentes. Disputas criativas não precisam ser tão inflamadas quanto a que houve entre Jagger e Watts. Os membros do R.E.M., uma

Por que precisamos de novas maneiras de discutir

das bandas mais longevas e bem-sucedidas de todos os tempos, entraram em discordância de um jeito muito diferente. Em 1979, Michael Stripe, na época um universitário de Athens, Geórgia, estava dando uma olhada em uma loja de discos chamada Wuxtry quando começou a falar com o atendente, Peter Buck, que havia largado a faculdade. Os dois se aproximaram por causa de seu amor pelo *rock underground* e logo decidiram formar uma banda, para a qual chamaram dois outros estudantes, Bill Berry e Mike Mills. Trinta e um anos depois de seu primeiro *show*, o R.E.M. se separou amigavelmente, acabando com uma das colaborações mais felizes da história do *rock*. Outro cliente assíduo da Wuxtry era Bertis Downs, estudante de direito que acabou se tornando empresário da banda. Ele me contou que o R.E.M. funcionava — de maneira apropriada — como uma democracia ateniense. "Todos tinham a mesma voz. Não havia hierarquia." Discordâncias ainda eram vitais, no entanto. "Todo mundo tinha poder de veto, o que significava que todo mundo tinha que concordar com todas as decisões, comerciais ou artísticas. Eles discutiam tudo até chegar a um consenso. E diziam bastante 'não'." (Compare isso com a cultura da *start-up* Posterous, de Gerry Tan, na qual o conflito era tão evitado a ponto de discussões serem impossíveis.)

Se a democracia funcionou tão bem para o R.E.M., a pergunta óbvia é por que ela é tão rara. A resposta é que as bandas costumam se tornar mais competitivas que colaborativas. Jeremy Lascelles, antigo CEO da Chrysalis Music, que agora tem uma empresa de gestão de artistas, me disse: "Você lida com o elemento mais tóxico das relações humanas: ego. Um músico precisa ter um ego enorme para subir ao palco e revelar sua alma. Mas isso significa que você vai ter esses grandes egos lutando por dominação". Em bandas de sucesso, há muito conflito na *tarefa* — quem deve ficar com um solo, fazer um *show* ou não —, mas relativamente pouco conflito no *relacionamento* — por que o guitarrista recebe tanta atenção se o cantor sou eu?

Expressando um sentimento que Gerry Tan reconheceria, Ben Horowitz, especialista em capital de risco do Vale do Silício, apontou: "A maior parte dos relacionamentos profissionais ou se torna muito tensa para tolerar ou não é tensa o bastante para ser produtiva depois de um tempo". Ernest Bormann, estudioso pioneiro da comunicação em grupos pequenos, propôs que cada grupo tem um limite de tensão que pode aceitar, que representa o nível ideal de conflito. Conflito descontrolado pode destruir um grupo, ele disse, mas sem conflito o tédio e a apatia se instalam. Bormann acreditava que grupos criativos não se mantinham no limite de tolerância, e sim oscilavam em torno dele como uma curva sinusoidal, alternando episódios frequentes de conflito com períodos mais calmos de concordância. O conflito é necessário, disse Bormann, para deixar as metas evidentes, iluminar as diferenças, estimular a curiosidade e liberar a frustração reprimida (às vezes, você precisa *mesmo* dizer ao Mark da contabilidade que os *e-mails* dele são irritantes).

Quando as bandas se separam, tradicionalmente atribuem o ocorrido a "divergências musicais". Quando a Beautiful South, uma banda britânica de sucesso, se separou, a explicação foram "similaridades musicais". Simon Napier-Bell, empresário de diversas bandas de sucesso, incluindo Yardbirds e Wham!, me disse que bandas que não brigam tendem a ser moribundas criativamente. "Artistas não querem ceder." Quando eles cedem, Napier-Bell disse, fazem uma música segura e chata, e o grupo apenas repete a fórmula que lhe conferiu sucesso. "A arte nova e interessante vem do conflito." Ele se lembrou de ter testemunhado os Yardbirds no estúdio de gravação discutindo se Jeff Beck devia fazer ou não o solo de guitarra. Beck sentia que não tinha espaço o bastante para

Por que precisamos de novas maneiras de discutir

se expressar. Os outros acabaram concordando relutantemente em lhe dar um solo curto em uma música chamada "The Nazz Are Blue". Napier-Bell se sentou com o resto da banda para assistir a Beck gravar. Quando chegou a hora, ele tocou uma única nota e deixou que ressoasse, enquanto olhava em desafio para os colegas de banda. "Tudo o que ele sentia estava naquela nota", disse Napier-Bell. "É o ponto alto do álbum."

A parte difícil, é claro, é impedir que o conflito avance a ponto de ferir permanentemente os relacionamentos. Grupos e casais precisam de maneiras de neutralizar o estresse de discordâncias vigorosas — de trazer o conflito de volta ao limite de tolerância. Uma das técnicas mais eficazes de fazer isso é através do humor. Em especial, o humor brincalhão e interpessoal que envolve caçoar de alguém. Para ilustrar isso, basta olhar para um dos melhores grupos de todos os tempos.

Em maio de 1962, Brian Epstein conseguiu um teste para um cliente no estúdio da gravadora EMI, que ficava na Abbey Road, no norte de Londres. Os Beatles tinham uma base de fãs fervorosos em Liverpool, o que não contava muita coisa na capital, que era a única que poderia abrir as portas para o sucesso em todo o país. Eles sabiam que aquela talvez fosse sua última chance de explodir. Já tinham ido mal em um teste na Decca. Outro fracasso, e provavelmente nunca ouviriam falar deles fora de sua cidade natal.

A EMI deixou a sessão de gravação a cargo de um produtor de álbuns inovadores de visual urbano e elegante, chamado George Martin. Com a supervisão de Martin, a banda gravou versões animadas de "Love Me Do", "P.S. I Love You" e "Ask Me Why". Quando terminou, por volta das dez da noite, Martin convidou os jovens simpáticos, mas desalinhados, a se juntarem a ele na sala de controle. Ele explicou, demoradamente, o que a banda teria que fazer para ter sucesso, focando em seus equipamentos inadequados (o amplificador de Paul McCartney teve que ser substituído durante a sessão).

Martin fez uma pausa. "Estou falando há um bom tempo, sem que vocês dissessem nada. Tem algo incomodando vocês?" Depois de um momento de silêncio, George Harrison, o mais jovem do grupo, disse: "Bom, pra começar, essa sua gravata".

As relações eram muito importantes para os Beatles. Paul McCartney e John Lennon vinham de famílias destroçadas pelo luto, e nem eles nem Harrison tinham se encaixado na escola. Todos tinham sede da camaradagem e da sensação de pertencimento que eram consequência de fazer parte de uma banda.

Principalmente em seus primeiros anos, os Beatles faziam tudo como uma unidade, dentro e fora do palco. Quando eles conheceram Martin, já tinham passado muitos anos próximos uns dos outros, em Liverpool e em Hamburgo, em quitinetes imundas, vestiários apertados e vans sacolejantes. Como no caso dos irmãos Wright, essa proximidade toda possibilitava discordâncias profissionais honestas. Mas os Beatles lidavam com o conflito de maneira muito diferente dos Wright, dos Stones ou do R.E.M. Há surpreendentemente poucos relatos de discussões acaloradas ou de eles saírem na mão. Até onde sabemos, em geral os Beatles não se envolviam em longas sessões de debate. Eles faziam os outros rir, no palco e fora dele, e com frequência recorriam ao humor para resolver questões difíceis.

Embora Lennon fosse o líder nos primeiros anos da banda, todos os Beatles tinham voz quanto a como a banda era administrada, e nenhuma decisão importante era tomada sem que todos concordassem. A tensão principal no grupo era quanto a quem dominaria, Lennon ou McCartney. Embora Lennon fosse o carismático fundador da banda e principal cantor, McCartney era melhor músico, e com o tempo seu desempenho foi ficando cada

Por que precisamos de novas maneiras de discutir

vez mais confiante, fazendo com que cada vez mais fãs o idolatrassem no Cavern. Lennon talvez tenha aceitado que o *status* de McCartney equivalesse ao dele, mas isso não deve ter sido sempre fácil, e uma das maneiras como ele lidava com essa tensão era caçoando de seu parceiro.

Temos um vislumbre dessa dinâmica em gravações das apresentações da banda no Star Club de Hamburgo, durante sua última visita antes da fama, em 1962. McCartney assume o vocal em "Till There Was You", uma balada sentimental de um musical — o tipo de música que faria as garotas desmaiar por ele. Toda vez que começa a entoar uma frase, Lennon se junta a ele, um compasso atrás, como um eco: "*There were birds*"; "THERE WERE BIRDS"; "*No, I never heard them at all*"; "NO, HE NEVER HEARD THEM". McCartney prossegue mesmo assim, rindo de vez em quando no meio de uma frase. Ele levava as apresentações a sério — não deixaria que ninguém mais fizesse tal coisa. Mas aquele era Lennon. E aquilo era engraçado.

O humor é uma importante ferramenta do trabalho em equipe, que de alguma forma é esquecida pelos teóricos da gestão. Pode ser uma importante válvula de escape no conflito, uma maneira de reconhecer questões difíceis de um modo que une os envolvidos através do riso em vez de dividi-los com amargura. Lindred Greer, professora adjunta da Universidade de Michigan e especialista em dinâmica dos conflitos, me disse que, quando dá aula no MBA, quem mais a impressiona são os alunos que vieram do exército. "Uma das muitas habilidades de liderança que eles têm é ser capazes de inserir uma piada no momento certo. Eles sabem como mudar o clima de um jeito positivo. Sempre achei isso fascinante e me perguntei como medir tal coisa."

Caçoar pode não dar certo se não for feito de forma sensível e carinhosa. Mas, quando dá, é uma das formas mais valiosas de gerenciamento de conflito que temos. Quem caçoa consegue dizer coisas sobre o comportamento da outra pessoa que de maneira diferente poderiam causar mágoa ou raiva, em vez de contribuir para uma maior compreensão de si mesmo. Todo mundo tem suas excentricidades — ninguém é "normal" em todos os aspectos de seu comportamento. Tampouco deveríamos aspirar a ser, mas nos beneficiamos de ter pelo menos uma ideia do que os outros consideram que são nossas peculiaridades, boas ou más. Quem caçoa nos informa delas sem insistir que as mudemos — e nos faz rir ao mesmo tempo.

Caçoar também pode ser uma maneira delicada de testar a força de um novo relacionamento. A história da gravata de George Martin foi usada muitas vezes para ilustrar o descaramento dos Beatles, mas acho que também é um exemplo de como eles usavam o humor para se encontrar em um novo terreno social. Ao mesmo tempo que estavam sendo avaliados, parece-me que também estavam avaliando Martin, conscientemente ou não. Como aquele homem, claramente acima deles em *status* social, reagiria quando confrontado com as opiniões de quatro jovens da classe operária que não gostavam que lhes dissessem o que fazer? A piada de Harrison foi um teste. Também foi arriscada: se Martin respondesse negativamente, aquilo poderia ser o fim das chances deles de conseguir um contrato e talvez o fim da banda. Para a sorte deles, o retorno foi positivo: Martin riu.

• • •

Em 1951, Francis Crick e James Watson trabalhavam em uma missão conjunta em Cambridge, para descobrir a estrutura do DNA. Ambos sabiam que seu tempo era curto. Outra dupla de cientistas eminentes realizava o mesmo trabalho em Londres.

Por que precisamos de novas maneiras de discutir

Watson tinha acabado de participar de uma conferência em que um dos rivais deles, Maurice Wilkins, tinha apresentado as primeiras imagens claras do DNA.

Wilkins trabalhava no King's College, o segundo grande centro da pesquisa sobre o DNA na Inglaterra, depois de Cambridge. Foi no laboratório de raios X da universidade que ele conheceu uma jovem pesquisadora chamada Rosalind Franklin. Ele conseguiu irritá-la logo no primeiro dia, quando presumiu que ela estivesse ali para ser sua assistente, e não uma pesquisadora de mesmo *status* (ela já fizera a descoberta crucial de que havia duas formas no DNA). A partir de então, embora viessem a formar uma equipe formidável, Wilkins e Franklin mantiveram uma relação educada, porém distante.

Já Watson e Crick tinham uma arma secreta: a grosseria. Crick mais tarde lembrou que, se houvesse uma falha em suas teorias, "Watson me dizia sem meias palavras que aquilo era besteira, e vice-versa. Se ele tinha uma ideia e eu dizia que não gostava, aquilo abalava seu raciocínio". Crick acreditava que era importante ser "perfeitamente sincero, talvez até rude, com a pessoa com quem se trabalha". Ele dizia que a educação era inimiga da verdadeira colaboração.

Em 1953, Crick e Watson publicaram juntos o artigo que lhes rendeu o Prêmio Nobel, propondo a estrutura de dupla hélice do DNA, descoberta que hoje é considerada uma das mais importantes do século XX. "Desenvolvemos métodos de colaboração tácitos mas produtivos", escreveu Crick depois, "algo que faltava ao grupo de Londres. Se um de nós sugerisse uma nova ideia, o outro tentava derrubá-la, com toda a seriedade, de maneira sincera porém sem hostilidade. Isso acabou sendo crucial."

No trabalho, muitas vezes há uma tendência a negar o papel que o conflito desempenha no pensamento criativo. Daí vem o mantra muito popular de que "não há ideias ruins" em um *brainstorm*. A psicóloga Charlan Nemeth, de Berkeley, coautora dos estudos sobre o advogado do diabo, queria verificar se era verdade que proibindo críticas os grupos se tornavam mais criativos. Ela organizou 91 grupos de cinco pessoas cada nos Estados Unidos e na França e pediu que dessem ideias para solucionar o problema do trânsito congestionado em sua região. Alguns grupos foram instruídos a fazer um *brainstorm* convencional, sem criticar as ideias dos outros. Outros grupos foram instruídos a debater e criticar o que fosse. Nemeth descobriu que os que debatiam tiveram mais ideias que os outros. Um dos motivos, ela especula, é que instituir uma norma de crítica aberta pode *diminuir* a ansiedade quanto a ser julgado. Quando a crítica é uma forma de fazer o grupo chegar a soluções melhores, as pessoas não a levam tão pessoalmente.

O sentimento de que "não há ideias ruins" é bem-intencionado. Se as pessoas ficam nervosas com a possibilidade de que suas ideias sejam julgadas ou desafiadas, sem dúvida terão menor propensão a dá-las, tornando a conversa menos fértil do que deveria ser. Mas, para mim, a pesquisa de Nemeth sugere que a melhor maneira de abordar esse problema não é tentar abolir a discordância, mas fazer com que as pessoas se sintam mais confiantes — e o único modo de conseguir isso é com os líderes da empresa dando o exemplo e encorajando a cultura do tudo bem estar errado, tudo bem mostrar vulnerabilidade, em que todo mundo reconhece que a discordância aberta é a fonte do pensamento criativo. Precisamos de ideias ruins para chegar às boas.

• • •

A discordância aberta e apaixonada limpa as teias de aranha que vão se formando nos relacionamentos mais duradouros. Ela abre as janelas e levanta os tapetes, jogando luz sobre o que quer que

Por que precisamos de novas maneiras de discutir

tentemos esconder. Revela informações cruciais e ideias que de outra maneira permaneceriam inacessíveis ou dormentes em nosso cérebro. Permite atingir todo o potencial criativo da diversidade.

Como vimos, no entanto, a discordância só pode fazer tudo isso sob certas condições. Deve haver confiança mútua e envolver um projeto compartilhado ou um objetivo comum. A confiança não precisa ser profunda; a discordância saudável não requer intimidade. Em sua forma mais simples, significa: "Confio que você tenha interesse em algo além de 'ganhar' a discussão ou conseguir o que quer". O projeto compartilhado pode ser tão raso quanto um desejo mútuo de sair de uma breve interação em uma rede social tendo aprendido algo com o outro. Quanto mais forte é a confiança e mais importante é o projeto para os envolvidos, mais enérgica e edificante a discordância pode ser. Em resumo, relacionamentos mais fortes levam a discussões de melhor qualidade.

Não há nenhum caminho garantido para uma boa discussão, porque ninguém tem controle sobre isso. Mas a maioria de nós, a maior parte do tempo, pode fazer alguma coisa para que a discussão corra melhor. É disso que trata a próxima seção deste livro. Não vou dizer a você como vencer uma discussão, porque ter como objetivo vencer uma discussão não é muito ambicioso. Vencendo ou perdendo, o mais importante é que algo novo seja criado — que se tenha um *insight*, que se aprenda, que surjam ideias. Tampouco vou oferecer um código de civilidade (para entender por que não, veja a última seção). O que vou fazer é identificar as principais condições para discussões melhores e mais criativas.

O que se segue são nove regras da discordância produtiva, além de uma regra de ouro sobre a qual todas se sustentam ou não. Como as interações humanas são infinitamente variáveis, você deve tratar essas regras (a não ser, talvez, pela regra de ouro) como provisionais, mas acredito que são guias confiáveis de como discordar melhor, seja em casa, no trabalho ou na vida pública (ou nas redes sociais, que envolvem os três). Essas regras nasceram da sabedoria prática de pessoas que lidam com discordâncias complicadas, em ambientes de alta pressão e muitas vezes acaloradas — interrogadores, negociadores de crise, policiais, mediadores e terapeutas — e da pesquisa científica sobre conversas difíceis. Acredito que elas constituem algo próximo de uma gramática universal da boa discordância. A intenção não é que sejam técnicas ou táticas, e sim princípios subjacentes. Dito isso, é claro que há uma grande variedade de dicas práticas a aprender com nossos especialistas, e no fim do livro organizei uma "caixa de ferramentas" de técnicas que você poderá usar quando embarcar em mais uma conversa difícil.

PARTE DOIS

As regras da discussão produtiva

5. Crie uma conexão primeiro

Antes de chegar ao conteúdo da discordância, estabeleça uma relação de confiança.

Ao longo de dois dias quentes de agosto de 2017, centenas de autoproclamados supremacistas brancos marcharam pelas ruas de Charlottesville, na Virgínia. Os manifestantes, uma mistura heterogênea de neonazistas e membros da Ku Klux Klan, pretendiam "Unir a Direita" — proclamar a unidade da causa nacionalista branca. Eles entoavam *slogans* racistas e agitavam bandeiras nazistas. Alguns carregavam rifes semiautomáticos, outros empunhavam porretes. Apesar de suas tentativas de intimidar, houve reação: grupos antifascistas realizaram contraprotestos, incluindo ativistas políticos erguendo cartazes, clérigos locais em vestes cerimoniais e muitos moradores comuns de Charlottesville, negros e brancos, que apareceram para demonstrar seu desprezo pela supremacia branca.

Em 12 de agosto, após um dia e meio de tensões e alguns confrontos violentos, a polícia finalmente encerrou a manifestação depois que o governador da Virgínia declarou estado de emergência. Conforme as multidões se dispersavam, algumas pessoas que tinham participado do contraprotesto seguiram por uma rua estreita. Foi então que um jovem neonazista dirigindo um Dodge Challenger vislumbrou uma oportunidade assassina. Ele acelerou pela rua, atingindo pessoas e matando uma mulher branca de 32 anos chamada Heather Heyer.

Heather trabalhava como assistente legal em um escritório de advocacia de Charlottesville. Alfred Wilson, seu amigo e chefe, se

As regras da discussão produtiva

recorda vividamente do dia em que ela morreu. Alfred, que é afro-americano, queria se juntar ao contraprotesto, mas por fim ele e sua esposa decidiram não o fazer porque seria difícil ficar de olho em seus três filhos em meio à multidão. Eles estavam assistindo às manifestações pela TV em casa quando o telefone tocou. Era Marissa, colega de trabalho e amiga de Heather, gritando freneticamente que algo havia acontecido e ela não conseguia encontrar Heather. Alfred disse que veria o que poderia fazer. Menos de um minuto depois, seu telefone tocou de novo. Era a mãe de Heather, Susan Bro. Ela estava ligando do hospital local. "Heather morreu", Susan disse, depois contou que ela havia sido assassinada. Alfred entrou no carro e foi para o hospital.

Ao longo das semanas seguintes, uma onda de luto, raiva e controvérsia se espalhou pelo país, tendo Charlottesville como seu epicentro. A morte de Heather representou um ponto crítico na política nacional, agravando a grande falha racial que marca a história dos Estados Unidos. Susan planejou e orquestrou o funeral da filha e deu fim a seus pertences enquanto lidava com jornalistas do mundo todo e recebia ligações de políticos e celebridades. Enquanto isso, a pedido dela, Alfred ajudava a abrir uma fundação no nome de Heather, para que os recursos que vinham sendo doados por pessoas bem-intencionadas no mundo todo pudessem ser alocados para a caridade. Nove dias depois da morte de Heather, a fundação estava registrada e aceitando doações.

Cerca de seis semanas depois do dia fatal, houve um *show* em Charlottesville em benefício daqueles afetados pela violência. Organizado pela Dave Matthews Band, contou com apresentações de Ariana Grande e Justin Timberlake. A filha mais velha de Alfred, que na época estava no primeiro ano da faculdade, voltou para casa para ir ao *show*, junto com três amigas com quem morava. Quando o evento acabou, Alfred se despediu dela com um

Crie uma conexão primeiro

abraço e as quatro jovens pegaram a estrada. Cerca de quarenta minutos depois, ele recebeu uma ligação da filha. O carro tinha quebrado. Alfred foi encontrá-las. Não conseguiu resolver o problema sozinho, por isso chamou um guincho.

Quando o motorista do guincho chegou, só viu as meninas, porque Alfred estava ao telefone, dentro do carro. O motorista era branco e foi pego de surpresa quando Alfred apareceu e se juntou ao grupo. A filha de Alfred tinha a pele parda da mãe palestina, e suas três amigas eram brancas. "O que você é delas?", o motorista perguntou. Alfred disse a ele e então explicou seu plano. A filha e as amigas ficariam com o carro dele, enquanto o guincho levaria o carro quebrado para uma oficina que não ficava muito longe da casa de Alfred, a cerca de uma hora de onde estavam. Ele acompanharia o motorista.

Alfred e o motorista entraram no guincho e pegaram a Interestadual 64. "Estava tranquila", Alfred recordou. Os dois seguiram em silêncio por um bom tempo. Quando Alfred por acaso olhou para trás, notou algo: havia uma bandeira dos confederados estendida na janela traseira. Para alguns, a bandeira está associada ao orgulho da herança cultural sulista. Para Alfred e outros, é um símbolo de ódio e opressão.

Alfred preferiu não dizer nada. Afinal, a cabine do guincho era apertada. "Pensei: bom, vai ser uma longa e desconfortável hora."

• • •

Todos já estivemos em situações em que temos algo difícil a dizer a outra pessoa — algo com que sabemos que ela não vai concordar, pelo menos não a princípio. A perspectiva de falar e a raiva e as injúrias que podem se seguir seguram nossa língua. Eu gostaria de dizer a você para não se preocupar. Gostaria de dizer para deixar seus medos de lado e começar logo a discussão. Mas não posso. Porque como a discussão começa importa.

Estudiosos de diferentes áreas notaram repetidamente que diferenças sutis em como uma conversa se inicia têm um impacto desproporcional no que se segue. Pesquisadores do Laboratório de Conflitos Intratáveis, da Universidade Colúmbia, descobriram que como os participantes se sentem durante os primeiros três minutos de uma conversa sobre conflito moral estabelece o tom do resto da discussão. Analistas que estudam conversas reais detalhadamente estabeleceram que uma pausa de pelo menos 0,7 segundo antes de alguém responder ao "alô" inicial em uma ligação telefônica é um bom indicativo de que a conversa subsequente não correrá bem. John Gottman, que pesquisa relacionamentos, descobriu que as primeiras trocas na conversa de casais determinam como a interação vai se desdobrar. O mesmo casal pode ter uma conversa produtiva sobre algo um dia e se pegar em uma discussão que não avança sobre o mesmo tema no dia seguinte, sendo a única diferença o modo como a conversa começou.

O motivo disso é que humanos têm uma tendência profundamente enraizada a responder uns aos outros da mesma maneira. Sem nem perceber, recebemos dicas da pessoa ou das pessoas com quem estamos falando, através do que dizem ou de como se comportam. Se alguém indica que gosta de nós, queremos mostrar que é recíproco. Se alguém nos revela algo que sabe ou sente, sentimos necessidade de retribuir. E, se alguém é hostil conosco, sentimos um forte desejo de ser hostil também. Esse espelhamento do comportamento e do teor emocional não é inevitável, mas acontece com muita frequência. Alan Sillars o chama de "norma da reciprocidade".

Uma vez que uma retroalimentação positiva ou negativa teve início, é difícil escapar a ela. Um encontro tenso pode se transformar em uma batalha violenta sem que esse seja o desejo dos envolvidos.

Crie uma conexão primeiro

No laboratório de Gottman, apenas 4% dos casais que começaram uma interação negativamente conseguiram transformá-la em uma interação positiva. Entrar em uma conversa com nobres intenções conta pouco. Na maior parte das discussões conjugais, Alan Sillars aponta, ambos os envolvidos querem passar a impressão de que jogam limpo — de que estão tentando atingir seus objetivos sem ofender a outra pessoa. Mas, conforme as tensões aumentam, "as pessoas começam a se comportar de maneira mais desatenta e menos estratégica". Elas deixam de gentilezas e fazem comentários pessoais mais ferinos. Trazem questões não relacionadas para a conversa com o intuito de atingir o outro. O conflito vai saindo de proporção.

O início importa. Então, como começar?

• • •

Em 1943, o major Sherwood Moran, do Corpo de Fuzileiros Navais dos Estados Unidos, fez circular um memorando sobre o interrogatório de prisioneiros de guerra inimigos entre as tropas alocadas no Pacífico. Moran era um antigo missionário que havia constituído família em Tóquio antes da guerra. Quando os japoneses atacaram Pearl Harbor, em 1941, ele tinha 56 anos e morava em Boston. Ciente de que sua fluência na língua e seu conhecimento da cultura japonesa poderiam ser úteis no esforço de guerra, Moran se alistou. Ele logo ficou conhecido por seus interrogatórios muito eficazes de soldados japoneses, que eram famosos por sua resistência — e, como os terroristas islâmicos de hoje, fanáticos, comprometidos com sua causa a ponto de se suicidar e profundamente hostis com os americanos.

Em seu memorando, Moran explicou por que evitava os métodos de intimidação usados por outros em interrogatório. Ele acreditava que, se o prisioneiro fosse lembrado de que estava diante

As regras da discussão produtiva

de seu conquistador, entrava "em uma posição psicológica defensiva". Moran não acreditava em deixar os prisioneiros assustados ou fazer com que se sentissem impotentes. Tirar toda a dignidade deles apenas reforçava sua determinação de não falar. O objetivo devia ser atingir uma "harmonia intelectual e espiritual".

A premissa de Moran era de que mesmo o mais implacável prisioneiro tinha uma história que queria contar. O trabalho de quem conduzia o interrogatório era criar condições para que ele se sentisse disposto e capaz de falar. O modo mais seguro de fazê-lo era demonstrar preocupação com ele como ser humano:

> Fazer com que o prisioneiro e seus problemas estejam no centro do palco, e não você e suas perguntas sobre a guerra. Se ele não estiver ferido nem cansado, você pode lhe perguntar se está recebendo comida o suficiente [...]. Se estiver ferido, você tem uma oportunidade rara. Comece a falar sobre os ferimentos. Pergunte se um médico já o atendeu. Peça que ele lhe mostre seus ferimentos ou queimaduras.

Hoje, os interrogadores mais experientes concordam com ele. Steven Kleinman, ex-coronel do exército, foi um dos interrogadores mais prolíficos e experientes das Forças Armadas dos Estados Unidos e declarado opositor das práticas abusivas usadas na guerra ao terror. Ele me contou sobre um interrogatório que conduziu em Bagdá. Seus colegas tinham capturado um homem iraquiano que vendia armas para insurgentes. Sob um questionamento agressivo, o prisioneiro se recusara firmemente a falar, a não ser — como Kleinman notou — para pedir para ligar para as filhas. Quando chegou a vez de Kleinman de interrogar o prisioneiro, ele começou falando como se sentia mal por ter deixado suas duas filhas em casa. Em troca, o iraquiano revelou que se preocupava que seu trabalho tornasse a cidade menos segura para crianças. "Começamos a conversar mais como dois pais preocupados que como interrogador e detido", disse Kleinman. Embora ele não tenha colocado nesses termos, Kleinman usou a norma da reciprocidade. Ele se abriu um pouco, permitindo que o prisioneiro fizesse o mesmo. O iraquiano acabou contando a Kleinman tudo o que precisava saber.

Por mais distante que esse tipo de cenário esteja da vida que a maioria de nós leva, oferece um modelo de como iniciar uma discordância potencialmente tensa. Antes de entrar na disputa em si, foque em criar o contexto adequado para ela. Descubra com o que a outra pessoa se importa e utilize na forma como fala com ela. Comporte-se da maneira como gostaria que ela respondesse; seja seu interlocutor ideal. Como discordâncias nos deixam nervosos, muitas vezes colocamos uma máscara de invulnerabilidade ao entrar nelas, o que é contraproducente. Abra-se um pouco, e a probabilidade de que o outro também se abra será maior.

Relacionamentos melhores levam a discussões melhores. E a ordem é importante nesse caso. Se há uma coisa que diferencia especialistas em conversas difíceis do restante de nós, é o modo como eles se dedicam a formar um relacionamento antes de entrar no tema da discordância. É a maneira como eles começam.

• • •

Mediadores de divórcio se reúnem com casais que estão se separando para tentar ajudá-los a chegar a um acordo mais barato do que com advogados. Muitas vezes, as partes mal suportam se dirigir uma à outra. O falecido Patrick Phear, pioneiro da mediação de divórcio, explicou em entrevista que sempre começava por um ponto em que ambos concordassem, por mais trivial que fosse. "Se preciso, começo com o fato de que podemos concordar que

As regras da discussão produtiva

somos todos seres humanos e estamos em uma sala." Sobre o que se concorda importa menos que o ato de concordar. Quando falei com outro mediador de divórcio, Bob Wright, ele ecoou Phear. "Eu digo a eles: 'Vocês dois concordaram com a mediação. Isso já é alguma coisa'." É um truque, mas funciona, porque o ato de concordar em algo que não o assunto em questão é um pequeno lembrete de que a discordância não precisa definir a relação.

Wright, que tem um escritório de mediação em Grand Rapids, Michigan, com frequência atende casais com pelo menos um dos membros tomado pelo ressentimento e pela raiva. Em tal situação, talvez se pensasse que era melhor deixar as emoções de lado e ir direto à negociação. Mas Wright aprendeu que a melhor maneira de proceder é expor o desconforto. Ele começa pedindo que cada pessoa apresente seu lado — falando sobre o que quiser e como se sente a respeito. Depois, pede que a outra pessoa resuma o que ouviu e — o que é importante — nomeie a emoção subjacente. Em geral, as pessoas não têm problemas com a primeira tarefa, mas consideram a segunda mais difícil. "A maioria das pessoas — a maioria dos homens americanos, seria melhor dizer — não foca o componente emocional. Eu digo a eles: tudo bem, é só um palpite." Wright ajuda a pessoa se for preciso, porque sabe que só fazer a pessoa dizer algo em voz alta já transforma a conversa.

E o que acontece quando uma pessoa com raiva ouve alguém dizendo "Vejo que você está furioso por causa disso"?, perguntei a Wright. "Com frequência, diz algo como: 'CLARO QUE ESTOU. E não deveria ter que te dizer isso!'. E então relaxa. Uma vez que a emoção foi exposta, ficar menos bravo se torna mais fácil para todo mundo. É impressionante de ver."

Emoções que não são articuladas são como uma bomba prestes a explodir; dar nome a elas as neutraliza. Mas é preciso ouvir. Em um discurso inaugural para a turma de medicina da Universidade

Crie uma conexão primeiro

da Califórnia em Los Angeles (UCLA), o cirurgião e escritor Atul Gawande contou uma história de quando era estudante. Uma noite, ele estava cumprindo seu turno no pronto-socorro quando chegou um prisioneiro que havia engolido meia lâmina de barbear e cortado o pulso. Enquanto Gawande dava uma olhada nos ferimentos, o homem disparava uma torrente de injúrias contra a equipe do hospital, o policial que o havia levado até ali e o jovem incompetente que o tratava. Gawande teve vontade de dizer ao homem para calar a boca. Ele pensou em abandoná-lo ali. Mas não o fez.

De repente, me lembrei de algo que um professor havia me ensinado sobre funções cerebrais. Quando falamos, não estamos apenas expressando ideias; mais que isso, expressamos emoções. E são as emoções que realmente queremos que sejam ouvidas. Por isso, parei de ouvir o que o homem dizia e tentei ouvir o que sentia.

"Você parece estar muito bravo e parece sentir que não te respeitam", eu disse.

"Sim", ele disse. "Eu estou muito bravo e sinto que não me respeitam."

A voz dele tinha mudado. Ele me disse que eu não fazia ideia de como era a prisão. Tinha passado dois anos na solitária. Seus olhos começaram a se encher de lágrimas. Ele se acalmou. Eu também. Pela hora seguinte, só o suturei e ouvi, tentando identificar os sentimentos por trás das palavras.

• • •

Criar o laço que precede uma discordância produtiva é algo mais fácil de falar do que de fazer, principalmente quando se tem pouco com que trabalhar. Você pode se ver envolto em uma disputa com

As regras da discussão produtiva

alguém que não conhece muito bem e sem muito tempo para desenvolver o relacionamento. Mas isso não quer dizer que deve pular o primeiro estágio. Só significa que precisa trabalhar rápido.

Há um grupo de comunicadores profissionais que precisam estabelecer um relacionamento instantâneo uma dúzia de vezes por dia e com pessoas em quem não confiam ou até mesmo desprezam: os policiais. Em geral, ouvimos sobre as interações entre policiais e cidadãos apenas quando as coisas terminam mal, mas os melhores policiais são comunicadores extremamente habilidosos. Para os policiais americanos, é uma questão de sobrevivência, tanto para eles quanto para todo mundo com quem se deparam. Nos Estados Unidos, onde policiais e muitos criminosos portam armas de fogo, é preciso estar sempre ciente da possibilidade de violência fatal irromper. Dizer a coisa certa, da maneira certa, no momento certo pode fazer toda a diferença.

Nos últimos anos, os holofotes se voltaram para o uso da força por policiais americanos, depois que uma série de casos terríveis de abuso de poder veio à tona. Em resposta, os departamentos de polícia mais modernos do país começaram a repensar a maneira como interagem de perto com as pessoas das comunidades que atendem. Encontros entre policiais e civis são muitas vezes tensos e podem rapidamente avançar para o confronto, motivo pelo qual a habilidade de "desintensificar" é considerada cada vez mais importante. Para descobrir como isso é ensinado, viajei para o Tennessee, onde o departamento de polícia de Memphis — sob a batuta de seu diretor, o afro-americano Michael Rallings — tem liderado esses esforços. Em 2016, uma manifestação do movimento Black Lives Matter bloqueou uma ponte em Memphis por várias horas. Rallings persuadiu os manifestantes a liberar a ponte sem ameaçá-los com o uso de força, e saiu de braços dados com eles. Por três dias, dividi uma sala na Academia de Polícia de Memphis com cerca de vinte policiais, a maioria experiente. Havia uma mistura de homens e mulheres brancos, afro-americanos e ásio-americanos, todos dispostos a aprender.

O departamento havia contratado uma empresa de treinamento chamada Polis Solutions, que tinha um ex-policial com doutorado em filosofia como um de seus fundadores — Jonathan Wender, sobre quem falaremos mais adiante. Em Memphis, a equipe da Polis era comandada por Don Gulla, um policial aposentado que passara mais de trinta anos patrulhando as ruas de Seattle. Agora, junto com seus colegas Mike O'Neill e Rob Bardsley, também policiais aposentados, ele treina outros policiais para desintensificação, embora não goste muito do termo. Durante o jantar no hotel em que os três estavam, na noite anterior ao primeiro dia de treinamento, eles deram de ombros quando levantei a questão. "Todo mundo fala de desintensificação, mas ninguém diz o que realmente é", comentou Gulla, um americano de origem filipina com olhos bondosos e alegres. "Vamos dizer que tem um cara lá fora no saguão, atacando com um cutelo na mão. Como desintensificar disso? A melhor solução provavelmente seria atirar no cara. Isso é desintensificar?" Ele deu um sorriso. Para Gulla, "desintensificação" era uma palavra fresca para a boa comunicação.

"E o que você faz quando alguém grita com você?", Gulla perguntou para a classe na manhã seguinte. "Você diz: 'CALA A BOCA E SE ACALMA'? Não, você não diz isso, porque assim só vai piorar as coisas." Tão importante quanto a desintensificação, Gulla defende, é não deixar que a intensificação aconteça em primeiro lugar. Sob pressão, policiais podem cometer o erro de cair em um círculo vicioso de reciprocidade. "Em vez de gritar de volta, você diz: 'Cara, eu entendo. Temos um trabalho a fazer, eu e você'."

Como vimos, o início de um encontro potencialmente tenso

As regras da discussão produtiva

(como é a maioria dos encontros para a polícia) é crucial. É preciso estabelecer uma conexão antes que a conversa sobre o que fazer comece — e não se pode estabelecer uma conexão quando se está dizendo à outra pessoa como ela deve se sentir. Na verdade, como Mike O'Neill, colega de Gulla, enfatizou, fazer isso é um convite a outro tipo de resposta recíproca: "Quando você diz à outra pessoa para se acalmar, a resposta dela sempre vai ser: 'NÃO, SE ACALME VOCÊ'. Você terá dado chance para uma discussão ou uma briga começarem".

Os três funcionários da Polis aconselharam à polícia de Memphis: "Comece de onde eles estão", uma frase que tinham aprendido por acaso em Louisiana, quando davam outro curso. Tinham ido almoçar em um restaurante chinês (Gulla e os outros treinadores tinham um grande interesse por comida) quando um homem de terno entrou e perguntou como estava a comida. Eles começaram a conversar e, quando explicaram por que estavam na cidade, o homem contou que era avaliador de seguros e que investigar sinistros era responsabilidade dele. Aquilo significava que ele tinha que lidar com indivíduos em diferentes estados emocionais. Ele compartilhou sua abordagem para entrevistas proveitosas: "Começo de onde eles estão. Se estiverem com raiva, vou com eles. Se estiverem felizes, vou com eles". O homem não queria dizer que ficava bravo com as pessoas, e sim que sempre tentava reagir aos sentimentos delas no que dizia ou em como dizia. Ele calibrava seu estilo de comunicação de acordo com a temperatura emocional do outro. Dali em diante, aquela frase se tornou o mantra da Polis: *Comece de onde eles estão.*

Começar de onde eles estão significa prestar atenção a onde eles estão. Na aula, Mike O'Neill falou sobre a necessidade de um policial que chega a uma cena potencialmente volátil de fazer uma pausa, ainda que breve, para avaliar o que está acontecendo, emocional e fisicamente, antes de intervir. "Eu chego e só *ouço* por alguns segundos. Tento entender. Às vezes aparecemos em um lugar e presumimos que sabemos qual é o problema, mas só depois de fazer algumas perguntas descobrimos o que está realmente rolando."

Uma policial falou: "Tento me relacionar com as pessoas. Se há um bebê na casa, às vezes pergunto se posso segurar. Então o foco passa para o bebê, e todo mundo se acalma. Já entrei na sala de uma casa e vi símbolos da SIG [a SIG Sauer é uma marca popular de armas de fogo]. Pensei: certo, então tem armas nesta casa, é bom saber. Mas também vi uma oportunidade de envolvimento. 'Que armas você tem?'". Outra policial falou de quando contou a uma pessoa que estava prendendo e que tinha um parente doente que sua própria mãe tinha morrido pouco antes de câncer. Depois que a turma a ouviu em silêncio, O'Neill acenou com a cabeça. "Tudo o que aconteceu na minha vida já me ajudou no trabalho. Até mesmo as brigas dos meus pais. Tudo pode criar empatia."

Outro policial recordou uma vez que entrou na casa de um homem que ele devia prender por violência doméstica. "Eu entrei e a mulher queria ir embora com as crianças, mas ele estava com uma bebê no colo e não queria entregá-la. Ele começou a me fazer perguntas, do tipo se eu acreditava em Deus. A princípio, pensei: não é da sua conta, sou da polícia. Então pensei: por que não? Começamos a falar sobre religiões diferentes, sobre o que estava acontecendo no Oriente Médio, sobre coisas que tínhamos visto no History Channel. Antes que eu percebesse, ele tinha deitado a criança e já estávamos indo para a viatura. Ainda conversando."

Só algumas de nossas discordâncias exigem chegar a um acordo, mas o princípio de estabelecer uma conexão emocional com a outra pessoa antes de chegar à parte difícil se aplica a todo tipo de conversa difícil, incluindo as de política. Eli Pariser, ativista da internet e empresário do ramo midiático, observou que algumas das melhores discussões políticas *on-line* ocorrem em seções de comentários de sites de fãs de esporte. Como os participantes sabem que têm algo em comum — o amor pelo time —, têm menos dificuldade de baixar a guarda e ouvir pontos de vista diferentes dos seus. Se a única coisa que você tem em comum é a discordância, é difícil ter uma discussão produtiva. Com frequência demais, falamos em encontrar algo em comum como se esse fosse um fim em si mesmo, em vez do que pode ser: um trampolim para uma discordância produtiva.

• • •

Depois de ter passado quinze minutos em silêncio dentro do guincho, Alfred Wilson foi repreendido por uma voz em sua cabeça. "Senti como que um tapinha no ombro", ele me contou. "Era Heather. Ela disse: 'Alfred, você precisa falar'." Ele resolveu seguir o conselho de sua falecida amiga. Mas não queria entrar direto no assunto da bandeira — pareceria demais com um ataque. Então perguntou a si mesmo: o que Heather faria agora? "Ela teria estabelecido uma relação primeiro."

Alfred trabalha para um escritório de advocacia de Charlottesville. Sua especialidade é guiar as pessoas durante o processo de falência. Cinco anos antes, precisara contratar um funcionário que recebesse novos clientes em sua primeira visita e inserisse suas informações no sistema. Uma de suas assistentes legais lhe recomendara sua amiga Heather Heyer, mas alertara que ele teria que manter a mente aberta. Diferentemente de outros candidatos que Alfred estava entrevistando, ela não tinha experiência na advocacia nem diploma universitário. Alfred decidiu recebê-la mesmo assim e se deparou uma jovem nervosa, mas tam-

Crie uma conexão primeiro

bém charmosa. "É estranho para mim", ela contou a ele. "Todos vocês usam terno. Só trabalhei em bares." Alfred perguntou a Heather quanto ela ganhava de gorjeta em um fim de semana típico. Quando ela lhe disse que ganhava duzentos dólares, ele concluiu que ela devia ser boa na comunicação, e decidiu arriscar.

Quando Heather chegou em seu primeiro dia no trabalho, parecia um pouco grogue. Naquela manhã, entrou na sala de Alfred e perguntou se poderia mudar seu horário de trabalho, que ia das oito e meia às cinco. Pego de surpresa, Alfred a ouviu. "Sempre trabalhei em bares", ela explicou. "Nunca me levantei antes do meio-dia. Não sei se consigo fazer isso." Ela propôs trabalhar do meio-dia às oito da noite. Alfred achou graça em sua ousadia. "Eu disse: você está brincando? Não tem nenhum cliente aqui às oito da noite." Mas Heather insistiu. Eles chegaram ao acordo de que ela entraria às dez. Alfred riu ao contar isso para mim. "Heather era assim. Tinha conversas difíceis e fazia as pessoas ceder."

Heather trabalhava duro e aprendia rápido. Ela provou que tinha uma habilidade excepcional de se conectar com os clientes. "As pessoas que vêm ao escritório estão sempre na pior", Alfred disse. "Podem ter sofrido um ataque cardíaco recentemente ou estar lutando contra um câncer. Sua casa está hipotecada, elas perderam o carro. Quando chegam, se sentem envergonhadas. Heather era a primeira pessoa que elas viam, e sabia como fazê-las se sentir confortáveis, as ajudava a relaxar." Depois de alguns meses, Alfred notou que Heather estava fazendo a diferença em seus processos. "Os clientes nos contavam muito mais depois de ter falado com Heather, o que significava que podíamos ajudar mais. Ela abria portas para nós."

Heather acabou conhecendo a família de Alfred. "Ela ficou próxima da minha filha mais velha. Heather sempre falava com ela sobre a importância de se colocar." Às vezes, quando Alfred en-

As regras da discussão produtiva

trava na sala dela, Heather estava chorando, em geral porque tinha visto alguém vulnerável sendo atacado nas redes sociais. Um dia, quando ele lhe perguntou por que estava chorando, Heather disse que era por causa dele. "Alfred, não entendo por que você ajuda algumas dessas pessoas." Ela disse que havia notado o que acontecia quando ele conhecia novos clientes. Surpreso, Alfred perguntou o que ela queria dizer. "Você oferece a mão e eles não a apertam", Heather disse. "É como se não quisessem que você os ajudasse."

Alfred percebeu que ela estava certa. "Acho que tinha acontecido comigo tantas vezes na vida que eu não prestava mais atenção nem dizia nada", ele me contou. "Eu tinha chegado ao ponto de aceitar ser tratado daquele jeito." Heather também notou que, uma hora depois, quando saíam da sala dele, as mesmas pessoas o abraçavam e agradeciam profusamente. Aquilo só a deixava mais chateada.

Ele estivera tão focado em evitar a possibilidade de conflito que permitira que aquela pequena injustiça se perpetuasse. A partir de então, mudou seu comportamento. "Agora, quando ofereço a mão e a pessoa não reage, digo: 'Ei, ainda não apertei sua mão'. Faço com que interajam comigo, com que lidem com o desconforto que sentem. Então eles se abrem mais. Heather tinha o dom para essas conversas." Ele se lembrou de um vídeo que alguém havia feito dela falando com uma supremacista branca no dia da manifestação. "Heather está com três amigos negros e pede à mulher com toda a calma: 'Pode explicar por que não gosta dos meus amigos? Se não puder, tem certeza de que está fazendo a coisa certa?'"

Depois de ouvir a voz dela falando com ele na cabine do guincho, Alfred pensou por um tempo sobre como iniciar a conversa. Ele acabou dizendo: "Há quanto tempo você é motorista de guincho? Você é muito bom no que faz. Deu pra ver pelo jeito como subiu o carro". O motorista recebeu aquilo bem, e os dois começaram a conversar. "Descobrimos que ambos tínhamos três filhos e mais de um emprego, porque queríamos garantir o melhor futuro possível para eles." Já era uma da manhã quando o guincho se aproximou da oficina e Alfred entrou na parte difícil da conversa. "Eu disse: 'Só queria te perguntar uma coisa: por que você tem aquela bandeira lá atrás?'."

    O guincho continuou se movendo, mas tudo pareceu parar. O motorista não respondeu na hora. Ele vinha dirigindo com uma mão só, mas então colocou as duas no volante e ficou olhando para a frente. Depois disse: "Em apoio a meus antepassados". "Seu bisavô lutou na Guerra Civil?", Alfred perguntou, genuinamente interessado. O motorista pareceu incerto. "Acho que foi um tio-avô ou coisa do tipo", ele disse. "Sei", Alfred disse. "Você é uma figura pública. Guincha o carro de outras pessoas. Muita gente deve se sentir desconfortável com a bandeira. Eu me senti, a princípio. Mas nós dois temos muita coisa em comum." O motorista concordou.

    Quando chegaram à oficina, Alfred agradeceu e desceu do guincho. Sua esposa estava indo buscá-lo, mas ainda não havia chegado. O guincho ficou estacionado onde estava. "Eu disse que ele podia ir embora. Ele respondeu: 'Está escuro. É melhor não ficar aqui sozinho'. Então eu soube que ele se importava."

    Cerca de uma semana depois, Alfred recebeu uma ligação do motorista, que disse que só queria verificar se tinha corrido tudo bem. Alfred disse que o carro da filha havia sido consertado e agradeceu por ele ter ligado. "Ah, e eu só queria que você soubesse que tirei a bandeira", o motorista disse a ele.

• • •

Alguns dias depois da morte de Heather, Susan Bro, sua mãe, fez um discurso sobre a filha assassinada diante de milhões de pessoas

As regras da discussão produtiva

que a assistiam nos Estados Unidos e no mundo inteiro. Bro tinha uma mensagem para o assassino de Heather e seus aliados: "Vocês tentaram matar minha filha para silenciá-la. Mas adivinhem só: vocês só a engrandeceram". Essas palavras simples e desafiadoras viralizaram instantaneamente e se tornaram a manchete global do discurso de Bro. Por mais poderosas que fossem, ofuscaram algo em seu discurso que talvez fosse mais *difícil* de transformar em tuíte, mas que era igualmente importante. Em vez de transformar a filha em santa, Bro descreveu a realidade nua e crua de viver com uma jovem apaixonada e cheia de opiniões:

Ah, meu Deus, sabíamos que jantar com ela sempre exigiria muito de nossos ouvidos. E muita conversa. E talvez discordância, mas não tinha jeito. Então meu marido dizia: "Certo, vou sair com o carro, ou jogar *videogame* por um tempo". E ela e eu conversávamos, e eu a ouvia. Então negociávamos, e eu a ouvia.

O que tornou o discurso de Susan Bro tão especial foi ela não ter simplesmente dito às pessoas para fazer a diferença no mundo, ou para ser fiéis a suas crenças. Ela também falou sobre como discordar é difícil para nós, e sobre como é necessário que o façamos:

Vamos ter um diálogo desconfortável. Não é fácil se sentar e dizer: "Bom, por que você está chateado?". Não é fácil se sentar e dizer: "Bom, é isso que eu penso. Não concordo com você, mas vou ouvir com todo o respeito o que tem a dizer". Não vamos nos sentar, trocar um aperto de mãos e entrar em harmonia [...]. A verdade é que vamos ter nossas diferenças. Vamos ficar bravos uns com os outros. Mas vamos canalizar essa raiva não em ódio, não em violência, não em medo, mas [...] em fazer o que é certo.

Crie uma conexão primeiro

Agora mesmo, há pessoas que estão dispostas a ouvir umas às outras e a conversar. Ontem à noite, houve uma manifestação pacífica na Nova Inglaterra em nome de Heather para estabelecer um diálogo difícil. Se você quiser ver como é esse tipo de diálogo, dê uma olhada no Facebook dela. Posso dizer que às vezes a coisa ficava feia. Mas eram diálogos. E conversas têm que acontecer.

Susan já foi professora e vive com o segundo marido em um *trailer* na Virgínia, a cerca de meia hora de viagem de Charlottesville. Desde a morte de Heather, ela tomou como missão pessoal promover conversas políticas difíceis. No Facebook e no Twitter, tenta organizar discussões difíceis e muitas vezes violentas sobre raça e política. Susan é de uma educação impressionante com antagonistas, mesmo aqueles que defendem teorias da conspiração relacionadas à morte da filha dela.

Bro me disse que não acha que se pode confiar na boa-fé de todo mundo. Ela não vê muito sentido em dialogar com pessoas que organizam manifestações de supremacia branca. Mas quer chegar àqueles que têm alguma simpatia por sua causa.

O Twitter é um lugar onde cada um fica no seu canto gritando com os outros. As crianças fazem isso às vezes, quando estão com medo e não sabem o que mais dizer. Acho que podemos dialogar mais, só que caímos no costume de fazer o mais fácil, que é simplesmente gritar e depois bloquear a pessoa. Não estamos tentando aprender uns com os outros.

Susan falou sobre a importância de encontrar o contexto certo para estabelecer uma conexão:

As regras da discussão produtiva

Se eu digo a eles que moro em um *trailer*, imediatamente concluem que tenho certa visão política e certo nível de educação. Se eu digo a eles que fui professora, isso também altera a percepção alheia. Ou então posso dizer que adoro *rock*. Se você estiver disposto a ser transparente, pode facilitar a conversa.

6. Solte a corda

Para saber discordar, é preciso desistir de tentar controlar o que a outra pessoa pensa e sente.

Em 2013, um homem britânico foi preso por planejar sequestrar e assassinar um soldado. O suspeito, que tinha histórico criminal, havia publicado mensagens nas redes sociais em apoio à *jihad* violenta. Em uma batida em sua casa, a polícia encontrou um saco contendo um martelo, uma faca de cozinha e um mapa com a localização do quartel do exército mais próximo.

Pouco depois de ser preso, o suspeito foi entrevistado por um agente de contraterrorismo. O policial queria que ele fizesse um relato de seu plano e revelasse com quem estava conspirando, se é que estava conspirando com alguém. Mas o detido — vamos chamá-lo de Nick — se recusou a divulgar qualquer informação. Em vez disso, expôs de forma grandiloquente as maldades do Estado britânico por meia hora, sem interrupção. Quando o policial fazia perguntas, Nick respondia com acusações desdenhosas de ignorância, ingenuidade e fraqueza moral: "Vocês não sabem como seu próprio governo é corrupto. Se não se importam, então que uma maldição recaia sobre vocês".

Assistindo a um vídeo da entrevista, é possível distinguir o desejo de Nick de contar o que sabe, apesar de seu discurso. Na frente dele, há um Corão aberto. Nick diz que age pelo bem do povo britânico e está disposto a falar com a polícia porque, como um homem de Deus, quer impedir futuras atrocidades. Mas também diz que não vai responder às perguntas até que tenha certeza de que o policial se preocupa tanto quanto ele com a Inglaterra.

As regras da discussão produtiva

"O propósito dessa entrevista não é cumprir seu *checklist* para que você saia daqui e leve tapinhas nas costas. Se eu achar que você é pau-mandado, a conversa acabou, então seja sincero."

É impossível assistir ao encontro sem ficar tenso. De tempos em tempos, Nick dá as costas para o policial e fica em silêncio ou sai da sala, por ter se ofendido com algo que ele disse ou não disse. Sempre que Nick retorna, seu advogado lhe diz para não dizer nada. Nick o ignora, embora em certo sentido siga seu conselho: apesar da verborragia, ele não diz nada ao homem que o entrevista.

Nick: Me diga por que eu deveria responder. Qual é o motivo por trás da pergunta que me fez?
Entrevistador: Estou fazendo essas perguntas porque preciso investigar o que aconteceu e saber do seu papel nesses eventos.
Nick: Não, esse é o seu trabalho, não o seu motivo. Estou perguntando por que isso importa para você.

O entrevistador, que se manteve heroicamente tranquilo diante da barragem verbal de Nick, é incapaz de fazer a entrevista avançar, e seus chefes acabam substituindo-o. Quando o novo entrevistador chega, Nick reassume sua postura questionadora. "Por que está me fazendo essas perguntas?", ele questiona. "Pense com cuidado nos seus motivos."

O que você diria?

O entrevistador poderia simplesmente repetir o que o policial que tinha vindo antes dele havia dito; afinal de contas, era a verdade. Mas isso provavelmente levaria à mesma resposta. Assistindo ao vídeo, fiquei impressionado com como aquilo lembrava discussões em que eu já me encontrara, do tipo em que você se vê preso em uma disputa de vontades em que ninguém quer ceder nem um pouco. Só quando alguém muda de posição ou altera o tom a conversa é desbloqueada. Você percebe que a discussão não era sobre o que achava que estava sendo discutido. Era sobre quem estava no comando.

O novo entrevistador começa a falar. Ele diz:

No dia em que prendemos você, acredito que tivesse a intenção de matar um soldado ou um policial britânico. Não sei os detalhes do que aconteceu, por que você achou que isso precisava acontecer ou o que pretendia conseguir com isso. Só você sabe essas coisas, Nick. Se quiser, vai me explicar; se não quiser, não vai. Não posso te forçar. Não quero te forçar. Gostaria que me ajudasse a entender. Vai me contar o que aconteceu?

Ele abre um caderno e mostra a Nick as páginas em branco. "Viu? Não tenho nem uma lista de perguntas."

"Isso é lindo", diz Nick. "Como me tratou com consideração e respeito, vou, sim, contar a você agora." Ele fez então o relato completo dos planos para o crime.

• • •

O que na abordagem do segundo entrevistador fez Nick se abrir? Laurence Alison acha que foi o fato de ter deixado claro que Nick não precisava falar. A pior maneira de conseguir que uma pessoa conte um segredo é dizer para ela fazer isso.

Laurence é professor de psicologia forense na Universidade de Liverpool e uma das principais autoridades em interrogatório eficaz. Assisti ao vídeo com ele e Emily Alison, terapeuta profissional. Marido e esposa, eles foram responsáveis por elaborar, em estreita cooperação com a polícia britânica, o primeiro modelo empiricamente fundamentado de interrogatório eficaz.

Emily Alison pausou o vídeo e franziu a testa. "Quando assisti a esse vídeo pela primeira vez, tive que desligar e dar uma volta. Fiquei ultrajada, com o coração acelerado no peito. É claro que, presencialmente, é mil vezes pior." Laurence confirmou com a cabeça. "Como entrevistador, o que você *quer* dizer é: 'Você é que está sendo entrevistado e não eu, porra'. Ele está tentando te controlar, e em troca você tenta controlá-lo. Então a intensificação começa." No momento em que um interrogatório se torna uma disputa pela dominação, ele fracassa. Enquanto assistíamos ao vídeo de Nick, havia um agente da força de contraterrorismo na sala. "Policiais estão acostumados a estar no controle", ele comentou. "Falamos bastante sobre deixar nosso ego na porta."

Emily conheceu Laurence depois de chegar de Wisconsin para estudar psicologia forense na Universidade de Liverpool. Laurence, que na época fazia seu doutorado, já era uma estrela em ascensão na área. Enquanto ele construía uma carreira acadêmica, ela, que havia trabalhado como terapeuta em prisões em Wisconsin, abriu uma consultoria para ajudar assistentes sociais a aconselhar famílias afetadas pelo abuso doméstico. Laurence às vezes recebia ligações da polícia pedindo conselhos sobre a condução de interrogatórios complicados, e se juntava a Emily, que aprendera muito sobre entrevistar pessoas difíceis em suas experiências com aconselhamento. Os Alison logo criaram uma reputação de fazer falar os suspeitos mais desafiadores.

Em 2010, Laurence recebeu uma oferta de financiamento de uma agência do governo norte-americano interessada em pesquisas sobre métodos não coercitivos de interrogatório. Ele estabeleceu um objetivo audacioso: persuadir a unidade de contraterrorismo britânica a lhe dar acesso a entrevistas em vídeo com suspeitos de terrorismo. Dois anos e mais de cem ligações depois, conseguiu isso. Os vídeos incluíam entrevistas com paramilitares irlandeses, agentes da Al-Qaeda e extremistas de direita. Alguns eram desajeitados e incompetentes, pessoas que acabavam se envolvendo com coisas que nem compreendiam, enquanto outros eram agentes altamente perigosos.

Os Alison analisaram as entrevistas em detalhes, usando uma intrincada taxonomia de comportamentos em interrogatório. Eles estudaram as táticas empregadas por suspeitos (silêncio total? cantarolar?), a maneira como o entrevistador fazia perguntas (confrontadora? autoritária? passiva?) e a quantidade e a qualidade de informações obtidas do sujeito, o que era crucial. No total, foram reunidos dados de 150 variáveis diferentes. Quando o processo foi concluído, fez-se uma análise estatística dos dados. Os resultados mostraram que entrevistadores que estabeleciam relações melhores com os suspeitos obtinham mais e melhores informações deles. Os Alison conseguiram a primeira prova empírica do que, até então, era algo entre uma hipótese e um segredo entre iniciados: a conformidade é o mais próximo que os interrogadores têm de um soro da verdade.

Não foi apenas isso que os Alison descobriram. Eles também avançaram mais que quaisquer outros estudos no sentido de definir o que exatamente constitui essa harmonia. Apesar de sua reputação entre as pessoas da área, esse conceito foi vagamente definido e mal compreendido, chegando às vezes a ser confundido com apenas ser legal. Na verdade, Laurence observou, entrevistadores às vezes fracassavam porque eram legais *demais* e concordavam rapidamente com as exigências do suspeito. Os melhores entrevistadores sabiam quando demonstrar empatia e quando ser francos e diretos. Eles nunca faziam o entrevistado se sentir pressionado a falar. Interrogadores que colocam ênfase no poder do

As regras da discussão produtiva

suspeito de fazer suas próprias escolhas tinham maior probabilidade de ser bem-sucedidos. Por exemplo, interrogadores ineficazes tendiam a murmurar a declaração de direitos obrigatória no começo da entrevista ("Você tem o direito de se manter em silêncio..."). Os mais bem-sucedidos costumavam dar importância àquilo, enfatizando explicitamente o direito do suspeito de não falar. De acordo com Laurence, eles às vezes diziam algo como: "Não posso te dizer o que fazer. Este cara [o advogado] não pode te dizer o que fazer. A decisão é sua. Você pode sair da sala se quiser. Mas estou muito interessado em saber como você chegou aqui". Então eles ficavam só ouvindo.

Durante os anos em que trabalhou em casos policiais com Laurence, Emily passou a ver o interrogatório como algo muito parecido com o tratamento terapêutico de pessoas com dependência. Ambos envolvem fazer com que uma pessoa que não quer estar na mesma sala que você fale sobre algo que não deseja discutir. Como ela apontou, cerca de duas décadas antes o tratamento terapêutico de pessoas com dependência foi transformado pela incorporação de uma simples verdade: ninguém gosta que lhe digam o que deve fazer.

• • •

Em 1980, um sul-africano de 23 anos chamado Stephen Rollnick começou a trabalhar como auxiliar de enfermagem em um centro de reabilitação para alcoólatras. Os médicos do centro tinham uma abordagem confrontadora no trabalho. Acreditavam que os clientes mentiam para si mesmos e para os outros sobre a gravidade de seu problema. Antes de colocá-los no caminho da recuperação, os médicos precisavam desafiar sua desonestidade e dar um fim a suas ilusões — acabar com a resistência.

Não se tratava de uma clínica atípica. O consenso médico no pós-guerra quanto ao tratamento do vício envolvia tratar os pacientes como crianças rebeldes que precisavam aprender a se comportar. O trabalho do terapeuta era revelar ao dependente a realidade de sua condição; se o paciente a recusasse, o terapeuta devia voltar a fazê-lo com mais vigor, até que aquilo tivesse efeito. Para Rollnick, isso parecia fadado a envenenar o relacionamento entre ambos. Na sala de descanso, ele notava que as conversas fora de serviço entre os terapeutas eram marcadas pelo desprezo que sentiam pelos pacientes.

Um dos pacientes que estava aos cuidados de Rollnick era um alcoólatra chamado Anthony, que saía das sessões em grupo mal tendo dito uma palavra. Um dia, ele foi embora pela última vez. Rollnick descobriu na manhã seguinte que Anthony havia atirado na mulher e depois em si mesmo diante dos filhos pequenos. Abalado pela tragédia, Rollnick pediu demissão do centro e trocou a África do Sul pelo Reino Unido. Ele se matriculou em um curso de psicologia clínica na Universidade de Cardiff e começou a pesquisar uma maneira diferente de ajudar pessoas com dependência.

Alguns anos depois, Rollnick se deparou com um artigo escrito recentemente por um jovem psicólogo norte-americano chamado William Miller e ficou impressionado com quanto concordava com o que ele afirmava. Miller, que se especializara no tratamento do alcoolismo, argumentava que os terapeutas tinham o tipo errado de conversa com os pacientes. Ele acreditava que os dependentes se viam entre o desejo de mudar e o desejo de manter o hábito, e, quando alguém dizia a eles o que fazer, aquilo tinha um efeito perverso: assim que sentiam que estavam sendo julgados ou instruídos, pensavam em todos os motivos pelos quais não queriam mudar. Posicionando-se como uma autoridade, o terapeuta podia se sentir melhor, mas reforçava a determinação do dependente de continuar com o mesmo comportamento.

Miller propôs uma abordagem alternativa. Em vez de insistir na mudança e instigar o confronto, os terapeutas deviam focar em construir uma relação de confiança e compreensão mútua. Uma paciente deveria poder falar de suas experiências sem sentir a necessidade de defender suas escolhas. Depois de um tempo, ela mesma começaria a argumentar em favor da mudança. Então, porque ela própria havia chegado a uma decisão, em vez de só agir de acordo com as instruções de outra pessoa, estaria muito mais motivada a mudar. Miller chamou essa abordagem de "entrevista motivacional". Rollnick começou a usá-la em sua prática, com resultados transformadores. Um dia ele conheceu Miller em uma conferência e lhe contou sobre seu entusiasmo com a abordagem. Os dois acabaram escrevendo um livro juntos, que desenvolvia as ideias iniciais de Miller.

No livro, Miller e Rollnick apontam que a maior parte dos dependentes realmente quer mudar. Eles compreendem o impacto que o hábito tem em sua vida e na vida das pessoas a seu redor. Querem parar, mas, ao mesmo tempo, querem continuar. São ambivalentes. A ambivalência muitas vezes é mal compreendida. Não significa que a pessoa não se importa com o que acontece, e sim o oposto. Uma pessoa ambivalente tem motivação em exceção: ela quer duas coisas incompatíveis, que travam uma batalha em sua mente. Isso não é verdade apenas no que se refere a dependentes: todos nós experimentamos ambivalência. Miller e Rollnick demonstraram como isso se manifesta em uma única frase:

"Preciso fazer algo em relação ao meu peso (*desejo de mudança*), mas já tentei de tudo e nunca dura (*desejo de manutenção*)".

Uma pessoa ambivalente tem uma reunião de comitê acontecendo dentro da sua cabeça, com alguns defendendo a mudança e outros se colocando contra ela. Quando o terapeuta defende a mudança, acrescenta uma voz a um lado do comitê. A reação instintiva da pessoa ambivalente é acrescentar uma voz ao outro lado — pensar em motivos pelos quais não deve mudar. Isso pode parecer um impasse, mas na verdade é uma vitória da manutenção, já que as pessoas tendem a confiar mais em si mesmas que nos outros. Daí vem a incômoda conclusão de Miller e Rollnick: ao dizermos a uma pessoa por que ela deveria mudar, diminuímos a probabilidade de que ela de fato mude.

No contexto do tratamento da dependência, a ambivalência é algo bom: um dependente ambivalente está um passo mais perto da recuperação do que alguém que está totalmente comprometido com seu hábito. Mas o dependente pode estagnar nessa ambivalência, a menos que o terapeuta seja capaz de ajudá-lo a vencer a batalha que se dá internamente — não através da fala, mas da escuta. O livro de Miller e Rollnick foi pioneiro de um método de extrair os pensamentos do paciente chamado "reflexão": responder ou resumir o que o paciente fala de modo a formar uma suposição do que quer dizer ("Se entendi bem, você está dizendo que..."). O paciente pode aceitar a interpretação ou corrigi-la; de qualquer maneira, conclui que está sendo ouvido e se sente empoderado, enquanto o terapeuta compreende melhor como ele pensa e se sente.

O livro de Miller e Rollnick se tornou um *best-seller* do campo e influenciou profundamente terapeutas de todas as áreas, devido a seu método eficaz. Mais de duzentos estudos clínicos randomizados controlados descobriram que a entrevista motivacional é mais eficaz que os métodos tradicionais em uma variedade de áreas, incluindo o vício em jogo e saúde mental; William Miller é hoje um dos cientistas citados com maior frequência no mundo. Os princípios por trás da entrevista motivacional se provaram aplicáveis a diversos tipos de conversas duras.

As regras da discussão produtiva

Emily Alison recebeu treinamento em entrevista motivacional quando trabalhava para o serviço de liberdade condicional de Wisconsin. Mais adiante, quando já trabalhava com Laurence e a polícia britânica, ela notou que os interrogatórios eram bem ou malsucedidos pelos mesmos motivos que as sessões de terapia. Interrogadores que tornavam a outra parte um adversário não conseguiam nada; aqueles que a tornavam sua parceira obtinham informações. Essa observação se tornou a base do modelo de concordância dos Alison, para o qual encontraram depois forte apoio empírico. A concordância é uma sensação de confiança e simpatia, mas também de que os envolvidos na conversa se veem como iguais, como capazes de tomar suas próprias decisões e de pensar sozinhos, sem que um tente controlar ou dominar o outro.

É importante ter isso em mente durante qualquer tipo de discordância, inclusive aquelas que temos em casa. "Eu digo à polícia: se vocês conseguem lidar com adolescentes, conseguem lidar com terroristas", contou Laurence. Ele me deu o exemplo de um pai que abre a porta para a filha que chega em casa tarde. O pai a repreende por não ter cumprido o que haviam combinado. A filha, que se sente atacada, e ataca também. Uma disputa de poder se segue, até que um dos dois vai embora batendo os pés, ou ambos. Adolescentes podem ser impossíveis, claro, mas o que importa é que uma conversa fracassa quando se torna uma disputa pelo poder. Se o pai tivesse enfatizado sua preocupação com a segurança da filha, Laurence disse, o resultado poderia ter sido uma conversa mais produtiva. "Em um cabo de guerra, quanto mais você puxa, mais o outro lado puxa também. Minha sugestão é: solte a corda".

...

Solte a corda

Estava implícita na crítica de Miller e Rollnick ao tratamento terapêutico tradicional a desconfortável sugestão de que os profissionais começassem a questionar sua própria motivação. Seu instinto de "consertar" a outra pessoa — corrigi-la ou endireitá-la — representava um desejo de dominação da conversa e do relacionamento. Miller e Rollnick cunharam um nome para esse instinto: "reflexo de endireitamento". Assim que li a respeito, comecei a ver isso em toda parte. Esse reflexo está por trás de muitas de nossas discordâncias disfuncionais.
Em seu clássico livro sobre criação dos filhos, *Como falar para seu filho ouvir e como ouvir para seu filho falar*, Adele Faber e Elaine Mazlish delineiam uma conversa típica entre mãe e filho:

Filho: Mãe, estou cansado.
Eu: Você não pode estar cansado. Acabou de tirar uma soneca.
Filho: (mais alto) Mas estou cansado.
Eu: Você não está cansado. É que ainda está sonolento. Vamos trocar de roupa.
Filho: (choramingando) Não, estou cansado!

Faber e Mazlish observam que, quando as conversas se transformam em discussões como essa, muitas vezes é porque a mãe ou o pai simplesmente dizem à criança que as percepções dela estão erradas, como se houvesse um único modo de perceber o mundo corretamente: o modo dos pais. A reação da criança, naturalmente, é insistir com mais vigor no que acha.

Muitas discussões entre adultos são assim também. Quando diante de uma pessoa que acreditamos estar errada, queremos desesperadamente corrigi-la. Dizemos a nós mesmos que, com os argumentos certos, ou fornecendo os fatos principais, podemos superar sua resistência à verdade, assim como os terapeutas acreditavam que podiam superar a resistência dos pacientes com dependência. Fantasiamos com uma conversão absoluta (da outra pessoa) e imaginamos com carinho nosso interlocutor dizendo, depois de um argumento decisivo nosso: "Meu Deus, você estava certo. Eu estava completamente errado quanto a isso". Isso acontece de vez em quando, mas a maior chance é de a outra pessoa simplesmente fincar o pé em sua posição.

Em geral, recorremos a esse tipo de comportamento com boas intenções. Mas tente se lembrar de uma vez em que alguém o repreendeu ou explicou demoradamente por que você estava errado a respeito de alguma coisa. Como você se sentiu. Provavelmente irritado ou até humilhado, como se a outra pessoa estivesse tentando mandar em você. Pense na linguagem que usamos para esse tipo de sensação: *Me colocaram no meu lugar; Me senti diminuído*. É por isso que muitas vezes insistimos, mesmo quando sabemos que a outra pessoa está certa. Na verdade, quanto mais certa a outra pessoa está, mais insistimos — e ela acaba fazendo o mesmo. O resultado é uma conversa que ou sai totalmente de proporção ou é encerrada.

O reflexo de endireitamento vale para emoções, e não apenas crenças. O conselho da equipe da Polis aos policiais de Memphis, de nunca dizer a uma pessoa alterada para se acalmar, me lembrou das discussões que eu tinha com meus filhos pequenos. Eu me pegava dizendo a eles para *não ficarem chateados* por algo que me parecia trivial — como o fato de eu não pegar a caneca certa para lhes servir o leite do café da manhã. Preciso dizer que isso raramente dá certo. Eu mesmo não reajo positivamente quando as pessoas no Twitter me dizem se eu deveria ou não ficar *ultrajado* com o que quer que tenha sido noticiado. E minha esposa não parece gostar quando digo a ela para *se acalmar* (como Mike O'Neill teria me dito, isso costuma ter o efeito oposto). Além do mais, estamos cometendo um erro categórico ao fazer isso: emoções não estão sujeitas a intervenção racional; afinal, são emoções. Então por que insistimos em dizer às pessoas como devem se sentir? Pelo mesmo motivo que temos confiança demais em nossos poderes de persuasão racional. Temos dificuldade em aceitar que outros seres humanos têm mentes tão reais e complexas quanto a nossa.

Estar alerta para o reflexo de endireitamento não significa evitar discordâncias; significa não entrar na discordância rápido demais, antes que as partes possam ter a chance de entender a posição uma da outra. Nem significa desistir da ideia de certo e errado. O principal é que exige que você deixe de lado a crença de que pode controlar o que a outra pessoa pensa com suas palavras. E não se trata apenas de uma crença, mas de um desejo. Você deve abordar a discordância não como uma ameaça de que precisa se defender, mas como uma colaboração através da qual ambos podem ganhar. Afinal, em geral há algo em aprender com uma pessoa de quem discordamos e há alguma verdade no que ela está dizendo. Também é verdade que a outra pessoa provavelmente está menos segura do que aparenta — que haja ambivalência em suas crenças; um pouco de tensão ou contradição que podem ser provocados, se ela não estiver ocupada demais se defendendo. E isso provavelmente é verdade em relação a você também.

Se seu interlocutor não quer cooperar de jeito nenhum, talvez não haja muito que você possa fazer, mas pelo menos não vai ser arrastado para uma disputa de vontades exaustiva. Resistindo ao reflexo de endireitamento e ouvindo ativamente, você manda um sinal de que está interessado em aprender, e não em dominar. Isso relaxa a outra pessoa e a você. Ambos poderão continuar discordando vigorosamente, mas vão se tratar como iguais, o que muda tudo, inclusive ideias — até mesmo as suas.

• • •

As regras da discussão produtiva

Talvez eu esteja evitando a questão mais difícil. É fácil resistir ao reflexo de endireitamento quando você pelo menos respeita a opinião do outro. Se eu acho que seu ponto de vista está errado, mas é razoável, e que eu mesmo poderia ser persuadido a acreditar nele, vou ouvir melhor e as chances de entrar no modo sermão serão menores. Mas e se a pessoa com quem estou falando estiver firmemente apegada a uma crença que é claramente, inegavelmente, totalmente errada? É importante que eu lhe diga isso sem rodeios na primeira oportunidade que tiver?

Essa questão se tornou mais urgente nos últimos anos. A internet permitiu que aqueles que contestam os princípios básicos do conhecimento científico estabelecido se reúnam em grupos em que crenças equivocadas são compartilhadas e disseminadas. Em alguns casos, com sérias consequências. O chamado movimento antivacina, composto por pessoas que se opõem à vacinação de crianças contra doenças infecciosas, vem tornando mais provável que doenças como sarampo, que haviam sido erradicadas em países desenvolvidos, retornem.

Como muitas vezes dizemos que essas pessoas estão delirando, fiquei pensando se poderíamos aprender a lidar melhor com elas com a ajuda de especialistas no tratamento de transtornos delirantes, motivo pelo qual me reuni com a dra. Emmanuelle Peters em sua sala no King's College, em Londres. Peters é psicóloga clínica especializada em terapia com pacientes com delírios psicóticos: falsas crenças que dificultam a vida normal. Para deixar claro: não acreditar em um fato científico amplamente aceito ou acreditar em teorias da conspiração sobre o pouso na Lua não é o mesmo que ter delírios psicóticos. Mas, como descobri, não chega a ser completamente diferente.

Com muita frequência, os delírios psicóticos estão relacionados com paranoia. Uma paciente pode acreditar que todo mundo por quem passa na rua faz parte de um plano secreto para acabar com ela, ou que está recebendo mensagens do espaço sideral alertando para um ataque próximo. Outros pacientes têm ilusões mais positivas ou "grandiosas", que mesmo assim podem ser debilitantes, como um homem que acredita ser um rei que um dia vai herdar uma fortuna e, por isso, nunca se preocupou em ter uma fonte de renda e agora se encontra à beira da miséria. Pessoas com transtorno delirante procuram a terapia não para curar o delírio — porque elas não acreditam que seja um delírio —, mas porque suas crenças tornam o mundo um lugar estressante e difícil. Alguém que tem certeza de que o governo pretende matá-lo pode achar assustador demais sair de casa para ir ao trabalho ou fazer compras. O primeiro trabalho do terapeuta, diz Peters, é procurar compreender essa sensação. "A atitude certa não é pensar: 'Vou ajudar essa pessoa mostrando a ela que está errada', mas 'Preciso entender por que essa pessoa pensa assim'." Ou, seja, é preciso começar "de onde eles estão".

A dra. Peters ouviu minhas perguntas atentamente antes de responder em frases rápidas e fluentes. Tinha um jeito confiante, apesar de se expressar de maneira hesitante — usava bastante "pode ser" e "talvez" —, e de tempos em tempos confirmava se seu interlocutor estava acompanhando. Ela me disse que alguns profissionais de saúde sentem a necessidade de corrigir pacientes delirantes, dizendo coisas como: "Sabe aquele homem no parque, que cuspiu no chão? É claro que ele não estava te mandando um sinal, só estava cuspindo. Não existe uma conspiração maior. É tudo coisa da sua cabeça". Eles logo descobrem que isso não vai levá-los a lugar nenhum. Há meses ou anos os pacientes ouvem as pessoas lhes dizendo que estão errados ou malucos. Eles já ouviram de tudo. Não vão mudar de ideia só porque de repente é um profissional da saúde que lhes diz isso.

"No momento em que você tenta mudar a crença, eles reagem", disse-me a dra. Peters. "Se você for com tudo nisso, não vai conseguir ajudar os pacientes, porque eles vão passar todo o seu tempo tentando te convencer do contrário." Em vez disso, o terapeuta deve procurar ajudar os pacientes a lidar com a dificuldade em que se encontram. Isso não é ser conivente com a falsa crença — o paciente não vai acreditar nela mais do que já acreditava. Colocando-se do lado do paciente, no entanto, o terapeuta aumenta suas chances de ser ouvido.

Gentilmente, com o tempo, a dra. Peters tenta reduzir a certeza do paciente em sua crença. Quando surge alguma sombra de dúvida, ela trabalha com isso, convidando o paciente a considerar indícios a favor e contra. "Eu não diria ao paciente: 'Não existem adoradores do diabo'. Mas talvez dissesse: 'Neste caso *em particular*, em que alguém te empurrou no ônibus, fiquei pensando se não poderia ter sido um acidente.'"

Às vezes, o mero ato de ouvir a pessoa falar sobre o delírio pode enfraquecer a convicção dela. Em um artigo de 2015, Kyle Arnold e Julia Vakhrusheva, psiquiatras do hospital de Coney Island, em Nova York, relataram o estudo de caso de uma jovem que vinha fazendo terapia por sete meses quando finalmente ficou claro que ela delirava. Em uma sessão, a *paciente* estava reclamando de sua dificuldade de fazer amigos. Quando o terapeuta perguntou qual poderia ser o motivo, ela respondeu: "Bom, tem uma coisa que ainda não te contei. Você vai achar que sou louca se eu contar". O terapeuta pediu que ela prosseguisse, então a paciente disse: "Tem a ver com o Big Kahuna".

"Big Kahuna?", o terapeuta perguntou. "Isso", a paciente disse. "É um jogo de *videogame* em que estou presa. Eu sou a Big Kahuna, e o nome do jogo também é Big Kahuna." A paciente explicou que acreditava que todo mundo jogava um jogo de *videogame* cujo objetivo era transferir crédito da conta bancária dela para a deles. "E como você sabe quando as pessoas estão pegando o seu dinheiro?", o terapeuta perguntou. "Pelo telefone!", a paciente exclamou. "Sempre que passo por um grupo de pessoas, elas pegam o celular e o usam para transferir dinheiro meu para si mesmas." O terapeuta perguntou quantos por cento de certeza ela tinha daquilo, e a paciente respondeu: "99,9%".

Arnold e Vakhrusheva concordam com a dra. Peters que, embora não seja uma boa ideia desafiar um delírio com tudo, isso não significa que não se possa sondar e estimular o paciente. Um terapeuta pode pedir indícios daquilo e levar o paciente a considerar que talvez, em algum nível, a conta não feche. O ponto crucial, eles dizem, ecoando Miller e Rollnick, é que deve ser o paciente quem articula os argumentos contra o delírio. O papel do terapeuta é ajudar o paciente a pensar sobre seu próprio raciocínio. Em alguns casos, isso pode significar dizer muito pouco. Quando a jovem paciente explicou que vivia em um *videogame*, o terapeuta não ergueu as sobrancelhas em descrença, nem balançou a cabeça. Ele ouviu. Na sessão seguinte, a paciente estipulou seu nível de convicção em apenas 80%.

Quando o terapeuta perguntou por que aquele número havia caído tanto, ela disse: "Eu nunca havia pensado no Big Kahuna como uma 'crença'. Quando se pensa em algo como uma 'crença' significa que pode não ser verdade, então você tem que pensar a respeito". O terapeuta perguntou: "E o que foi que você pensou?". A paciente respondeu: "Bom, me pareceu tão... *esquisito*. Tipo, se outra pessoa me contasse sobre o Big Kahuna, eu ia achar que ela era louca".

O que se aplica a pacientes delirantes também se aplica a pessoas que negam que vacinas funcionem. Chamando-as de delirantes ou malucas, você só as deixa mais determinadas a se afirmar. Carli Leon, mãe de dois filhos, costumava ser uma grande defensora do

As regras da discussão produtiva

movimento antivacina antes de mudar de ideia sobre o assunto. Ela contou ao *Voice of America*: "Quando as pessoas me ridicularizavam e diziam que eu era uma péssima mãe, isso só me fazia fincar ainda mais os pés". Insultos fortaleciam sua resistência.

Como outras pessoas em posição de autoridade, os médicos estão expostos hoje a mais discordância que nunca. Os pacientes vêm armados de informações que leram na internet e esperam poder participar de qualquer decisão. A popularização da crença antivacina representa um desafio particularmente difícil para a profissão médica. Nos Estados Unidos, onde o movimento antivacina está amplamente disseminado, agentes de saúde pública aprenderam a distinguir entre os radicais e os muitos pais que estão apenas incertos — em outras palavras, os ambivalentes. Com os últimos, a melhor estratégia se provou ser conversar a sério sobre suas preocupações, ouvir e ganhar sua confiança, em vez de abordar a crença diretamente.

Emma Wagner deu à luz em um hospital em Savannah, Geórgia, em 2011. Quando o pediatra do hospital perguntou se ela queria vacinar o bebê contra a hepatite B, Wagner, que era antivacina, expressou suas dúvidas. O pediatra não disse que ela estava errada nem tentou persuadi-la na hora. Em vez disso, declarou que apoiaria a decisão e que "em alguns anos falamos sobre imunização antes de ele ir para a escola". Impressionada pelo respeito que ele demonstrou por ela, Wagner começou a refletir sobre a possibilidade de estar ouvindo as pessoas erradas. Depois daquilo, tornou-se uma firme apoiadora da vacinação.

Resistir ao reflexo do endireitamento exige humildade e disciplina. Mesmo quando, intelectualmente, você sabe que dizer a outra pessoa que ela está errada pode piorar a situação, a vontade de fazer isso pode ser incontrolável. Terapeutas que foram treinados para não fazer esse tipo de coisa também têm essa dificuldade. Arnold e Vakhrusheva sugerem que isso acontece porque é perturbador ouvir alguém contradizer flagrantemente nosso modelo de realidade. Como qualquer outra pessoa, terapeutas sentem necessidade de reagir, mesmo quando não vai ajudar o paciente.

Isso condiz com uma descoberta intrigante de pesquisas sobre a eficácia dos terapeutas individualmente: aqueles que ficam mais em dúvida são melhores em seu trabalho. Um estudo de 2011 que figurou no *British Journal of Clinical Psychology* descobriu que terapeutas que se julgavam mais negativamente costumavam ser avaliados como mais competentes por especialistas independentes. Inspirado por esse artigo, um estudo alemão comparou o quanto terapeutas consideravam que seus pacientes estavam progredindo a como os pacientes se sentiam a esse respeito. Os pesquisadores descobriram que, quanto menos sucesso os terapeutas julgassem que estavam tendo, melhor os pacientes se sentiam. Helene Nissen-Lie, professora adjunta de psicologia clínica na Universidade de Oslo que também estudou essa questão, considera que os terapeutas que mais duvidam de si mesmos chegam a melhores resultados, porque são melhores ouvintes.

Quando nos deparamos com uma pessoa que sofre de delírios ou mesmo com alguém com quem discordamos fortemente, queremos curá-la de sua crença. Ao tentarmos fazer isso, só pioramos suas condições. É melhor criar condições em que o paciente se cura sozinho. Na verdade, talvez seja melhor não pensar em termos de paciente e profissional da saúde, mas no contexto de duas pessoas igualmente ignorantes e confusas que precisam uma da outra para chegar à melhor resposta. Assim, é mais provável que a outra veja as coisas do seu modo e você aprenda algo. Com frequência, há um cerne de verdade em uma falsa crença, e é mais provável que você o identifique se deixar de lado seu desejo de estar certo. Abra mão de tentar controlar o que a outra pessoa pensa e, assim, também libertará sua própria mente.

7. Preserve a fachada

Discordâncias se tornam tóxicas quando viram guerras por status. Quem sabe discordar faz o esforço necessário para que seu adversário se sinta bem consigo mesmo.

Em 6 de maio de 1993, 15 mil homens brancos marcharam pela cidade de Potchefstroom, não muito distante de Joanesburgo, na África do Sul. Eles estavam bem armados e usavam camisas marrons com suásticas. Eram membros de diferentes facções da extrema-direita sul-africana, que acreditavam na superioridade genética dos africâneres brancos. Os africâneres, muitos dos quais tinham combatido na guerra contra a Angola, uniam forças contra o que viam como a dominação negra hostil de seu país.

Apenas três anos antes, o governo sul-africano havia libertado Nelson Mandela, depois de 27 anos de prisão, devido à intensa pressão doméstica e internacional. O governo também legalizou o partido dele, o Congresso Nacional Africano (CNA). O *apartheid*, sistema que permitiu que a minoria branca governasse o país e excluísse a maioria negra, estava acabando. Por meio de um acordo de divisão do poder com o governo branco, Mandela planejava eleições democráticas, nas quais todo mundo, negros e brancos, poderia votar. Era inevitável que o CNA assumisse o poder, com Mandela como presidente. A "nação africâner", branca, estaria perdida para sempre — a menos que se sustentasse através das armas.

A marcha de Potchefstroom culminou em um discurso inflamado de Eugene Terreblanche, líder do Movimento de Resistência Africâner e admirador de Adolf Hitler. No clímax da cerimô-

Preserve a fachada

nia, Terreblanche destacou uma figura na multidão. Constand Viljoen, um homem de cabelos prateados com porte marcial, foi aplaudido com entusiasmo ao subir no palanque.

O general Viljoen era um veterano condecorado do exército, tendo comandado a Força de Defesa da África do Sul durante os anos mais violentos do confronto com os ativistas negros. Era um implacável defensor da supremacia branca: organizava assassinatos de líderes negros e impunha punições brutais a comunidades negras que ameaçassem se rebelar. Agora, era convocado a derrubar Mandela, que os nacionalistas acreditavam que deveria ter sido enforcado muito tempo antes. Viljoen era a grande esperança do *apartheid*. Em meio a uma comemoração estrondosa, ele prometeu à multidão que conduziria todos à terra prometida com um Estado branco separatista: "Um conflito sangrento que exigirá sacrifícios é inevitável, mas ficaremos felizes com o sacrifício, porque nossa causa é justa".

Mandela ficou compreensivelmente preocupado com os acontecimentos de Potchefstroom. Ele recebera notícias de que Viljoen estava organizando uma força de cerca de 100 mil homens, muitos deles combatentes treinados. Mandela poderia mandar prender Viljoen por traição ou incitação da violência. Mas ele imaginava que aquilo ia tornar Viljoen um mártir, assim como sua própria prisão havia feito com ele décadas antes. Mandela tampouco estava certo de que o Exército sul-africano iria apoiá-lo em uma disputa com o homem que muitos deles reverenciavam.

Mais ainda, o objetivo principal de Mandela não era subir ao poder: era ver a África do Sul se tornar uma verdadeira democracia, em que todas as raças e todas as facções políticas se sentissem incluídas. Portanto, decidiu tomar um caminho diferente, menos óbvio e de algum modo mais árduo. Ele convidou Viljoen para tomar um chá.

As regras da discussão produtiva

Em setembro de 1993, Mandela se reuniu com Viljoen, depois de ter entrado em contato com ele por vias secretas. Ele apareceu na casa de Mandela, em um subúrbio de Joanesburgo, acompanhado de três antigos generais. Bateu à porta e esperou que um criado atendesse. Para sua surpresa, quem o recebeu foi o próprio Mandela. Com um sorriso amplo, o líder do CNA apertou a mão das visitas e se declarou encantado em vê-los. Mandela convidou-os a entrar e sugeriu que ele e Viljoen conversassem sozinhos primeiro, antes que uma reunião mais formal tivesse início.

Os dois homens passaram à sala de estar. Mandela perguntou a Viljoen se ele aceitava chá. O general disse que sim. Mandela lhe serviu uma xícara, depois perguntou se aceitava leite. O general disse que sim. Mandela serviu o leite, então perguntou se Viljoen queria açúcar. O general disse que sim, e Mandela colocou açúcar.

Treze anos depois, Viljoen contou cada detalhe desse encontro ao jornalista britânico John Carlin. Já idoso, rígido e cauteloso, ao contar a história do chá, Viljoen se permitiu uma rara expressão estupefata. "Tudo o que tive de fazer foi mexer!"

• • •

Imagine que você vai encontrar alguém pela primeira vez — uma pessoa que vai entrevistá-lo para uma proposta de emprego ou seu novo orientador na universidade. Quando começa a falar, que impressão de si mesmo gostaria de transmitir? O sociólogo Erving Goffman chamou essa expressão desejada de "fachada": a imagem pública que a pessoa quer estabelecer em uma interação social.

Esforçamo-nos para estabelecer uma fachada apropriada para cada encontro. A fachada que você quer revelar a um chefe em potencial é diferente daquela que quer exibir a alguém com quem sai. Goffman chamou esse esforço de "trabalho de fachada". Com

Preserve a fachada

pessoas em quem confiamos e que conhecemos bem, não nos preocupamos tanto com a fachada. Com aquelas que não conhecemos — principalmente se tiverem algum poder sobre nós —, a fachada entra em cena. Quando usamos uma fachada e mesmo assim não conseguimos transmitir a impressão que queremos, a sensação é ruim. Se quer ser visto como autoridade e alguém o trata apenas com o mínimo de respeito, você pode se sentir constrangido e até mesmo humilhado.

Pessoas que sabem discordar não pensam apenas em sua própria fachada; estão muito atentas à fachada dos outros. Uma das mais poderosas habilidades sociais é preservar a fachada alheia: confirmar a imagem pública que a outra pessoa deseja projetar. Não é preciso ser abnegado para achar que isso é importante. Em qualquer conversa, quando a outra pessoa sente que a fachada desejada está sendo aceita e confirmada, vai ser muito mais fácil de lidar com ela, e as chances de que ela escute o que você tem a dizer serão maiores.

Nelson Mandela era um gênio da fachada, principalmente quando se tratava da arte de preservar a fachada dos outros. Sua demonstração elaborada de cortesia em relação a Viljoen foi estratégica. Mandela sabia que mais adiante teria conversas difíceis com o antigo general, e alguém menos habilidoso teria entrado direto nelas. Mas Mandela sabia que tinha trabalho a fazer antes disso.

• • •

Nas Olimpíadas de 1972, realizadas na Alemanha Ocidental, um grupo de terroristas palestinos tomou onze atletas israelenses como reféns. Os terroristas fizeram suas exigências, que as autoridades se recusaram a cumprir. A polícia de Munique recorreu a seu poder de fogo. Vinte e duas pessoas acabaram mortas, in-

As regras da discussão produtiva

cluindo todos os reféns. Na sequência do que ficou conhecido como Massacre de Munique, forças de segurança do mundo todo se deram conta de que tinham um problema urgente. Os oficiais que se comunicavam com sequestradores não tinham nenhum protocolo a seguir com o intuito de impedir ou minimizar a violência. Departamentos de polícia se deram conta de que precisavam aprender a negociar. Negociadores de crise, que podem ser especialistas ou policiais treinados com outras especialidades, agora são utilizados em uma ampla gama de situações. Os melhores não são apenas especialistas em determinadas táticas, mas na sutil arte de preservar a fachada.

Em crises "instrumentais", a interação tende a ser de caráter relativamente racional. O sequestrador estabelece demandas claras, e um processo de negociação se segue. Em crises "expressivas", os sequestradores querem *dizer* alguma coisa — para as pessoas em casa, para o mundo. Em geral, são pessoas que agiram por impulso: um pai que sequestrou a filha depois de perder sua custódia, um homem que amarrou a namorada e ameaça matá-la. Com mais frequência, negociadores lidam com indivíduos que colocam a si mesmos como reféns, como pessoas que subiram até o topo de um edifício e ameaçam se jogar. Em um cenário expressivo, o sequestrador costuma estar no limite emocional — com raiva, desesperado, profundamente inseguro, sujeito a agir de maneira imprevisível.

Negociadores foram ensinados a acalmar e reassegurar sequestradores antes de entrar na negociação propriamente dita. William Donohue, professor de comunicação da Universidade de Michigan, passou décadas estudando conversas conflituosas — algumas bem-sucedidas, outras fracassadas — envolvendo terroristas, piratas somalis e pessoas prestes a cometer suicídio. Ele falou comigo sobre um componente-chave da fachada: quão poderosa a pessoa se sente. Sequestradores em situações expressivas querem que sua importância seja admitida de alguma forma, ou seja, querem ter seu *status* reconhecido.

Donohue e seu colaborador Paul Taylor, da Universidade de Lancaster, no Reino Unido, usam o termo "em desvantagem" para descrever a parte, em qualquer tipo de negociação, que se sente mais insegura em relação a seu *status* negativo. Partes em desvantagem têm maior propensão a agir de maneira agressiva ou competitiva, em vez de encontrar um terreno comum ou chegar a uma solução. Em 1974, Espanha e Estados Unidos abriram negociações acerca do *status* de certas bases militares norte-americanas em solo espanhol. O cientista político Daniel Druckman observou quando negociadores americanos e espanhóis adotaram táticas relaxadas ou rígidas. Ele descobriu que a equipe espanhola usava ameaças e acusações três vezes mais do que a norte-americana. Os espanhóis, em desvantagem, afirmavam sua autonomia de maneira agressiva.

Quando um sequestrador se sente dominado, são maiores as chances de que recorra à violência. "É aí que as palavras fracassam", Donohue me disse. "É como se o sequestrador dissesse: 'Você não reconhece que me respeita, então vou conseguir isso através do controle físico'." As pessoas são capazes de ir muito longe, às vezes de maneira até autodestrutiva, para evitar a percepção de que estão sendo menosprezadas. Partes em desvantagem com frequência jogam sujo, atacando o adversário por ângulos inesperados e difíceis de defender. Em vez de buscarem soluções que poderiam funcionar para todo mundo, tratam cada negociação como um jogo de soma zero no qual alguém deve ganhar e o outro deve perder. Em vez de se voltarem ao conteúdo, atacam a outra parte como um modo de afirmar seu próprio *status*.

Em contraste, há pessoas que entram em uma negociação esperando ser bem-sucedidas porque se encontram, ou acham

As regras da discussão produtiva

que se encontram, em uma posição melhor. Assim, elas podem adotar uma postura mais relaxada e expansiva, focar o assunto da discordância e buscar uma solução que termina bem para todos. Também podem assumir mais riscos em termos de fachada, agindo de modo que de outra forma seriam vistas como fracas e possibilitando um diálogo mais amistoso e conciliatório. Como não têm medo de perder sua fachada, podem estender uma mão.

É por isso que preservar a fachada alheia é tão importante. É do interesse de um negociador que sua contraparte se sinta tão segura quanto possível. Negociadores habilidosos estão sempre tentando criar o adversário que desejam. Eles sabem que, quando estão em vantagem, a melhor coisa a fazer é criar uma aproximação. O chá foi uma forma que Mandela encontrou de encantar Viljoen, mas não só isso: também foi um jeito de se rebaixar de modo que Viljoen sentisse que não estava em desvantagem.

Donohue analisou as transcrições de vinte disputas mediadas na Califórnia, a respeito de custódia e direito de visita. Ele descobriu que os homens usavam táticas muito mais agressivas, enquanto as mulheres focavam os fatos. Os homens tinham maior propensão a tocar em questões de relacionamento, a reclamar da falta de consideração com seus direitos e a questionar a confiabilidade das mulheres. Essas táticas tendiam a aumentar a temperatura emocional da conversa, endurecer a posição de ambas as partes e transformar a discussão em uma disputa de poder, tornando o progresso rumo a um acordo mais difícil ou impossível. E por que os homens se comportavam assim? Porque se sentiam em desvantagem: a Justiça costuma conceder a custódia às mulheres.

Se esse é o oposto do estereótipo da disputa conjugal, em que a mulher é mais conduzida pelos sentimentos que o homem, a diferença é instrutiva. Como Alan Sillars descobriu, há certa verdade no estereótipo: as mulheres tendem a estar mais sintonizadas

Preserve a fachada

com as conversas conjugais no nível do relacionamento, enquanto os homens focam o nível do conteúdo. Mas, como você deve se lembrar, trata-se de uma questão de motivação — quando os homens querem se voltar para as emoções, são capazes de fazê-lo. A questão de quem está agindo emocionalmente, portanto, não tem tanto a ver com gênero quanto com quem está do lado mais fraco na relação de poder.

Em qualquer conversa em que há desequilíbrio de poder, quanto mais poderosa uma parte, mais provável é que ela foque o conteúdo ou o assunto em questão, enquanto a parte em desvantagem se concentra no relacionamento. Eis alguns exemplos:

- Um interrogador diz: "Conte o que sabe, ou vai se encrencar". O suspeito pensa: "Você está tentando me controlar".
- Um pai ou mãe diz: "Por que você chegou tarde assim?". A filha adolescente pensa: "Você está me tratando como criança".
- O médico diz: "Não encontramos nada de errado com você". O paciente pensa: "Você não se importa comigo".
- O atendimento ao cliente diz: "O motivo pelo qual sua encomenda ainda não chegou foi...". O cliente pensa: "Você não pode nem reconhecer o erro?".
- Um político diz: "A economia está crescendo mais do que nunca". O eleitor pensa: "Para de falar comigo como se eu fosse um idiota". (Na verdade, uma das maneiras como os políticos se equivocam em relação ao eleitorado é subestimando até que ponto os eleitores se sentem em desvantagem em relação a eles. Políticos podem ficar tão absorvidos pelo conteúdo de seus debates que não prestam atenção suficiente às relações subjacentes.)

As regras da discussão produtiva

Quando um debate se torna volátil e disfuncional, com frequência é porque alguém na conversa sente que não está tendo o reconhecimento que merece. Isso ajuda a explicar a predominância do temperamento ruim nas redes sociais, que às vezes pode parecer com uma competição por atenção. Qualquer pessoa pode conseguir curtidas, retuítes ou novos seguidores no Twitter, no Facebook ou no Instagram — em teoria. Mas, embora haja exceções, é bastante difícil para pessoas que não são celebridades conseguir um número relevante de seguidores. Ludibriados pela promessa de *status* elevado, os usuários ficam irritados quando isso lhes é negado. Em 2016, pesquisadores da Universidade do Sul da Califórnia se propuseram a quantificar esse fenômeno. Focando o Twitter, eles definiram uma amostra aleatória de cerca de 6 mil usuários e monitoraram sua atividade ao longo de um mês. Descobriu-se que os 20% maiores usuários do Twitter "têm" 96% de todos os seguidores, 93% de todos os retuítes e 93% de todas as menções. Também foi identificado um efeito "ricos ficam mais ricos e pobres ficam mais pobres", ou seja: usuários que já têm muitos seguidores têm mais chances de ganhar mais; usuários que recebem pouca atenção têm mais chances de perder seguidores.

As redes sociais *parecem* dar a todo mundo chances iguais de ser ouvido. Na verdade, são pensadas para recompensar uma pequena minoria com muita atenção, enquanto a vasta maioria recebe muito pouca. É um sistema injusto.

Até aqui, falamos sobre um aspecto da questão da fachada: *status*. Há outro, no entanto, intimamente relacionado a esse, mas distinto, que não trata de como se sentem, mas de quem sentem que são.

• • •

Preserve a fachada

Tendo servido a Constand Viljoen uma xícara de chá cuidadosamente preparada, Mandela entrou no assunto. Ele apontou para Viljoen que, se seus respectivos lados fossem à batalha, as forças de Viljoen não tinham como derrotar as do governo, mas poderiam causar enorme estrago. Muitas vidas seriam perdidas de ambos os lados, e não haveria um vencedor claro. Era do interesse de ambos chegar a um acordo. Viljoen não discordou.

Então Mandela o surpreendeu pela segunda vez. Ele começou a falar sobre seu respeito pelo povo africâner — o mesmo povo que o havia tachado de terrorista e traidor, aprisionado por décadas, destruído sua vida familiar e oprimido outros negros. Disse que os africâneres haviam feito muitos danos a ele e a seu povo, mas que ainda acreditava em sua humanidade. Mandela afirmou: "Se o filho do empregado [negro] da fazenda de um africâner ficava doente, o africâner o levava para o hospital, ligava para ver como ele estava e levava os pais para vê-lo".

Não temos como saber se Mandela realmente acreditava no que dizia sobre os africâneres, mas Viljoen certamente não duvidou de sua sinceridade. A franqueza de Mandela sobre os danos que os africâneres haviam lhe feito deixou Viljoen mais convencido de que falava sinceramente. Outro fator contribuiu também — Mandela falou com ele, naquele momento e em suas reuniões subsequentes, não em inglês, mas em africâner.

Pessoas que estão acostumadas a ficar do lado mais fraco de uma relação de poder muitas vezes aprendem a ler muito bem as outras. Elas calibram o nível do relacionamento das conversas, para transformar sua compreensão psicológica em influência. Se Mandela se saía excepcionalmente bem lendo os outros, isso se devia pelo menos em parte ao fato de que havia passado muitíssimo tempo tentando descobrir como conseguir o que queria a partir de uma posição de impotência. Na prisão, ele transformava guar-

139

As regras da discussão produtiva

das brancos em aliados e em alguns casos em amigos próximos, com o intuito de conquistar algumas liberdades em cativeiro. Um dos modos como conseguia isso era fazendo com que vissem que ele os respeitava *como africâneres*.

Uma das primeiras tarefas que Mandela se propôs na prisão foi aprender a língua de seus captores. Alguns de seus colegas prisioneiros políticos se decepcionaram com ele por conta disso. Para eles, era como ceder ao inimigo; para Mandela, que estava pensando muito adiante, era uma maneira de cooptar seus opressores. Ele também estudou a história africâner, incluindo as façanhas de seus heróis de guerra. Leu romances e poesia africâner. Não se tratava de um truque. Mandela acreditava genuinamente que os africâneres eram sul-africanos e pertenciam à mesma terra que ele. Também acreditava que um dia poderiam ser persuadidos a concordar com ele.

Pelo menos desde seus primeiros dias em cativeiro, Mandela havia decidido que os sul-africanos negros não ganhariam sua liberdade através do combate: só chegariam à democracia pelo diálogo. Aquilo significava conversar com os governantes brancos do país, e para ser bem-sucedido nisso Mandela se deu conta de que teria que ensiná-los a não o temer nem odiá-lo. Ele teria de criar o adversário que queria. Aquilo significava reassegurá-los de que sua identidade não estava ameaçada.

Nos meses que se seguiram ao primeiro encontro dos dois, Mandela tentou convencer Viljoen e seus aliados a abandonar as armas e participar do processo democrático. Ele fez um gesto em particular que contribuiu muito para convencer Viljoen a se render à sua causa. O hino nacional sul-africano era uma canção de conquista africâner. Agora que o *apartheid* estava sendo desmantelado, a maior parte dos líderes do CNA queria substituí-lo por seu próprio hino de libertação. Mandela discordava. Pisar em tamanho símbolo de orgulho africâner seria um grave erro.

Mandela propôs uma solução estranha, mas possível: ambos os hinos seriam tocados em ocasiões oficiais, um depois do outro. Foi uma concessão política substancial? Não, foi apenas um gesto — mas um gesto poderoso. Era outra maneira de Mandela reassegurar que Viljoen nunca precisaria renunciar a quem ele era.

• • •

Elisa Sobo, professora de antropologia na San Diego State University, entrevistou pais antivacina. Por que aquelas pessoas, muitas delas inteligentes e com alto nível educacional, ignoram a recomendação médica geral, baseada na ciência? Sobo concluiu que, para aqueles indivíduos, a oposição à vacina não trata apenas de crença, mas de um "ato de identificação" — ou seja, está mais relacionado a querer fazer parte de um grupo do que a não querer tratamento, tal qual "tatuar o símbolo de uma gangue, usar aliança e casamento, maratonar uma série de TV popular". A recusa "tem mais a ver com quem a pessoa é e com que se identifica do que com quem a pessoa não é e com quem se opõe". Sobo aponta que isso também é verdade quanto a quem é *a favor* da vacina: nosso desejo de ser associados à visão dominante na medicina é um modo de sinalizar quem somos. É por isso que discussões entre esses dois lados podem logo se tornar choques de identidade.

William Donohue, que estuda o assunto há décadas, me disse que, em geral, o que leva as pessoas a conflitos destrutivos é uma disputa quanto a quem são. "Já vi isso em tomadas de reféns, na política, em discussões conjugais. *Você* não sabe de nada, *você* tem problemas, *você* é insensível. Uma pessoa sente que a outra está atacando quem ela é e, para se defender, ataca de volta. Isso vai ganhando grande proporção."

Que nossas opiniões estejam relacionadas à ideia que fazemos

As regras da discussão produtiva

de nós mesmos não é necessariamente algo ruim, como vimos antes, mas algo de que precisamos ter consciência quando tentamos convencer alguém a fazer qualquer coisa não quer fazer, seja parar de fumar, adaptar-se a uma nova prática de trabalho ou votar no nosso candidato. Nosso objetivo deveria ser afastar a opinião ou ação contestada da noção de eu da pessoa — reduzir a relação com a identidade. Aquele que é hábil em discordar encontra um modo de ajudar o adversário a concluir que pode dizer ou fazer algo diferente e ainda ser ele mesmo.

Uma maneira de fazer isso é ter uma discussão sem público. Em 1994, depois de um ataque armado a uma clínica de aborto em Boston, a filantropa Laura Chasin estabeleceu contato com seis ativistas da causa, três contra o aborto e três a favor, e pediu que se reunissem em segredo para ver se podiam chegar a algum tipo de acordo. Por mais difícil e doloroso que fosse, as seis mulheres continuaram se encontrando clandestinamente ao longo de anos. A princípio, a posição de cada uma delas se fortaleceu e ninguém mudou de ideia em questões fundamentais. Com o tempo, conforme passaram a se conhecer melhor, elas também se tornaram mais capazes de refletir, se comunicar e negociar de maneira menos restrita e simplista. É interessante notar que, no primeiro encontro dos dois, Mandela pediu para ficar a sós com Viljoen. Quanto menos as pessoas se sentirem compelidas a manter sua posição diante de aliados, mais flexíveis elas sentem que podem ser.

Os mesmos princípios se aplicam a conflitos no ambiente de trabalho. Diante dos colegas, as pessoas têm maior probabilidade de focar em como querem ser vistas, e não na maneira certa de resolver o problema. Se ser visto como competente é importante para mim, posso reagir com raiva a qualquer desafio ao meu trabalho. Se quero ser visto como legal e cooperativo, posso me segurar para não expressar minha oposição a uma proposta em termos fortes o bastante para que outras pessoas fiquem sabendo dela. É por isso que, quando uma conversa difícil no trabalho surge, os envolvidos com frequência propõem "levá-la para o *off-line*". A frase costumava significar apenas uma discussão cara a cara, mas agora implica algo como "Vamos levar essa conversa difícil para um lugar onde arriscamos menos nossa posição".

Levar uma discussão para o *off-line* pode funcionar, mas só deveria ser visto como a segunda melhor opção. Significa que o problema em mãos será exposto ao escrutínio de menos gente e, portanto, os benefícios serão menores que os de uma discussão aberta. A melhor maneira de expor as identidades a um risco menor é criar uma cultura de trabalho em que as pessoas *não sentem muita necessidade de proteger sua fachada*; uma cultura em que opiniões diferentes são explicitamente encorajadas, erros são esperados, regras de conduta são compreendidas e todo mundo confia que todos se importam com o objetivo coletivo. Então realmente é possível ter uma discussão franca.

Ainda assim, na maior parte das discordâncias, a fachada é algo que se quer preservar, e, embora não ter um público seja uma maneira de reduzir os riscos para as identidades, outra maneira é respeitar a fachada — afirmar a imagem ideal que seu adversário tem de si mesmo, como Mandela fez com Viljoen. Quando você me mostra que acredita em quem eu sou e em como quero ser visto, faz com que rever minha posição seja mais fácil para mim. Sendo benevolente, você pode despersonalizar a discordância.

Às vezes, fazer isso pode ser tão simples quanto fazer um elogio no momento em que seu adversário estiver mais vulnerável. Jonathan Wender, o ex-policial que é um dos fundadores da Polis Solutions, escreveu um livro no qual aponta que o ato da prisão pode constituir um momento de humilhação para o suspeito. Wender defende que, quando realiza uma prisão, a polícia deve se esforçar ao máximo para que a pessoa que está sendo presa se sinta melhor em relação a si mesma. Ele dá o exemplo de quando prendeu um homem que chama de Calvin, suspeito de agressão violenta:

O policial e eu pegamos um braço de Calvin cada um e lhe dissemos que ele estava preso. Calvin começou a se debater e estava claramente pronto para lutar. Dada sua estatura e seu histórico de violência, queríamos evitar um conflito, que inevitavelmente deixaria feridos. Eu [...] disse a Calvin: "Olha, você é grande demais pra gente".

Wender também escreveu: "Policiais podem evitar uma briga em potencial ao [...] afirmar a dignidade do suspeito, principalmente em público". Como vimos, é do interesse da polícia fazer com que a pessoa que está sendo presa se sinta bem, ou menos pior, consigo mesma, assim como era do interesse de Mandela afirmar a dignidade de Viljoen. Isso é senso comum — ou pelo menos deveria ser. É impressionante a frequência com que as pessoas erram ao se envolver no que parece uma briga de cachorro: tendo atingido a posição dominante, acabam com seu adversário, ferindo-o pessoalmente. Ao fazerem isso, podem sentir uma satisfação passageira, mas também criam o adversário que não querem.

Pessoas feridas são perigosas. Em Memphis, Mike O'Neill, treinador da Polis, contou à turma que, quando era policial, via oficiais batendo em suspeitos já algemados, às vezes na frente de amigos ou familiares deles. Aquilo não era apenas errado, O'Neill disse, mas também tolo: o ato de humilhar alguém sendo preso "pode levar à morte de seus colegas". Seguiram-se murmúrios sérios em concordância. Suspeitos que haviam sido humilhados não esqueciam aquilo e, muitas vezes, procuravam maneiras de se vingar da polícia — de qualquer membro da polícia —, mesmo que

Preserve a fachada

anos depois. Esse é um padrão familiar para quem estuda história. A humilhação prejudica a quem humilha e àqueles associados a ele. Em um estudo de dez crises diplomáticas internacionais, os cientistas políticos William Zartman e Johannes Aurik descreveram como, quando nações mais fortes exercem seu poder sobre países mais fracos, estes cedem no curto prazo, mas procuram maneiras de retaliar mais adiante.

Imagine se Mandela tivesse abordado a conversa com Viljoen do mesmo modo que abordamos nossas atuais discussões em público. Em primeiro lugar, ele teria atacado a identidade de Viljoen: diante do maior número de pessoas possível, ele o teria chamado de supremacista branco com sangue nas mãos. Então teria explicado, em tom agressivo, por que o antigo general precisava se desarmar e aceitar os termos de Mandela, já que era a única possibilidade em termos morais e práticos. Mandela estaria totalmente justificado se fizesse tal coisa; ele estaria certo em todos os sentidos. Mas como você imagina que Viljoen teria reagido?

A política norte-americana Alexandria Ocasio-Cortez descreveu como ter uma conversa com alguém de quem se discorda totalmente. Não é preciso estar alinhado a ela politicamente para ver que se trata de um bom conselho:

Tenho um mentor. Um dos melhores conselhos que ele me deu foi: "Sempre permita que a pessoa possa se retirar por um portão de ouro". Ou seja, dê corda o bastante para a pessoa, tenha compaixão, dê oportunidades para que ela possa fazer uma boa figura ao mudar de ideia numa conversa. Isso é algo muito importante, porque, se você ficar apenas no "Ah, você disse isso! Você é racista!", força a outra pessoa a dizer "Não, não sou", e por aí vai. Não tem portão de ouro da retirada nesse caso. A única saída é passar direto por cima da opinião contrária.

145

As regras da discussão produtiva

Quando estamos discutindo com uma pessoa, devemos pensar em como ela pode mudar de ideia e sair por cima — mantendo ou mesmo incrementando a fachada — ao mesmo tempo. Muitas vezes, é bem difícil fazer isso no momento da disputa, quando opinião e fachada estão ainda mais intimamente ligadas que antes ou depois (a escritora Rachel Cusk define uma discussão como "uma emergência de autodefinição"). No entanto, ao demonstrar que ouvimos e respeitamos o ponto de vista do interlocutor, aumentamos a probabilidade de que em algum momento mais adiante ele venha a mudar de ideia, como no caso anteriormente mencionado da pessoa que se tornou pró-vacina. Se e quando isso acontecer, devemos evitar repreender nosso interlocutor por não ter concordado conosco desde o começo. É impressionante a frequência com que pessoas em debates polarizados fazem isso, o que não facilita a mudança de lado. Devemos nos lembrar de que essas pessoas foram capazes de algo que nós mesmos não fomos: mudar de opinião.

• • •

Seis meses depois daquela primeira xícara de chá com Mandela, Viljoen tomou a decisão mais difícil de sua vida, como ele mesmo a descreveu, e ordenou que seus seguidores depusessem suas armas. Pouco depois, anunciou que não apenas não atrapalharia as eleições democráticas que estavam por vir como participaria delas. Sem receber nenhuma concessão política em troca, Viljoen dera sua bênção ao processo político que, dez meses antes, havia jurado combater até a morte. Mandela foi capaz de transformar seu mais formidável inimigo em um adversário de quem podia discordar pacificamente.

É impossível não admirar a astúcia e a habilidade de Mandela em lidar com um inimigo poderoso que ele precisava convencer (e

Preserve a fachada

parte de sua astúcia foi perceber que precisava convencê-lo). Mas Viljoen também merece crédito. Ele foi capaz de uma mudança profunda e dolorosa em sua mentalidade. Abandou sua posição original e aceitou que sul-africanos negros eram seus concidadãos e Mandela podia ser seu líder. Depois, teve que convencer seu próprio lado disso, colocando sua fachada em enorme risco. O que Mandela fez foi ajudar Viljoen a perceber que ele não precisava desistir de sua identidade. Podia ser parte da nação e continuar sendo orgulhosamente quem era: um africâner, um veterano militar, um cidadão sul-africano.

Nelson Mandela foi empossado presidente em maio de 1994. Um novo parlamento foi formado, refletindo a diversidade racial da África do Sul, com dois terços dos novos representantes negros. O próprio Viljoen foi eleito, e seu partido garantiu nove cadeiras na eleição. John Carlin, que estava presente na posse, viu Mandela entrar na câmara que antes havia sido apenas para brancos e quase que só para homens e agora incorporava a diversidade da África do Sul. Carlin notou algo em particular: Viljoen olhava fixo para Mandela, em transe.

Doze anos depois, Carlin comentou com Viljoen que o que ele tinha visto em seu rosto naquele dia era um respeito profundo e até mesmo afeto. Viljoen, que ficava desconfortável com expressões de sentimentos, respondeu, seco: "Sim, pode-se dizer isso". Depois se lembrou de algo. "Mandela entrou e me viu, então veio até mim, o que não deveria fazer, de acordo com o protocolo parlamentar. Ele tinha um grande sorriso no rosto e apertou minha mão, dizendo como estava feliz em me ver ali." Uma voz gritara da galeria: "Dá um abraço nele, general!". Carlin perguntou a Viljoen: "E o senhor deu?". "Sou um militar, e ele era meu presidente", Viljoen disse. "Apertei sua mão e fiquei em posição de sentido."

8. Fique de olho nas suas esquisitices

Por trás de muitas discordâncias, há um choque de culturas que parecem estranhas umas às outras. Não presuma que a sua é a normal.

Schneider: Desde que eu era muito pequeno, como você, eu sempre olhei para as estrelas e me perguntei o porquê, pra onde vamos, como chegamos aqui, do que se trata tudo isso.
FBI: Sim.
Schneider: Por que essa terra é um cemitério? Tudo morre aqui, plantas, pessoas, animais, seis mil anos de desgraça e história humana. Temos um pouquinho de prazer, mas nunca ficamos satisfeitos e plenos, parentes são tirados da sua vida, amigos, acidentes. O que está acontecendo, meu Deus?
FBI: Sim.
Schneider: Quem é você, Deus? Eu nunca considerei conhecer Deus. Tentei, segui a rotina cristã pela maior parte da minha vida e sinceramente, tipo, nunca conheci Deus de verdade, mas sempre quis conhecer.
FBI: Uh-hum.
Schneider: Sei que tem algo em um livro muito lógico e, claro, esse homem também abriu portas para muitas ciências profundas, física, astronomia, e não muita gente tem ouvido sobre essas coisas recentemente [...]
FBI: Acabaram de me entregar um bilhete dizendo que David deu uma entrevista no rádio. Como ele está se sentindo com suas feridas?

Fique de olho nas suas esquisitices

Na manhã de 28 de fevereiro de 1993, um domingo, cerca de oitenta agentes armados das forças de segurança entraram em uma vasta propriedade perto da cidade de Waco, no Texas, conhecida como rancho Monte Carmelo. Eram agentes da Agência de Álcool, Tabaco, Armas de Fogo e Explosivos (ATF, na sigla em inglês), que investiga crimes envolvendo armas ilegais. Eles tinham um mandado de prisão para Vernon Wayne Howell, também conhecido como David Koresh, líder de uma comunidade religiosa que vivia no rancho, conhecida como Ramo Davidiano. Os agentes tinham razões para acreditar que o grupo havia acumulado um grande estoque de armas ilegais.

A ATF havia recebido informações de que Koresh nunca deixava o complexo, portanto, decidiram que a única maneira de prendê-lo era chegar de surpresa. Mas alguém alertou o Ramo Davidiano, que se preparou para se defender. Teve início um intenso tiroteio, no qual seis residentes de Monte Carmelo e quatro agentes da ATF foram mortos. Koresh foi ferido, mas sobreviveu. Quem negociou o cessar-fogo foi o subxerife local, Larry Lynch.

No dia seguinte, o FBI assumiu a situação, cercou Monte Carmelo e exigiu que Ramo Davidiano se rendesse pacificamente e encarasse a Justiça. Os membros da comunidade se recusaram a fazê-lo, então teve início um cerco. O FBI reuniu o que talvez tenha sido a maior força militar para ser usada contra civis em território norte-americano. Dez Bradleys — veículos de combate blindados — foram levados para dentro do rancho. Além do pessoal do exército e das forças de segurança, um total de 899 oficiais do governo acorreram para Monte Carmelo. Enquanto isso, a equipe tática do FBI tornava as condições tão desconfortáveis quanto possível para o Ramo Davidiano. As linhas telefônicas e a energia do rancho foram cortadas. À noite, o lugar era inundado de luzes e música alta vinda de alto-falantes potentes.

As regras da discussão produtiva

Os melhores negociadores do FBI, treinados para aquele tipo de situação — um cerco — foram trazidos de todo o país. A equipe se estabeleceu em um hangar de aviões ali perto, com acesso à única linha telefônica que restava em Monte Carmelo. A conversa com os líderes da comunidade se estendeu por 51 dias. As transcrições, que depois foram publicadas na íntegra, são um registro único de uma negociação dolorosamente difícil. Lê-las é testemunhar as conversas de duas partes por um longo período quase sem se comunicar. O trecho que apareceu anteriormente é de uma conversa entre Steve Schneider, amigo mais próximo e assistente de David Koresh, e um negociador não nomeado do FBI. O negociador não parece interessado nas ruminações de Schneider sobre o sentido da vida, e só participa da conversa quando encontra um motivo para voltá-la ao que considera seu propósito.

Os negociadores do FBI foram, em sua maioria, profissionais e meticulosos ao seguir o procedimento-padrão. Procuraram demonstrar respeito pelos davidianos, oferecer-lhes opções razoáveis e desenvolver um relacionamento. Eles chegaram a receber conselhos de psicólogos sobre como lidar com diferentes tipos de personalidades. Em resumo, fizeram tudo como mandava o figurino. Mas faltava um capítulo crucial nele.

• • •

O linguista Richard Lewis foi um dos primeiros acadêmicos a se voltar à importância das diferenças culturais em uma negociação. Quando pessoas de países diferentes se reúnem para firmar um acordo de negócios ou político, usar uma língua em comum não é garantia de que um lado vai entender o outro. Quando negociações transculturais degeneram em confusão e aspereza, isso muitas vezes não se deve às discordâncias entre as partes, mas ao fato de cada uma delas estar envolvida em um tipo de conversa diferente. Lewis apontou que, antes de negociar com um italiano, deve-se procurar compreender o que é uma negociação para um italiano. O linguista chegou a construir diagramas de como diferentes nacionalidades negociam. Eis alguns deles:

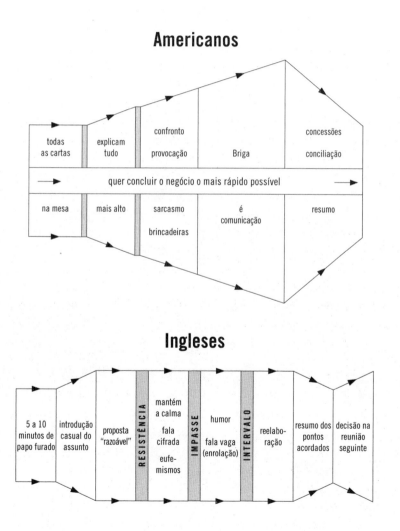

As regras da discussão produtiva

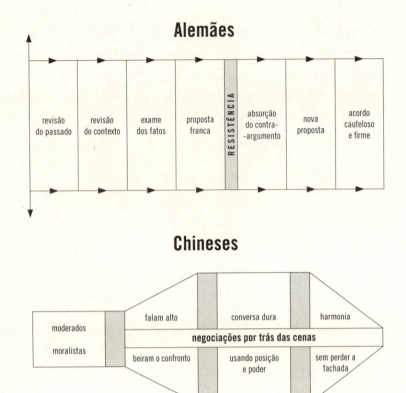

Os modelos de Lewis não são baseados em pesquisa empírica quantitativa; são uma mistura de suas próprias observações e sua experiência no uso da linguagem. Mas sua conclusão essencial é importante: a menos que dedique um tempo a compreender a visão de mundo e a cultura da outra parte, você provavelmente não compreenderá adequadamente o que ela está dizendo ou quais são suas motivações. Se uma americana não compreende por que um alemão com quem está falando não embarca em seu papo furado, talvez pense que ele é arrogante e rude — e quase tão ruim quanto aquele inglês terrivelmente vago e irreverente. Um chinês pode interpretar a impaciência americana de colocar as coisas para andar como agressividade. Um inglês pode subestimar o desejo de um

Fique de olho nas suas esquisitices

alemão de seguir as regras e considerar que ele está apenas sendo difícil. E todo mundo sempre subestima a paixão dos franceses pela discussão.

Culturas moldam nosso comportamento e o que dizemos, motivo pelo qual tentar ter uma conversa difícil com alguém sem saber de onde vem — cultural e pessoalmente — tende a fracassar. Os agentes do FBI que operavam em Waco tinham sido treinados para negociar com norte-americanos, não chineses ou alemães; a ideia de que precisavam reservar um tempo para compreender a perspectiva cultural de um grupo de compatriotas dificilmente teria lhes ocorrido. Mas cultura não é apenas uma questão de país.

• • •

O cerco de Waco evoluiu rapidamente para uma crise nacional e um evento internacional. Jornais de todo o mundo se banqueteavam com aquela história irresistível: pessoas que haviam sofrido lavagem cerebral e o líder carismático de um culto religioso desafiavam o poder do governo norte-americano. Rumores assustadores se proliferavam. Dizia-se que David Koresh tinha mais de cem esposas que obedeciam a todas as suas ordens e que ele controlava a mente de seus seguidores. Para o mundo exterior, Koresh era claramente um charlatão que havia hipnotizado um grupo de pessoas inocentes de modo que satisfizessem sua sede de poder, sexo e glória. No âmbito privado, os negociadores do FBI compartilhavam da visão do público. Um deles mais tarde escreveu que Koresh estava "tão próximo do mal puro quanto qualquer ser humano de quem já tinha ouvido falar. Ele era insidioso, calculista, egocêntrico, charmoso e um completo sádico".

Os objetivos do FBI eram claros: tirar todo mundo do rancho e evitar mais violência. Só que ninguém estava muito certo do que

As regras da discussão produtiva

o Ramo Davidiano queria. Alguns especulavam que se preparavam para o Fim dos Tempos e planejavam invadir a cidade mais próxima e matar todo mundo que encontrassem, ou apenas matar a si mesmos.

A princípio, uma resolução rápida parecera possível. Os líderes davidianos concordaram em entregar dezenove crianças que estavam no rancho. Mas depois desse avanço inicial a negociação entrou em um impasse torturante. Noventa e oito pessoas continuavam ali, 23 delas crianças (incluindo os filhos de Koresh). Um dos obstáculos era o fato de o FBI considerar aquilo sequestro, enquanto Koresh e os outros davidianos insistiam que todo mundo estava ali voluntariamente.

FBI: O que estou dizendo é que, se você conseguisse fazer um acordo para todos saírem daí, você poderia...
Koresh: Não vou dizer a eles o que fazer. Nunca disse e nunca direi. Eu só lhes mostro através do livro o que Deus ensina. Cabe a eles decidir.

Em determinado ponto, o FBI pediu que os davidianos fizessem gravações das pessoas dentro do rancho para poder confirmar que estavam todos bem. Os davidianos ficaram felizes em fazer aquilo. Os vídeos incluíam mulheres explicando, com aparente autenticidade, que moravam em Monte Carmelo porque gostavam. O próprio Koresh aparecia e perguntava por que a ATF não o havia detido "à beira da estrada" um dia, em vez de apontar armas para as mulheres e as crianças de Monte Carmelo. O FBI não liberou as gravações para o público.

O FBI continuava a acreditar que estava lidando com pessoas crédulas que eram controladas por um psicopata. Os davidianos pensavam neles mesmos como pessoas inteligentes e espiritualizadas, que haviam escolhido viver em uma comunidade que não

Fique de olho nas suas esquisitices

se conformava às normas sociais. Os dois lados também tinham ideias radicalmente diferentes sobre que tipo de conversa estava sendo conduzida. Para os negociadores do FBI, tratava-se de um exercício de pragmatismo. Seu objetivo era tirar toda a emoção da conversa e entrar no processo de negociação: *Você me dá isso e eu te dou aquilo*. Os davidianos não estavam interessados em negociar. Como Schneider na abertura do capítulo, eles queriam falar sobre Deus, as Escrituras e o significado da existência. Sempre que ofereciam uma interpretação religiosa dos eventos, Koresh e os outros eram basicamente ignorados. O FBI continuava tentando levar a conversa de volta ao que acreditava que era a verdadeira questão, só que para os davidianos Deus *era* a verdadeira questão.

Logo no começo, o FBI e Koresh fizeram um acordo em que os davidianos deixariam Monte Carmelo se uma mensagem dele fosse transmitida em rede nacional pelo rádio. A transmissão foi feita, mas depois Koresh disse aos negociadores que Deus o havia mandado esperar. Os negociadores começaram a pressioná-lo por causa do que viam como um compromisso pessoal.

FBI: Certo. Eu preciso saber: você vai cumprir sua promessa? O que está planejando fazer?
Koresh: Me deixe explicar. No versículo dois...
FBI: Eu já sei. Agora, por favor, me diga o que vai fazer.
Koresh: Estou tentando dizer. Por favor, veja o versículo dois de Naum.
FBI: Não vamos entrar nessa questão, por favor.
Koresh: Não. Então você não entende minha doutrina.

As conversas muitas vezes pareciam uma disputa entre pais e filhos adolescentes. Os negociadores usavam um tom paternalista e apenas fingiam levar a sério as menções dos davidianos a Deus.

As regras da discussão produtiva

Os davidianos percebiam que estavam sendo tratados com condescendência e resistiam ainda mais. Um motivo comum para negociações e discordâncias de qualquer tipo darem errado é não haver esforço de um lado, ou de ambos os lados, para ver as coisas da perspectiva do outro. Isso pode exigir não apenas levar em conta outra opinião, mas considerar toda uma visão de mundo divergente — independentemente de quão bizarra lhe pareça — tão rica e real quanto a sua.

• • •

Em 1934, Victor Houteff, imigrante búlgaro e adventista do sétimo dia desiludido, formou uma comunidade perto de Waco para aguardar a segunda vinda de Cristo. O grupo, que depois ficou conhecido como Ramo Davidiano, construiu um rancho que chamou de Monte Carmelo. Os davidianos eram parte da tradição cristã norte-americana do milenialismo, a mesma dos mórmons e das testemunhas de Jeová. Milenialistas acreditam que uma leitura atenta da Bíblia oferece pistas específicas de quando e como acontecerão o Segundo Advento e o fim do mundo, e muitas vezes confiam em indivíduos específicos, que são considerados mensageiros de Deus, para interpretar essas pistas. Os davidianos prestavam especial atenção às passagens do Livro da Revelação que sugeriam que uma figura misteriosa conhecida como Cordeiro de Deus um dia abriria os Sete Selos, um livro que Deus segura em sua mão direita, anunciando o retorno do Messias e o Fim dos Tempos.

Em 1981, um jovem de 23 anos, de cabelo comprido, que havia largado a faculdade e tocava guitarra, chamado Vernon Howell chegou a Monte Carmelo em um Buick amarelo e pediu para se juntar à comunidade. Howell era carismático de um jeito pouco convencional, falava de maneira tranquila mas intensa, e tinha um

Fique de olho nas suas esquisitices

senso de humor afiado e um conhecimento tão incrivelmente detalhado das Escrituras que era capaz de passar horas recitando-as. Quando Howell abria a Bíblia, todos se reuniam em volta dele, em expectativa. Desalinhado em suas camisetas e tênis manchados de graxa, devido ao fato de que adorava mexer nos carros na oficina, ele embarcava em sessões de contação de histórias que podiam se estendem por até doze horas seguidas. Howell começava de maneira informal e retraída, mas gradualmente subia o tom e atingia picos de intensidade. Como um observador notou: "Quando ele lia as Escrituras, era como se de fato participasse dos eventos".

Howell logo assumiu a liderança espiritual do grupo e mudou seu nome para David Koresh — por causa do rei bíblico Davi e do antigo rei persa Ciro. Koresh convenceu a comunidade de Monte Carmelo de que *ele* era o Cordeiro de Deus — o escolhido para abrir caminho para o Messias. Ele contou ao grupo que os escolhidos de Deus logo enfrentariam uma terrível batalha contra as forças de Satã, representadas pelas Nações Unidas e lideradas pelo governo dos Estados Unidos. No entanto, os davidianos não eram hostis ao mundo exterior. Eles costumavam ser vistos em Waco, cuja população os considerava excêntricos, mas inofensivos. Um membro da comunidade tinha um escritório de advocacia na cidade. O próprio Koresh às vezes ia à cidade ou até fazia viagens para outros países, incluindo o Reino Unido, onde conseguiu recrutar novos membros de igrejas negras. Uma pessoa que se juntou ao Ramo Davidiano por volta dessa época se lembra de Monte Carmelo como um lugar "aberto e amistoso".

Os cerca de cem membros da comunidade incluíam pessoas do México, da Austrália, Nova Zelândia, Filipinas e do Canadá. Alguns eram pobres, outros eram ricos, uns tinham alto nível educacional — o advogado, um afro-americano chamado Wayne Martin, tinha se formado em Harvard.

As regras da discussão produtiva

O Ramo Davidiano era ao mesmo tempo mais "normal" e mais estranho do que o FBI imaginava. O objetivo da comunidade era viver segundo regras diferentes daquelas do resto da sociedade. Koresh, que era casado com uma davidiana, tinha inúmeras "esposas espirituais" na comunidade de Monte Carmelo e teve mais de uma dúzia de filhos, supostamente com o intuito de criar uma dinastia que governaria o mundo depois do retorno de Cristo. Tais "esposas" incluíam companheiras de alguns de seus seguidores e pelo menos uma menor de idade (a irmã mais nova da mulher com quem ele havia se casado legalmente). A maior parte de nós consideraria isso moralmente repulsivo. Dentro da comunidade, no entanto, a conduta sexual de Koresh era vista como seguidora dos ensinamentos bíblicas (embora fosse a principal fonte de atrito dentro do grupo). Os davidianos não veneravam Koresh nem acreditavam que fosse uma divindade. Koresh era apenas aquele através de quem Deus havia escolhido falar. Quando ele e os davidianos disseram que estavam esperando para descobrir o que deviam fazer a seguir, estavam falando sério.

O FBI compreendia que o Ramo Davidiano tinha um sistema de crenças próprio. O que eles não conseguiam aceitar era que seus membros de fato acreditassem nele. Essa falha estava ligada a outra, ainda mais fundamental: o FBI não conseguia enxergar sua *própria* cultura.

Em Monte Carmelo, os dois lados dialogavam em meio a uma divisão cultural. Um lado se considerava racional e analítico, enquanto o outro acreditava que vivia de acordo com ordens bíblicas. Mas o Ramo Davidiano demonstrava maior compreensão do FBI do que o FBI demonstrava do Ramo Davidiano. É possível ter uma ideia disso nesta breve troca entre um negociador do FBI e o tenente representante de Koresh, Steve Schneider:

FBI: Mas isso [esperar a palavra de Deus] não foi o que acordamos, Steve.
Schneider: Eu compreendo. Sei que você não acredita que há um poder sobrenatural capaz de literalmente falar com uma pessoa.
FBI: Não.

O tom do FBI é típico da burocracia profissional, o que para seus membros pode parecer normal, mas era muito diferente da maneira como os davidianos pensavam ou falavam. O resultado foi um vaivém infinito e frustrante, cujos lados não concordavam quanto ao tema da conversa ou quanto a como conduzi-la. Na troca a seguir, Koresh aponta que o FBI tem seus próprios deuses e que, a menos que ambos os lados reconheçam que têm uma visão de mundo bastante particular, um não ouvirá o outro.

FBI: Resumindo, é você que vai ouvir a voz de Deus, certo?
Koresh: Isso, eu vou ouvir a voz de Deus e você vai ouvir a lei, seu sistema.
FBI: Estou ouvindo você também.
Koresh: Não é verdade. Você só está *me* escutando, e eu estou escutando *você*.

Quando os guias de negociação cobrem diferenças culturais, em geral recomendam aprender algo sobre a outra cultura. É um bom começo, mas você deve estar ciente de que também tem sua cultura, o que é difícil de fazer quando se acredita que a própria visão de mundo não é uma visão de mundo, e sim o modo natural de ver as coisas. Enxergar sua própria cultura não é apenas um desafio para negociadores profissionais, mas para todo mundo que interage com pessoas com visões de mundo diferentes da sua. Todos temos nossos deuses, que parecem inteiramente normais para nós.

As regras da discussão produtiva

• • •

Quando era estudante de pós-graduação em antropologia na UCLA, Joe Henrich viajou para selvas do Peru com o intuito de realizar trabalho de campo com os Machiguengas, um povo indígena da bacia amazônica. Henrich conduziu um experimento comportamental usado por economistas ocidentais para testar o instinto de justiça das pessoas. Ele esperava descobrir que, mesmo em uma cultura isolada como aquela, as pessoas atuariam mais ou menos da mesma maneira que os ocidentais, uma vez que a suposição predominante entre os cientistas sociais era de que seres humanos compartilham da mesma programação psicológica. O experimento envolvia uma barganha em que os lados tinham que concordar em dividir certa quantia de dinheiro de maneira satisfatória para ambos. Quando o objeto de estudo eram estudantes norte-americanos, seu instinto de justiça fazia com que rejeitassem uma oferta baixa do outro, mesmo que aquilo implicasse que ficariam os dois sem nada. Só que os Machiguengas consideraram tal possibilidade absurda. Por que alguém recusaria o dinheiro oferecido?

Henrich teve de se perguntar se a suposição de universalismo de economistas e psicólogos não era profundamente enganosa. Ele liderou um estudo com catorze outras sociedades pequenas e isoladas, da Tanzânia à Indonésia, e descobriu que todas agiam de maneira diferente de americanos e europeus. Henrich e seus colaboradores acabaram revelando que toda uma gama de descobertas da psicologia, desde a consciência espacial até o raciocínio moral, se aplicava apenas a pessoas de países ocidentais industrializados. Esse trabalho culminou na publicação, em 2010, de um artigo intitulado "The Weirdest People in the World?" [O povo mais estranho do mundo]. "WEIRD" [estranho] era um acrônimo em inglês para ocidental, educado, industrializado, rico e democrático — rótulo que se aplica

Fique de olho nas suas esquisitices

a apenas 15% dos seres humanos. Henrich queria transmitir a ideia de que a mentalidade ocidental não era apenas diferente da mentalidade do resto do mundo, mas também profundamente estranha e interessante — e se havia uma tribo verdadeiramente exótica era a nossa, ocidental, e não a machiguenga. Até cientistas compreendem que não podem afirmar conhecer os seres humanos.

Pessoas com mentalidade WEIRD têm maior probabilidade de "punir" outras que parecem estar tentando enganá-las com uma oferta baixa porque vivem em sociedades em que desconhecidos com frequência fazem negócios juntos. Pessoas de sociedades mais fechadas, como a Machiguenga, veem a oferta como um presente que vem com algumas obrigações — no teste de Joe Henrich, por exemplo, os Machiguenga demonstraram maior propensão a rejeitar ofertas generosas que modestas. Quanto maior o presente, maior a obrigação. Pessoas com mentalidade WEIRD tendem a ser mais analíticas, a dividir situações em partes e atribuir-lhes categorias abstratas. Pessoas com uma mentalidade mais holística, como as do leste asiático, focam a *relação* entre as coisas e as pessoas, confiando mais na intuição para descobrir o que está acontecendo. Por exemplo, quando foi apresentado a participantes de um estudo um diagrama mostrando um cachecol, uma luva e uma mão e foi pedido que escolhessem os dois objetos mais intimamente relacionados, os ocidentais tenderam a escolher o cachecol e a luva, porque são ambos peças de inverno, enquanto aqueles que eram do leste asiático tenderam a escolher a mão e a luva, por causa da estreita ligação entre ambas.

Inspirado pelo trabalho de Henrich, o psicólogo cultural Thomas Talhelm conduziu testes como esse com grupos de norte-americanos progressistas e conservadores. Ele descobriu que os progressistas e os conservadores pensam como se fizessem parte de culturas completamente diferentes — "quase tão diferentes quanto Oriente e

As regras da discussão produtiva

Ocidente". Os progressistas têm uma mentalidade mais WEIRD que os conservadores: são mais analíticos e mais preparados para a abstração. Não é de admirar que americanos conservadores e progressistas tenham tantas discordâncias disfuncionais: eles encaram a realidade de maneiras fundamentalmente diferentes.

Embora ambos os lados considerem sua visão de mundo normal, sua incompreensão mútua não é simétrica. Jonathan Haidt, que é da área da psicologia política, conduziu um estudo nos Estados Unidos fazendo as mesmas perguntas sobre moral e política a progressistas e conservadores. Depois, pediu a progressistas que respondessem como conservadores e vice-versa. Os conservadores foram significativamente melhores em prever como os progressistas responderiam que o contrário.

"Conservadores compreendem melhor os progressistas que pessoas progressistas compreendem conservadores", Haidt concluiu.

• • •

O FBI havia concordado em enviar leite para as crianças de Monte Carmelo depois da liberação do primeiro grupo. Embora Koresh e a comunidade estivessem no aguardo, o leite não chegou, porque o FBI decidiu usá-lo como moeda de troca. Eles forneceriam leite apenas se mais crianças fossem liberadas. Kathryn Schroeder, do Ramo Davidiano, levantou a questão com um dos negociadores:

FBI: Só posso fornecer para vocês, só posso fornecer para vocês...
Schroeder: Se mais crianças saírem, o que não faz sentido.
FBI: Olha, eu, eu consigo o leite no lugar de duas crianças.
Schroeder: Você tem que conseguir o leite pelas duas crianças que saíram na sexta.

Fique de olho nas suas esquisitices

FBI: Kathy, acho que estamos desperdiçando nosso tempo, beleza? Coloque outra pessoa na linha.
Schroeder: Então tudo o que você quer, tudo o que você quer é negociar?
FBI: Kathy!
Schroeder: Você vai negociar com vidas humanas?

Se um tema exemplificou o problema da incompatibilidade cultural entre o FBI e o Ramo Davidiano, foi o do leite. O FBI falava das crianças como se fossem objetos que pudessem ser trocados, enquanto para os davidianos elas eram entidades sagradas. A discrepância não se devia ao fato de os negociadores do FBI serem desumanos — se o foco eram as crianças, era para que elas fossem colocadas em segurança. O problema era que os negociadores estavam presos a uma mentalidade tecnocrática. O FBI se via como racional; nunca imaginaria que poderia haver um tipo de racionalidade diferente no comportamento dos davidianos. Entre as crianças que restavam em Monte Carmelo estavam os filhos de Koresh, que eram considerados particularmente especiais porque teriam um papel importante a desempenhar no Fim dos Tempos. Eles, mais que quaisquer outras crianças, não podiam ser simplesmente trocados por leite.

Quando o negociador do FBI insistiu que sua principal preocupação era o bem-estar das crianças, Schroeder foi cética: "Você não parece muito preocupado com elas". "Ficarei feliz em conversar", ele respondeu, "se você for racional." De acordo com Jayne Docherty, autora de um livro muito perspicaz sobre as negociações de Waco, isso foi típico de como os negociadores homens do FBI se comportavam com as mulheres do Ramo Davidiano: eles sugeriam que elas eram emotivas demais para pensar direito. Em diferentes tipos de discordância, muitas vezes há uma parte que procura seguir as regras do jogo e outra que questiona essas regras. Um lado se vê como razoável, e o outro acredita estar sendo massacrado com toda a educação. Dor e raiva podem vir à tona em uma conversa aparentemente civil, passando despercebidas até irromper.

Deixando sua paciência cada vez menor com a conversa clara, o negociador do FBI repete sua proposta para Schroeder: "Libere as crianças e vai ter o leite [...]". Ele simplesmente não consegue entender por que ela não compreende aquela lógica. Mas não é que ela não compreenda: Schroeder resiste a ela, porque sente que está sendo pressionada.

Schroeder: Se eu, se eu não fizer isso... O que estou dizendo é que você está dizendo que não temos nada a dizer um ao outro, porque não concordo com seus termos. Isso... Tipo, quem é que está controlando a mente de quem aqui? Dave não está controlando minha mente. Você é que está tentando controlar minha mente.

O negociador insiste, até que Schroeder explode:

FBI: Estou disposto a entregar o leite... O que você está disposta a fazer para conseguir o leite? Essa é a pergunta. O que você está disposta a fazer?
Schroeder: Estou disposta a sair pelo portão e ser alvejada pelos seus Bradleys se tiver que fazer isso para conseguir o leite.

Houve dois momentos durante o longo embate em Monte Carmelo que sugeriram que uma conversa mais produtiva era possível. Um deles foi logo no começo, e outro foi perto do fim.

Três minutos depois de a ATF ter iniciado o cerco, Wayne Martin, o advogado davidiano, ligou em pânico para a emergência.

Fique de olho nas suas esquisitices

Quem atendeu o passou para o tenente Larry Lynch, que trabalhava com o xerife local:

Lynch: Sim, aqui é o tenente Lynch, como posso ajudar?
Martin: Tem setenta e cinco homens cercando nossa propriedade e atirando em nós em Monte Carmelo [...]. Diga que temos mulheres e crianças aqui e que eles precisam parar.

Lynch não estava esperando nenhum drama naquele dia. Sabia que a batida ia acontecer, mas não imaginava que a ATF pegaria tão pesado. Ele estava trabalhando naquele domingo porque esperava que os vizinhos de Monte Carmelo fossem ligar para expressar sua irritação com as vias bloqueadas nas proximidades do local. ("Porque sou velho e gordo, é por isso que estou aqui", ele confidenciou depois a Martin.)

Assim que o FBI chegou, Lynch deixou que tomasse conta, o que foi uma pena, porque ele poderia ter sido o melhor negociador de todos. Lynch demonstrou uma sensibilidade intuitiva que raramente era encontrada entre os negociadores do FBI. Ele reconheceu imediatamente que a ligação de Martin era urgente e estabeleceu uma relação entre ambos ao aceitar explicitamente suas prioridades.

Lynch: Certo, Wayne... Fale comigo, Wayne. Vamos, vamos proteger mulheres e crianças.

Ao usar o plural, Lynch indicou que ele e Martin compartilhavam o desejo de proteger mulheres e crianças e trabalhariam juntos para resolver a crise. Mais adiante, depois que a ATF se retirou, deixando os corpos de seus agentes para trás, Lynch tentou se aproximar gentilmente de um Martin atordoado, reconhecendo sua emoção e começando por onde ele estava:

As regras da discussão produtiva

Lynch: Você está bem? Parece meio... Algum problema?
Martin: Não, tudo bem.
Lynch: Você parece preocupado.
Martin: Bom, tudo está meio, hum...
Lynch: Tudo está meio o quê?

Lynch passou as catorze horas seguintes na linha com Martin, procurando acalmar os ânimos e negociando o cessar-fogo antes que o FBI assumisse.

• • •

Mais tarde, quando março chegava ao fim e abril começava, houve uma tentativa diferente e mais deliberada de comunicação com os davidianos em seus próprios termos. Um estudioso da Bíblia, James Tabor, entrou em contato com o FBI depois de assistir ao desenrolar dos eventos na TV. Ele percebeu imediatamente que o FBI não conhecia nada do mundo do Antigo Testamento que os davidianos habitavam e sabia que qualquer chance de um desfecho pacífico dependeria de negociadores que falassem a língua das Escrituras. Depois de abordar o FBI, Tabor e um colega teólogo, Philip Arnold, receberam permissão para iniciar discussões com Livingstone Fagan, um davidiano mais velho, que era considerado pelos outros uma autoridade acadêmica. Através dele, Tabor e Arnold obtiveram uma maior compreensão de por que os davidianos não queriam agir — eles acreditavam que a Bíblia os instruía a esperar.

A ostentação dos equipamentos militares do FBI tinha a intenção de intimidar os davidianos para que eles se rendessem. O que o FBI não compreendia era que o Ramo Davidiano estava muito mais preocupado com outro tipo de ameaça, como Steve Schneider havia tentado explicar:

Fique de olho nas suas esquisitices

Schneider: [...] o único motivo pelo qual continuamos juntos aqui, como uma unidade, é aquela única palavra, esperem. Não é porque temos medo do homem. Há um poder superior que aprendemos a temer mais, para que... Digo, quando Deus diz que pode destruir sua alma e você sabe do que ele está falando, acreditamos que isso é mais real do que este mundo, que vai passar.

Tabor e Arnold perceberam que Koresh precisava de outro sentido para as profecias do Livro da Revelação. Eles gravaram uma longa discussão técnica sobre os Sete Selos, oferecendo uma leitura alternativa, e a mandaram a Koresh, que ficou intrigado. Finalmente, alguém do outro lado pelo menos levava suas crenças a sério, em vez de insultá-lo ou de regatear. Em 14 de abril, Koresh anunciou que Deus o havia instruído a escrever as mensagens dos Sete Selos. Depois de completar essa tarefa, ele disse: "Serei libertado do meu período de espera [...]. Assim que eu puder ver que pessoas como Jim Tabor e Phil Arnold têm uma cópia, sairei". As pessoas em Monte Carmelo ficaram felizes, porque sua provação parecia prestes a terminar. Mas o FBI não ficou impressionado com a declaração de Koresh. Para eles, parecia outra tática para prolongar as negociações. Em 16 de abril, um negociador questionou a sinceridade de Koresh:

FBI: Agora me escute. Vamos voltar ao assunto. Essa... você sabe, a escrita dos selos. Certo. Você tem que fazer isso aí, e vai levar um tempo x. Mas me diga uma coisa, David, você está dizendo que quando terminar de escrever...
Koresh: Então não precisarei mais ficar aqui.
FBI: Não. Mas isso não responde à pergunta.
Koresh: Então vou sair, sim, com certeza.

As regras da discussão produtiva

FBI: Sei que você vai sair. Mas isso pode significar muitas coisas, David.
Koresh: Ficarei sob custódia na prisão.

Um risco de uma abordagem excessivamente tecnocrática em uma discordância com raízes profundas é deixar o outro lado bravo; outro risco é de os tecnocratas, perdidos na dinâmica da discordância, persuadirem racionalmente a si mesmos a fazer algo maluco. Em 19 de abril, cinco dias depois de Koresh ter mudado sua posição e dito que o Ramo Davidiano ia se render quando ele terminasse sua tradução dos Sete Selos, os líderes do FBI perderam a paciência e, depois de receberem a aprovação da procuradora-geral Janet Reno, ordenaram uma investida a Monte Carmelo. Os davidianos tinham armas, mas não demonstravam nenhum interesse em agressão ou violência, a não ser em autodefesa. Uma força capacitada para o combate militar se lançou contra um pequeno grupo de civis norte-americanos. O FBI lançou cerca de quatrocentas latas de gás lacrimogêneo — inflamável sob certas condições — em um prédio iluminado a velas. Através de um megafone, um agente ordenou que todos saíssem do local. "ISTO NÃO É UM ATAQUE", ele disse, enquanto os braços mecânicos dos Bradleys destruíam as paredes. Os moradores de Monte Carmelo se reuniram, temerosos, enquanto pedaços de concreto caíam em torno deles. O lugar acabou pegando fogo e logo estava envolto em chamas. Koresh e 73 davidianos foram mortos, incluindo 21 crianças. Pelo megafone, um agente do FBI entoava: "DAVID, VOCÊ JÁ TEVE SEUS QUINZE MINUTOS DE FAMA. AGORA NÃO É MAIS O MESSIAS".

...

Fique de olho nas suas esquisitices

Identificar onde os negociadores do FBI erraram, de uma confortável distância, é uma coisa, mas supor que qualquer um de nós teria sido mais bem-sucedido é outra completamente diferente. A verdade é que é muito difícil sair da nossa própria bolha cultural e ver como ela pode parecer estranha aos outros, ou entrar em outra bolha e ter uma ideia de como pode parecer normal para eles.

A cultura é para os seres humanos como a água para os peixes: como vivemos nela, não a vemos. Ela raras vezes se mostra em nossas conversas com pessoas como nós, precisamente porque constitui tudo o que não precisamos dizer. Não parece um modo particular de ver o mundo; parece a realidade. *É claro que o mundo é assim. Ele simplesmente é assim.* Mas a verdade é que todos temos uma visão parcial das coisas. Isso pode ser ainda mais verdadeiro para aqueles que se orgulham de ser objetivos e analíticos, já que temos uma tendência pronunciada de presumir que nosso modo de ver o mundo é o único aceitável.

Diferenças culturais não são apenas uma questão de Oriente contra Ocidente ou Inglaterra contra França. Um país tem uma cultura única, mas cidades, empresas, famílias e relacionamentos longos também, motivo pelo qual o adágio sobre nunca julgar o casamento dos outros é sábio — não conhecemos sua cultura. Na verdade, mesmo pessoas que foram criadas no mesmo lugar, frequentaram escolas parecidas e assistiram aos mesmos programas na TV vão adquirir cada uma seus próprios hábitos, peculiaridades e rituais. Um indivíduo é uma microcultura; todos nós somos um pouco estranhos. Um modo de pensar a respeito de qualquer discordância, portanto, é como um choque cultural.

Em geral, é quando nos deparamos com alguém com um modo diferente de ver o mundo que temos um vislumbre do meio em que nadamos. Um encontro como esse pode nos colocar em estado de alerta, levando-nos a ignorar ou demonizar o outro. Mas isso nos

As regras da discussão produtiva

impede de ouvir o que ele está dizendo. Para ser menos propenso a essa reação durante uma discordância, tente pensar em si mesmo como o visitante de uma terra distante, com uma cultura muito diferente. Você vai precisar trabalhar duro para compreender a cultura de seu anfitrião, mas também vai precisar refletir sobre a sua. Que experiências moldaram seu ponto de vista? Quais devem ser seus pontos cegos? Que crenças e hábitos você herdou de seus antepassados? Seja um antropólogo estudando a si mesmo.

9. Seja curioso

A pressa em julgar nos impede de ouvir e aprender. Em vez de tentar ganhar a discussão, tente demonstrar interesse — e ser interessante.

Daniel Kahan, professor de direito da Universidade Yale, estuda o modo como nossas opiniões políticas nos emburrecem. Mais especificamente, ele investiga como as pessoas distorcem novas informações de maneira inconsciente para que se encaixem no que já acreditam quando se trata de assuntos controversos como vacinação e mudança climática. Uma reclamação comum relativa à cultura política é de que as pessoas não têm informações o suficiente. O trabalho de Kahan sugere que fornecer fatos às pessoas não necessariamente ajuda.

Em um de seus estudos, os sujeitos tinham que resolver um problema de matemática. Usando dados de um estudo clínico (ficcional), eles tinham que fazer uma série de cálculos para descobrir se tinha sido provado que um novo creme dermatológico causava ou combatia erupções de pele. A maior parte dos participantes acertou. Em seguida, pediu-se que interpretassem as mesmas estatísticas em relação a uma pergunta sobre a regulamentação de armas, um assunto altamente polarizador nos Estados Unidos. Alguns participantes receberam dados sugerindo que os crimes com armas de fogo estavam aumentando depois de uma mudança na lei; outros, de que estavam diminuindo. Daquela vez, a tendência política dos participantes afetava a precisão com que respondiam à pergunta estatística. Diante de um resultado que não agradava, os que eram a favor de armas tinham um desempenho pior em matemática, e os que eram contra também.

As regras da discussão produtiva

Kahan aponta que isso não deveria nos surpreender. Se alguém lê sobre um creme de pele que pode ser perigoso ou uma mudança em quanto paga de imposto, faz sentido absorver a nova informação em vez de se agarrar àquilo em que já se acredita. Agir diferente seria claramente autodestrutivo. A maioria das pessoas recebe poucos benefícios tangíveis por estar correta quanto a, por exemplo, mudança climática. No entanto, elas recebem um benefício imediato ao expressar crenças compartilhadas por seus pares: a sensação de pertencimento. Nós nos preocupamos mais com as outras pessoas do que com estar certos, e o risco de mudar de posição é não ter mais com quem compartilhá-la.

Por exemplo, você está conversando sobre o céu noturno com um amigo, que menciona que Vênus é o planeta mais próximo da Terra. Se você o corrigir (na verdade é Marte), ele provavelmente vai aceitar que estava errado. Talvez fique um pouco constrangido, mas a conversa vai seguir em frente. Agora imagine uma conversa similar no século XVII. Seu amigo diz algo sobre o Sol girar em torno da Terra e você o corrige, apontando que, de acordo com as descobertas de um cara chamado Galileu, é o contrário. É provável que seu amigo fique furioso, negue todos os indícios que você apresentar e te denuncie como um herege perverso. Isso porque, na época, a astronomia não envolvia apenas astronomia. Estava ligada a crenças profundamente arraigadas das pessoas sobre a ordem social e espiritual. Ao dizer ao seu amigo que a Terra gira em torno do Sol, você não estava apenas corrigindo um erro em sua concepção do Universo físico — também estava ameaçando seu lugar no universo social e, assim, sua própria noção de eu. É por isso que, diante de informações sobre um assunto em que estamos pessoalmente investidos, aceitamos o que apoia nossa identidade e ignoramos o que não apoia.

O nome que Kahan dá a esse fenômeno é "cognição de proteção da identidade". Você pode imaginar que se aplica apenas a pessoas de pouca inteligência ou baixo nível educacional, mas Kahan descobriu que pessoas muito inteligentes e educadas são *ainda mais* propensas a distorcer e moldar fatos para que se adaptem à sua visão de mundo. Pessoas inteligentes são melhores em encontrar motivos que apoiem suas crenças, mesmo quando essas crenças são falsas. Elas elaboram argumentos mais convincentes, para os outros e para si mesmas, e são melhores em derrubar informações contraditórias. Nos fóruns de internet sobre a Terra plana ou as mentiras da ciência climática, podem-se ver pessoas usando uma considerável erudição científica para chegar a conclusões totalmente equivocadas.

Para quem espera ter discordâncias políticas mais produtivas, trata-se de um prognóstico sombrio. Mais fatos não contribuem para isso, tampouco argumentos melhores. Então o que pode ajudar? Kahan descobriu a resposta para essa pergunta por acidente, quando foi abordado por um grupo de documentaristas que queriam algumas dicas de como despertar o interesse do público por assuntos de base científica. O grupo pediu ao professor ajuda para identificar membros do público com nível elevado de curiosidade científica. Kahan e sua equipe de pesquisadores criaram uma ferramenta de pesquisa, que chamaram de Escala de Curiosidade Científica: uma série de perguntas cujo intuito é prever a propensão de uma pessoa a ter sua atenção presa por um documentário científico. A escala inclui perguntas como a probabilidade de a pessoa ler livros de ciências e pede que ela escolha entre alguns artigos com diferentes níveis de conteúdo científico.

A equipe de Kahan entrevistou milhares de pessoas e descobriu que indivíduos com nível elevado de curiosidade científica estavam distribuídos igualmente pela população: homens e mulheres, classes mais baixas e mais altas, de direita e de esquerda. Houve outra descoberta, totalmente inesperada. Por pura curiosidade, Kahan havia incluído algumas perguntas sobre questões politicamente polarizadas. Quando recebeu as respostas, ele notou que,

As regras da discussão produtiva

quanto maior o nível de curiosidade científica da pessoa, menos preconceito partidário ela demonstrava.

Para Kahan, isso era contraintuitivo. Ele já havia estabelecido que as pessoas com mais *conhecimento* tinham maior propensão ao pensamento partidário. Mas a pesquisa havia diferenciado pessoas com alto nível de conhecimento e pessoas com alto nível de *curiosidade.* As pessoas curiosas não necessariamente sabiam bastante sobre ciência, mas tinham prazer em aprender. Descobriu-se que republicanos e democratas com nível elevado de curiosidade eram muito mais próximos em sua posição quanto à mudança climática, por exemplo, que republicanos e democratas com nível significativo de conhecimento a respeito do tema.

Kahan e seus colegas de pesquisa conduziram outro estudo. Eles deram aos participantes uma seleção de artigos sobre a mudança climática e pediram que escolhessem aquele que achavam mais interessante. Alguns dos artigos se baseavam na ciência climática, enquanto outros a minavam; alguns tinham manchetes que sugeriam descobertas surpreendentes, enquanto outros confirmavam o que já era sabido.

Em geral, participantes partidários escolheram o artigo que apoiava sua visão de mundo. Mas republicanos com curiosidade científica escolheram artigos que iam contra seu ponto de vista político predominante quando a manchete indicava uma surpresa ("Cientistas encontram indícios surpreendentes: gelo ártico derrete mais rápido do que o esperado"). O mesmo aconteceu com democratas com curiosidade científica. Para as pessoas com curiosidade científica, Kahan concluiu, os prazeres intrínsecos da surpresa e do maravilhamento superam o desejo de confirmação do que já sabiam. A curiosidade é maior que o preconceito.

• • •

Investir no desejo de aprender é, com frequência, a única maneira de tirar máximo proveito de um embate difícil. Se você é ativista ambiental e conhece uma pessoa que acha que a coisa toda é uma farsa, o melhor a fazer é demonstrar interesse por como ela chegou a essa conclusão. Por que experiências passou, o que leu ou ouviu que a levou até ali? Saber disso não vai fazer com que você entenda seu ponto de vista, mas vai lhes dar algo sobre o que conversar.

Você pode entrar em discordância cedo demais. Em geral, é melhor adiar o momento em que você diz: "Bom, na verdade...". Quanto mais você deixa a outra pessoa falar, sem interrupções e sem a necessidade de se defender, mais dados você coleta sobre a perspectiva dela. Isso inevitavelmente coloca você em uma posição melhor: ou vai aprender algo que altera seu ponto de vista, ou vai ter uma melhor compreensão do ponto de vista da outra pessoa e de como discutir com ela. Às vezes, quanto mais uma pessoa fala, mais ela se distancia de sua posição inicial.

Perguntas são uma boa maneira de demonstrar curiosidade, mas também podem ter o efeito contrário. Se eu pergunto "Você está falando *sério*?", o que estou realmente dizendo é que não estou te levando a sério. Perguntar "Por que você acredita nisso?" é melhor, mas não muito. Soa como se estivesse exigindo que a outra pessoa se justifique. Coloca você como juiz e ela como réu. É muito melhor dizer "Pode explicar melhor?" ou algo do tipo. Esse tipo de pergunta demonstra que você está disposto a ouvir e que considera que estão envolvidos em uma conversa de iguais. "Você pode me contar mais sobre por que acredita nisso?" é sutil, mas significativamente diferente de "Por que você acredita nisso?".

Uma parte deste livro foi escrita quando eu estava em Paris, onde um executivo chamado Neil Janin entrou em contato comigo. Ele sabia que eu havia publicado um livro sobre curiosidade e queria discutir o assunto comigo, mas não sabia que eu estava escrevendo um livro sobre discordância, que por acaso era a especialidade dele. Janin trabalhou trinta anos na McKinsey, empresa de consultoria em gestão, muitos deles comandando seu escritório em Paris. Semiaposentado, ele agora treina executivos seniores em como lidar com conversas difíceis e conflituosas. Quando nos conhecemos, Janin estava se recuperando de uma doença e tinha perdido a voz. Do outro lado da mesinha em um café, ele fixou seu olhar penetrante em mim e entoou sua sabedoria aforística em sussurros intensos e roucos. "A chave de tudo", ele disse, "é a conexão. Se você não se conecta, não pode criar. E o que me impede de me conectar com um colega? Julgamento. '*Ele* é burro, *ela* não entende. *Eles* não têm todas as informações; assim que eu as passar, vão mudar de ideia; se não mudarem, é porque são idiotas.'" Quando estamos em discordância, Janin prosseguiu, temos uma escolha entre uma opção fácil e uma opção difícil. "Adoramos julgar. Isso nos ajuda a estar 'certos', o que faz bem pro ego e não exige nenhuma energia. A curiosidade consome energia, porque você tem que tentar entender as coisas. Mas é a única saída."

Laurence Alison me contou que, para serem eficazes, os interrogadores têm que suspender seu julgamento moral, independentemente de quão terrível seja o crime que o suspeito possa ter cometido. "A pessoa está diante de você por um motivo, e não só porque ela é malvada. Se você não está interessado nesse motivo, não vai ser bom no interrogatório." Janin ecoa esse sentimento no que diz que é o mais importante conselho de negócios que dá aos clientes: "SUSPENDA O JULGAMENTO. SEJA CURIOSO!".

Discordar dá muito trabalho, mesmo para consultores de gestão e seus clientes, que pelo menos compartilham uma mesma cultura, analítica e lógica, suscetível a incentivos e interesses. O que você deve fazer se a pessoa com quem está conversando parece guiada pelas emoções, irracional, possuída por crenças bizarras?

Seja curioso

Essa é a pergunta que Jayne Docherty aborda em seu livro sobre as negociações em Waco. A chave, ela sugere, é considerar que o outro lado *está* sendo racional. Seu trabalho tem que ser descobrir que tipo de racionalidade está sendo usado.

O grande sociólogo Max Weber afirmou que usamos o termo "racional" de maneira muito limitada. Em geral, ele descreve pessoas agindo de modo lógico para atingir um objetivo material. Weber chamava isso de racionalidade *instrumental*, e propunha três outros tipos de comportamentos racionais. Há a racionalidade *afetiva*, quando torno meus relacionamentos centrais em tudo o que digo e faço, aquela usada pelos participantes do estudo de Daniel Kahan. Há a racionalidade *tradicional*, quando ficamos felizes em aceitar o direcionamento que as gerações anteriores nos passaram, motivo pelo qual talvez montemos uma árvore de Natal em dezembro. Finalmente, há a racionalidade dos *valores*, quando tudo o que fazemos está a serviço de algo maior, quase que independente do resultado. Essa era a racionalidade que o Ramo Davidiano empregava e confundia o FBI, que usava a racionalidade instrumental.

Poucas pessoas se utilizam de apenas um tipo de racionalidade; a maioria de nós se alterna entre elas ou usa mais de uma ao mesmo tempo. Docherty aponta que o Ramo Davidiano podia ser muito prático e analítico, além de se mostrar disposto a resolver problemas, desde que não houvesse conflito com seus principais valores. Essa é uma das maneiras como a curiosidade pode nos ajudar. Em uma discordância com uma pessoa que não usa a racionalidade instrumental — quer seja um membro da família, um colega ou um adversário político —, em vez de concluir que ela é maluca, você pode tentar demonstrar curiosidade sobre o tipo de racionalidade que a move. Quando sua filha está sendo irracionalmente teimosa quanto a ir para a cama mais tarde, ela talvez esteja usando a racionalidade afetiva e procurando maneiras de passar mais tempo com você. Qual é a lógica mais profunda do comportamento da outra pessoa? E, agora que estamos refletindo a respeito, qual é a lógica mais profunda do seu próprio comportamento?

• • •

Você não deve apenas tentar ser mais curioso, mas também estimular a curiosidade da outra pessoa. E como fazer isso?

Gregory Trevors, psicólogo da Universidade da Carolina do Sul, estudou "o efeito tiro pela culatra": a tendência paradoxal a fortalecer uma crença baseada em informações falsas depois que a falsidade das informações foi apontada (o termo foi cunhado por cientistas políticos que descobriram que, em 2009, pessoas que acreditavam que o Iraque estava por trás do Onze de Setembro acreditavam ainda *mais* nisso depois que recebiam informações que refutassem a hipótese). É uma reação similar àquela dos dependentes depois de ouvir que o vício lhes faz mal. O risco de corrigir alguém, como vimos, é ameaçar sua identidade. Isso desperta o que Trevors chama de "emoções morais", como raiva e ansiedade, que podem tirar a conversa dos trilhos rapidamente. Raiva e ansiedade levam as pessoas a focar em defender sua posição e atacar a fonte de qualquer mensagem conflituosa. Uma estratégia alternativa é tentar ativar as "emoções epistêmicas" da outra pessoa, como a surpresa e a curiosidade, que, de acordo com Trevors, agem como antídoto para a ansiedade e a raiva. Carli Leon, que costumava ser antivacina e falou sobre como os insultos só a faziam fincar pé em sua posição, também disse: "O que me ajudou foram as pessoas que fizeram perguntas que me levaram a refletir".

Anteriormente, discutimos como evitar desencadear uma reação de ameaça: transmitir consideração pela outra pessoa antes de entrar na discordância (demonstrar curiosidade quanto ao que tem a dizer é um jeito de fazer isso). Em vez de ser assertivo, você também pode apresentar novas informações ou novos argumentos de uma maneira que intrigue a pessoa, em vez de ficar na defensiva. Como Daniel Kahan descobriu, a surpresa — *Eu não sabia disso*, ou *Eu não havia pensado por esse ângulo* — amolece crenças rígidas. Demonstrar sua própria curiosidade sobre o assunto indica que você não acha que tem todas as respostas e encoraja a outra pessoa a demonstrar curiosidade também. Gregory Trevors sugere usar histórias, humor e metáforas para neutralizar o sistema defensivo alheio. Em resumo, em vez de tentar soar convincente, tente ser interessante e parecer interessado.

É sempre mais fácil não demonstrar curiosidade do que demonstrar. Como Neil Janin sugeriu, a dificuldade está no fato de exigir alocação de recursos escassos: energia, tempo e atenção. Se você tem uma opinião diferente da minha sobre imigração, por exemplo, talvez isso se deva ao fato de ter uma experiência diferente da minha. Mas contemplar o abismo da diferença exige um investimento de uma parcela da minha capacidade intelectual que muitas vezes não estou disposto a comprometer. É mais rápido e mais eficiente rejeitar você como um fanático do que me interessar pelo que está dizendo. Em um mundo em que somos bombardeados de opiniões, isso pode parecer uma reação necessária, mas devemos resistir a ela. Ao reprimirmos nossa curiosidade quanto a diferentes pontos de vista, ficamos menos inteligentes, menos humanos e menos interessantes.

10. Fortaleça o erro

Equívocos podem ser positivos se você se desculpar com rapidez e sinceridade. Eles lhe permitem demonstrar humildade, o que pode fortalecer a relação e facilitar a conversa.

"Não existe nota errada, isso está relacionado a como você a resolve."
  Thelonious Monk

Você acabou de chegar à cena de um possível suicídio. Há um homem de pé na beirada de um edifício alto, ameaçando pular. A polícia passa o que sabe a respeito dele e você sobe até o telhado, onde se posiciona a uma distância da qual ele não se sinta ameaçado para tentar dialogar. Você começa tentando estabelecer uma conexão emocional — mostrando que se importa com ele como pessoa. "Olá, Ahmed", você diz. "Parece que você está passando por algo difícil. Gostaria de ajudar, se puder."

Naquele momento, você se dá conta — sozinho, ou porque ele te diz isso — de que cometeu um erro terrível. O nome dele não é Ahmed. É Muhammed.

Você perdeu o controle da situação antes mesmo de começar. E agora?

Essa foi a pergunta que Paul Taylor, professor na Universidade de Lancaster, no Reino Unido, e um dos mais proeminentes estudiosos da negociação de crise, fez a uma aluna de pós-graduação, Miriam Oostinga, depois de perceber que ninguém havia estudado aquilo. O interesse de Oostinga foi imediatamente despertado. Na situação tensa e emocionalmente carregada de uma negociação de suicídio, uma nota em falso parece ter o potencial de destruir qualquer laço de confiança frágil que o negociador tenha conseguido estabelecer. Mas erros são inevitáveis — então como negociadores podem lidar com eles? Segundo a sugestão de Taylor, Oostinga pesquisou essa questão em seu doutorado.

Todos cometemos erros de comunicação, do tipo que tem efeito instantâneo e palpável nos envolvidos, prejudicando as relações. Pense no professor que faz uma brincadeira com o corte de cabelo de uma aluna e depois se dá conta de que a magoou; no político que tuíta por impulso uma opinião de que se arrepende na mesma hora; em um vendedor que sem querer é condescendente com um cliente. Mesmo um erro mínimo pode ter um efeito emocional e até fisiológico, tanto na pessoa do outro lado quanto na que o comete. Se e como a pessoa que errou se recupera pode determinar o sucesso do restante da conversa.

Oostinga conseguiu que negociadores treinados da polícia holandesa e do sistema carcerário participassem de seu estudo sobre erros. Alguns eram negociadores de crise, outros eram interrogadores. Perguntei a ela o que achava deles como pessoas. Tinham semelhanças? "Eu diria que todos tinham um interesse intrínseco na pessoa com quem conversavam", ela disse. "Quando falavam comigo, me davam a sensação de que estavam interessados em quem eu era e no que eu estava fazendo." Oostinga começou entrevistando os participantes, para ter uma ideia dos problemas proporcionados pelos erros. "Ninguém é capaz de uma interação cem por cento perfeita", um deles disse a ela. "Algo sempre dá errado." O risco de cometer um erro é maior quando há mais coisa em jogo — por exemplo, quando mais vidas estão ameaçadas — e quando se lida com indivíduos agressivos, que atraem os negociadores para uma disputa pelo controle. Os erros podem ser factuais, como falar errado o nome de alguém ou confundir a data

As regras da discussão produtiva

e a hora de determinado evento. Também há erros de julgamento, como adotar um tom dominante demais ou dizer "Entendo como você se sente", quando na verdade não se entende, como o interlocutor pode apontar imediatamente.

O que surpreendeu Oostinga foi o fato de os negociadores porem em dúvida toda a noção de erro. Eles consideravam mensagens com ruídos um efeito colateral inevitável da tomada de decisões rápida. Tentar evitá-los só tornaria a conversa superficial e impessoal. "Precisamos tomar cuidado para não ficar apenas no papo furado, sem dizer nada de errado", um entrevistado apontou. Outro disse: "Se não cometemos erros, não somos mais humanos. Nos tornamos robôs". Os negociadores sentiam que "erro" era um termo negativo demais para descrever um evento que poderia ter consequências positivas caso se lidasse com ele de maneira habilidosa.

No estágio seguinte de seu estudo, Oostinga simulou cenários de crise e forçou os negociadores a cometer erros. Por exemplo, eles eram instruídos a falar com alguém chamado Steven, que tinha se entrincheirado em uma cela e ameaçava se matar com uma faca. Da primeira vez que o negociador usava o nome que haviam lhe passado (negociadores são treinados para usar nomes), o detento — interpretado por um ator — respondia, bravo: "Meu nome não é Steven". Outros cenários simulavam erros de julgamento. Durante uma conversa, um suspeito reagia mal ao tom de um negociador — por exemplo, acusando-o de soar formal e superior, ou amistoso demais. Oostinga estava interessada em como o negociador reagiria e em como a conversa ia se desenrolar a partir dali.

Os erros tinham alguns efeitos previsíveis: aumentavam o nível de estresse do negociador e tornavam a conversa mais tempestuosa e volátil. Mas também tinham benefícios inesperados. O pior inimigo de um interrogador ou negociador de crise não é a falsidade ou a raiva, e sim o silêncio; o primeiro objetivo é manter uma conversa, de qualquer tipo, em andamento. Por exemplo, ao descrever uma cena que o suspeito havia testemunhado, uma entrevistadora errou em um detalhe importante (porque tinha recebido informações falsas de Oostinga). O suspeito respondeu, indignado: "Não, não foi assim". Então ele descreveu como tinha sido, em detalhes. A conversa fluiu, e a entrevistadora obteve maior riqueza de informações.

Em vez de se estender no erro, os profissionais o usavam para construir um relacionamento mais próximo. Estavam acostumados a pedir desculpas sinceras imediatamente: "Você tem razão, eu errei"; "É, foi uma coisa idiota a dizer. Podemos começar de novo?". Às vezes, eles culpavam a fonte das informações pelo erro. Mas, quando sentiam que podiam fazer isso, aceitavam a responsabilidade e expunham um lado vulnerável seu para a outra parte. Isso pode ser produtivo, de acordo com o que os negociadores disseram a Oostinga, se ajudar a equilibrar a relação de poder inerentemente desequilibrada. Em outras palavras, desculpas podem corrigir o efeito da desvantagem — desde que sejam sinceras.

• • •

O pedido de desculpas é uma arte que poucos se importam em dominar antes que seja tarde demais. Benjamin Ho, professor adjunto de economia na Vassar, estuda por que alguns pedidos de desculpa funcionam, enquanto outros são considerados inúteis e falsos. Pode parecer estranho que um economista foque nisso, mas Ho é um economista comportamental, interessado em custos e benefícios do comportamento social. Afinal, a economia não se baseia em dinheiro, e sim em relações humanas (o que os economistas levaram um bom tempo para perceber). Os erros que cometemos em nossas interações sociais podem prejudicar ou acabar com essas relações. Pedidos de desculpa são uma maneira importante de repará-las.

No nível corporativo, os pedidos de desculpa têm uma importância econômica real. Quando uma empresa como a Volkswagen ou o Facebook comete um erro, precisa se desculpar de maneira eficaz se quiser minimizar os danos ao relacionamento com os clientes. Um estudo de 2004 liderado por Fiona Lee, da Universidade de Michigan, revisou 21 anos de relatórios anuais corporativos de catorze empresas, analisando o modo como elas falavam sobre eventos negativos, como baixo rendimento. Lee e seus colegas descobriram que o valor das ações das empresas que admitiam seus erros em público estava mais alto no ano seguinte do que o daquelas que tentavam enterrá-los.

Inspirado pelo trabalho de Lee, Ben Ho procurou outras maneiras de estabelecer uma ligação entre pedidos de desculpa e resultados econômicos. Com sua colega Elaine Liu, ele considerou a maneira como se aborda a negligência médica nos Estados Unidos. Quando médicos cometem erros que prejudicam seus pacientes, podem ficar divididos. Por um lado, presumindo que sejam honestos, querem pedir desculpas. Por outro, ao fazerem isso se expõem à ameaça de ações judiciais. Agora imagine como deve ser não receber um pedido de desculpas do médico que tornou sua vida, ou a vida de alguém que você ama, desnecessariamente dolorosa. Você ficaria furioso, não ficaria? Mesmo se de início não tivesse a intenção de entrar com um processo, provavelmente acabaria sendo levado a essa opção. E era isso que vinha acontecendo: os pacientes ficavam chateados, mas os médicos achavam que não deviam se desculpar, o que os deixava com muito mais raiva e acabava fazendo com que entrassem com um processo.

Para romper esse círculo vicioso, muitos estados americanos — na época em que Ho e Liu publicaram seu artigo, eram 36

— aprovaram leis que tornam pedidos de desculpa por parte dos médicos inadmissíveis como prova no julgamento (um projeto de lei nesse sentido foi apresentado no Senado em 2005 pelos senadores Barack Obama e Hillary Clinton). A ideia era que fosse seguro para os médicos pedir desculpas, melhorando assim o relacionamento com o paciente e reduzindo o número de ações judiciais. Não foram todos os estados que aprovaram a lei, no entanto. Ho e Liu descobriram que, nos estados que a aprovaram, houve redução de 16% a 18% no número de queixas, e chegou-se a um acordo 20% mais rápido nos casos de negligência. Trata-se de uma redução enorme no número de disputas legais, que são onerosas e exaustivas — e tudo porque as pessoas passaram a receber pedidos de desculpa de uma autoridade. Essa descoberta ajudou Ho a estabelecer um valor concreto para o pedido de desculpas e confirmou uma teoria que ele já estava desenvolvendo: de que um pedido de desculpas, para parecer eficaz, deve parecer custoso.

Quer seja um médico, um pedreiro ou um político, temos que confiar profundamente em especialistas para que nossa relação com eles funcione. Quando o especialista comete um erro, esse relacionamento corre perigo. Se o especialista pode ou não reparar o dano com um pedido de desculpas, Ho diz, depende de o pedido de desculpas parecer lhe custar algo. Para chegar a essa conclusão, Ho se baseia na teoria dos jogos, um ramo da matemática que influencia a economia e a biologia. Na teoria dos jogos, um sinal custoso é aquele em que um agente se comunica de maneira difícil de simular. O exemplo clássico da biologia é o da cauda do pavão macho, cuja existência exasperava Charles Darwin, que não conseguia distinguir a lógica evolutiva por trás de um adorno tão elaborado e pesado. A explicação da teoria dos jogos é de que o ponto é justamente o exagero: o pavão macho sinaliza sua extraordinária forma, como um rei que constrói um palácio absurdamente elaborado para demonstrar sua riqueza e seu poder. Para sinalizar "sou extraordinário" ou "sou poderoso" de maneira convincente, isso deve ser difícil de simular.

Ho acredita que a mesma lógica se aplica a pedidos de desculpa. Quando sentimos que alguém nos enganou, queremos que diga "desculpe", mas muitas vezes essa palavra não é o bastante para que fiquemos satisfeitos; precisamos sentir que foi difícil dizê-la. Embora terapeutas aconselhem casais a pedir desculpas para ajudar a resolver desentendimentos, qualquer pessoa que já esteve em um relacionamento sabe que não se deve pedir desculpas rápido demais. Se você o faz sem que pareça que precisou se esforçar para tanto, as palavras soam vazias e superficiais. Na verdade, às vezes punimos as pessoas que amamos depois que elas pedem desculpas, insistindo que expliquem suas razões para não ter feito isso antes. Se fazemos isso, é porque queremos que um preço emocional seja pago. A mesma lógica se aplica a pedidos de desculpa de corporações. A zombaria e a humilhação que muitas vezes se seguem a um pedido público de desculpas de uma empresa ou de um político não são prova de que se tratou de uma perda de tempo, diz Ho; a zombaria e a humilhação são justamente o que torna o pedido de desculpas eficaz.

Ho enumera algumas maneiras diferentes de fazer um pedido de desculpas custoso. Por exemplo: *Desculpe. Comprei flores.* Essa é a versão mais direta de um pedido de desculpas custoso. O custo aqui é óbvio e tangível. Quanto mais caras as flores, melhor. Há também o pedido de desculpas com comprometimento: *Desculpe, nunca mais vou fazer isso.* O custo, neste caso, é excluir ou desistir de opções futuras. É claro que, se você voltar a incorrer no erro, a probabilidade de que funcione da próxima vez será menor. E há também o que chamo de "desculpa inglesa": *Desculpe, sou um idiota.* É uma abordagem particularmente interessante, porque o que você está oferecendo é seu direito de ser visto como competente e eficaz (o termo de Ho para esta modalidade é pedido de desculpas relacionado a *status*). Finalmente, há aquilo a que Miriam Oostinga se refere como "esquiva": *Desculpe, mas a culpa não foi minha.* Essa não é uma maneira muito eficaz de restaurar o relacionamento, justamente porque não custa nada. Mas, em algumas circunstâncias, ainda pode ser a melhor coisa a dizer, por exemplo, se sua reputação for fundamental e você não puder demonstrar que a culpa foi sua.

Em 2018, Ho teve a chance inesperada de testar sua teoria das desculpas com dados do mundo real. Ele recebeu uma ligação de John List, professor da Universidade de Chicago conhecido por conduzir experimentos no mundo real com grandes conjuntos de dados. List se identificou como economista-chefe da Uber. Ele queria que Ho o ajudasse a quantificar o valor das desculpas para o negócio. Como qualquer negócio baseado em serviço, a Uber às vezes irrita ou decepciona os clientes — um carro não chega, o motorista escolhe a rota errada etc. List desconfiava que, se um cliente que havia enfrentado problemas recebesse um pedido de desculpas, suas chances de voltar a usar o serviço aumentariam. Mas, para convencer a diretoria disso, ele precisava atribuir um número ao valor das desculpas.

List e sua equipe já tinham estabelecido que um serviço ruim era prejudicial para a Uber. Clientes que chegavam a seu destino com dez a quinze minutos de atraso gastavam de 5% a 10% menos em trajetos futuros. Ho e List queriam descobrir se um pedido de desculpas poderia motivar um cliente a voltar a gastar na mesma proporção. Com outros dois economistas, Basil Halperin e Ian Muir, eles realizaram um experimento para ajudar a Uber a descobrir o que torna um pedido de desculpas eficaz e quanto ele vale.

Os pesquisadores tinham um conjunto de dados grande e em tempo real com o qual brincar, contando com informações de 1,6 milhão de passageiros das maiores cidades dos Estados Unidos. Eles eram capazes de identificar quais passageiros haviam feito uma corrida ruim recentemente e garantiram que recebessem um *e-mail* com um pedido de desculpas em menos de uma hora. Os economistas dividiram os passageiros aleatoriamente em oito grupos e enviaram mensagens diferentes para todos, com exceção do grupo de controle, que não recebeu nada (o grupo de controle representava o *status quo*, já que naquele momento a Uber não tinha uma política de pedir desculpas por viagens ruins). Alguns receberam um pedido de desculpas básico, sem maior elaboração. Outros receberam um pedido de desculpas relacionado a *status*, que incluía a frase "Sabemos que nossa estimativa foi incorreta". Outros receberam um pedido de desculpas com comprometimento, que dizia que a Uber trabalharia duro para oferecer aos clientes estimativas de chegada mais confiáveis. Todos os quatro grupos (controle, básico, *status* e comprometimento) foram divididos em dois, e metade de cada um recebeu um cupom de cinco dólares para usar em uma viagem futura. Os economistas rastrearam as compras dos passageiros, o número de viagens que fizeram e quanto gastaram nos 84 dias seguintes.

Ho e seus coautores tiraram algumas conclusões de seus resultados. Em primeiro lugar, pedidos de desculpa não resolvem tudo. O pedido de desculpas básico praticamente não teve efeito; apenas pedir desculpas teve muito pouco impacto no número e na duração das viagens que as pessoas fizeram depois. Em segundo lugar, a desculpa mais eficaz foi custosa: oferecer um cupom às pessoas junto com um pedido de desculpas levou a um *aumento* nos gastos com a empresa em relação ao período anterior à experiência ruim. Em terceiro lugar, pedidos de desculpa podem ser cansativos. Alguns clientes tiveram mais do que uma experiência ruim e receberam mais de um pedido de desculpas. Sua punição à empresa foi maior que a daqueles que não haviam recebido nenhum pedido de desculpas.

O resultado ecoou o que um negociador de crise entrevistado por Miriam Oostinga disse a ela: "Pedir desculpa cinco vezes em cinco minutos não vai tornar a relação positiva". Quanto mais vezes alguém te pede desculpas, menos custoso isso parece. Em algum momento, a coisa toda começa a parecer insignificante e até um insulto.

• • •

Saber como se desculpar não é de modo algum simples, porque o mesmo pedido de desculpas pode ter efeitos diferentes dependendo de quem somos e do que fazemos. Larissa Tiedens, psicóloga social da Universidade Stanford, estudou como as emoções que os políticos demonstram em público influenciam o modo como os eleitores o veem. Em um experimento, Tiedens mostrou aos participantes um de dois vídeos do presidente Clinton, ambos extraídos de seu depoimento diante do grande júri sobre o escândalo envolvendo Monica Lewinsky em 1998 (o trabalho de campo ocorreu em 1999, quando Clinton ainda era presidente e seus oponentes haviam dado início ao processo de *impeachment*). Em um vídeo, Clinton está visivelmente bravo. Ele descreve o tratamento que recebe como inapropriado, equivocado e injusto, e questiona os motivos dos investigadores. Clinton olha diretamente para a câmera, corta o ar com as mãos e enfatiza seus pontos. No outro vídeo, Clinton reflete sobre sua relação com Lewinsky e apresenta um comportamento bem diferente. Ele diz que foi um erro. Sua cabeça pende, e ele desvia o olhar.

Na época, o consenso entre os comentaristas na imprensa era de que Clinton precisava demonstrar que sentia remorso e culpa

As regras da discussão produtiva

em vez de raiva, se quisesse reparar seu relacionamento com os eleitores. Tiedens descobriu o oposto: os participantes que viram o clipe em que ele demonstrava raiva foram mais positivos em relação a Clinton do que aqueles que viram o vídeo do remorso. O motivo disso, de acordo com Tiedens, é que "raiva comunica competência". Psicólogos sociais comprovaram consistentemente que pessoas que expressam raiva são vistas como mais dominantes e competentes, ainda que pareçam menos simpáticas, calorosas e bondosas. Pessoas com raiva têm maior chance de ser vistas como alguém de *status* elevado do que pessoas tristes ou com remorso. Não que a versão arrependida de Clinton não tivesse surtido efeito positivo nos participantes do estudo que o viam: ela fazia com que gostassem mais dele. Só que aqueles que viam Clinton com raiva o respeitavam mais.

Esse embate entre respeito e simpatia dificulta acertar o tom quando se vai pedir desculpas. Se você apelar para o *status* ("Desculpe, sou um idiota"), sacrifica parte de sua reputação — e do respeito que têm por você — por simpatia. Isso pode ser arriscado. Se deve ou não fazer isso, depende do que é mais importante no relacionamento em questão: respeito ou simpatia. Ninguém quer ouvir um médico dizer "O negócio é que sou péssimo nisso", mas um marido ou um pai deve priorizar o afeto em relação à autoridade.

Para aqueles que precisam de um pouco de cada, como negociadores de crise, a questão é quando admitir um erro pode ser a decisão certa. Algumas das pessoas com quem Oostinga falou contaram a ela que relutavam em assumir o erro a menos que fosse realmente necessário, devido à necessidade de serem vistas como competentes pela outra parte. Para outros participantes do estudo, um erro era uma oportunidade de equilibrar uma relação de poder inerentemente desequilibrada. Ao pedir desculpas, o negociador pode demonstrar que está disposto a ser submisso, o que baixa a guarda da outra parte e abre caminho para a intimidade (uma das negociadoras afirmou a Oostinga que pode voltar a mencionar o erro mais adiante na conversa se sentir que seus efeitos persistem, dizendo algo como: "Tenho a sensação de que o que eu disse lá atrás ainda te incomoda"). Um erro tem o potencial de envolver o negociador e a parte em crise em uma "bolha", na qual o relacionamento pode ser incubado e aprofundado. Os riscos, o público, o futuro e toda a estranheza da situação podem ser esquecidos por um tempo, enquanto os envolvidos analisam onde o negociador errou e por quê. "Ambos podem criar um vínculo dentro da bolha", Oostinga me disse.

• • •

Discordâncias devem ser cheias de erros. Uma discordância na qual os envolvidos planejam cada intervenção como um movimento de xadrez e tomam muito cuidado para não dizer a coisa errada é algo árido e desprovido de paixão. Dificilmente será produtiva; como os negociadores de Oostinga apontaram, uma conversa sem erros é trivial, robótica ou ambas as coisas. É claro que isso não significa que você deve ficar feliz ao perceber que ignorou as emoções do outro, que o menosprezou ou errou seu nome. Mas, se este livro te ajudar em conversas desagradáveis, não vai ser porque você eliminou todos os erros que poderia cometer, e sim porque você passou a reconhecê-los com maior facilidade e a responder mais adequadamente a eles.

Depois que se entende como e por que discordâncias correm mal, a perspectiva de um desentendimento acidentado e desconfortável parece menos intimidadora do que pareceria de outra maneira. Em primeiro lugar, porque você percebe que não é algo pessoal — as pessoas cometem erros parecidos o tempo todo, só que em geral não os reconhecem como erros. Em segundo lugar, você passa a ver seus erros como oportunidades disfarçadas. Ao corrigir seu próprio erro — ao lidar com a nota errada —, você pode fortalecer seu relacionamento com a outra pessoa e tornar a conversa mais rica.

Um erro movimenta as coisas. Ou pelo menos deveria fazer isso. É um pequeno ciclone que passa pela conversa, rearranjando a paisagem e abrindo perspectivas. Também lhe dá a oportunidade de se desculpar adequadamente, que, como vimos, é muito mais do que uma questão de cortesia. Um pedido de desculpas deveria ser custoso. Não significa que toda vez que interpretar errado o que a outra pessoa está dizendo você precise emitir um cupom prometendo que as próximas cinco opiniões serão de graça. Só quero dizer que reconhecer um erro deve ter um custo emocional. Quando você pede desculpas, isso precisa significar algo mais que "Agora vamos em frente"; de outra maneira, é difícil ir em frente, ao menos para a pessoa que sente que foi ofendida ou maltratada. Quando você recua em uma posição, não tem problema deixar que a outra pessoa veja como fazer isso é difícil para você — na verdade, é até melhor assim.

Uma das piores maneiras de se desculpar é dizer: "Desculpe se...". Esse "se" torna seu pedido de desculpas insignificante e falso de imediato, porque você não está admitindo o erro. Se você não tem certeza de que cometeu um erro, é melhor não se desculpar até estar absolutamente convencido de que o cometeu.

Se a sensação não é boa, é bom sinal.

11. Saia do roteiro

Discussões hostis ficam restritas a padrões simples e previsíveis. Para tornar a discordância mais produtiva, introduza novidade e variação. Surpreenda.

No outono de 1990, um sociólogo norueguês chamado Terje Rød-Larsen e sua esposa Mona Juul, uma diplomata, fizeram uma viagem para Gaza, a faixa de terra devastada pela batalha na fronteira de Israel, que na época era lar de um milhão de palestinos. Rød-Larsen estava preparando uma pesquisa das condições de vida na localidade mais densamente povoada do mundo. Conforme era escoltado por um oficial da ONU em um campo de refugiados palestinos, o casal se deparou com um conflito entre jovens palestinos e soldados israelenses.

Rød-Larsen e Juul congelaram, com medo, enquanto as balas israelenses passavam assobiando e as pedras palestinas caíam em seu entorno. Enquanto o oficial da ONU tentava acalmar os ânimos, Rød-Larsen e Juul se viram paralisados diante da visão do rosto dos jovens dos dois lados da luta. Eles pareciam assustados, desafiadores e infelizes. E, mais do que tudo, pareciam uns com os outros.

Ao longo dos três anos seguintes, com a ajuda de Juul, Rød-Larsen embarcou em uma série de visitas para a região, para se reunir com israelenses e palestinos. Embora ele os encontrasse como sociólogo, decidira tentar algo que ia além de seu campo acadêmico. Rød-Larsen queria encontrar uma maneira de ajudar os dois lados a reconhecer que a divisão entre eles não era tão grande quanto pensavam, que a imagem hostil que tinham uns dos outros, forjada ao longo de décadas de combate, os impedia de se verem como realmente eram: pessoas com um interesse em comum, que era a paz.

Aquilo era uma fantasia, mas Rød-Larsen era um otimista obstinado. Jane Corbin, repórter da BBC, escreveu que ele tinha "completa convicção de que tudo o que vale a pena fazer pode ser feito". Autoconfiante sem ser arrogante e sempre com um sorriso no rosto, Rød-Larsen era carismático e inspirava confiança em quem quer que conhecesse. Sua máxima era: "Às vezes o impossível é mais fácil do que o possível".

Rød-Larsen acreditava que o caminho para a paz passava pela Organização para a Libertação da Palestina (OLP). Oficialmente, nem Israel nem os Estados Unidos lidavam com a OLP, que consideravam uma organização terrorista. Quando um processo de paz liderado por Washington teve início em 1991, outros líderes palestinos foram envolvidos. Depois da Queda do Muro de Berlim, havia otimismo quanto a uma nova ordem mundial, mas em 1993 as conversas já estavam naufragando. Os Estados Unidos não foram capazes de desempenhar o papel de mediador imparcial, por causa de sua aliança com Israel e de seu poderio militar e econômico. Os palestinos não confiavam nos americanos, enquanto os israelenses protestavam contra a pressão que exerciam sobre eles.

Rød-Larsen começou a se perguntar se a Noruega não poderia oferecer algo que os Estados Unidos não podiam. Tratava-se de um país pequeno, incapaz de pressionar quem quer que fosse. Tinha boas relações com ambos os lados da disputa. Também possuía suas próprias reservas de petróleo, de modo que seus interesses econômicos no Oriente Médio eram reduzidos. Com uma população de pouco mais de 4 milhões, o tamanho comparativamente modesto da Noruega lhe dava outra vantagem: grupos pequenos de pessoas influentes podiam introduzir inovações políticas.

Mona Juul era amiga de Jan Egeland, cientista social que havia se tornado vice-ministro das Relações Exteriores. A socióloga Marianne Heiberg, coautora com Rød-Larsen do estudo social na Palestina, era casada com o novo ministro das Relações Exteriores, Johan Jorgen Holst. A natureza fluida e informal da vida pública na Noruega contrastava nitidamente com a estrutura burocrática e hierárquica do governo norte-americano. Na Noruega, Rød-Larsen conhecia todo mundo, e todo mundo o conhecia. Algumas dessas pessoas estavam interessadas em ouvir sua ideia maluca.

Rød-Larsen propôs que se realizassem negociações de paz em Oslo, à parte das negociações oficiais em Washington. Os noruegueses seriam os anfitriões, e as conversas ocorreriam em segredo. Não haveria cerimônias diplomáticas grandiosas, coletivas de imprensa ou frotas de limusines. Acima de tudo, não haveria exibição para o público. Rød-Larsen havia observado que os holofotes sobre o processo de paz em Washington polarizavam a conversa. Israelenses e palestinos estavam sempre cientes do público que os observava de casa. Havia uma intensa pressão para que mantivessem a fachada: os negociadores se sentiam obrigados a projetar força acima de tudo, o que tornava bastante difícil ser flexível. Como resultado, os dois lados não negociavam de maneira eficaz. Em vez disso, fincavam pé em suas posições e faziam os mesmos movimentos previsíveis para a frente e para trás em todas as negociações. Era como se seguissem um roteiro.

• • •

Peter Coleman, professor de resolução de conflitos, coordena o Laboratório de Conversas Difíceis da Universidade Colúmbia. Ele e sua equipe analisaram centenas de encontros entre pessoas com visões opostas. Eles estudam a dinâmica emocional das conversas: como elas fluem e como estagnam. Depois montam gráficos.

As regras da discussão produtiva

O laboratório emprega uma metodologia similar àquela dos pioneiros da ciência do relacionamento. Desconhecidos com visões firmes e opostas em uma questão polarizadora são postos para conversar a respeito. Depois, os participantes assistem separadamente a uma gravação da conversa e têm que dizer como se sentiram a cada momento. Os resultados são relacionados a emoções positivas e negativas, além de pensamentos e comportamentos específicos. As conversas podem esquentar e às vezes precisam ser encerradas antes. Outras correm muito melhor.

Coleman e seus colegas identificaram uma diferença fundamental entre as conversas mais destrutivas e as mais construtivas. As destrutivas assumem uma dinâmica de cabo de guerra logo no começo e se mantêm assim, com o tom cada vez mais irritadiço. Cada participante se coloca de um lado e culpa o outro lado por todos os problemas do mundo. As conversas construtivas não são necessariamente serenas ou educadas — às vezes envolvem ataques verbais e má-fé, e os participantes podem relatar mágoa ou irritação —, mas em determinados momentos os participantes são capazes de escapar dessa dinâmica, ou de subvertê-la. Emoções positivas, como divertimento, empatia e compreensão, surgem, ainda que sejam passageiras. A conversa é mais expansiva; tem *variedade*.

"As díades mais construtivas", Coleman relatou, "pensavam nas questões de modos mais complexos e flexíveis, com nuances. Experimentavam muitos tipos de emoções, tanto positivas quanto negativas, ao longo das discussões. E se comportavam de maneiras mais variadas, que demonstravam um grau maior de abertura, flexibilidade e curiosidade, apesar da forte defesa de sua posição."

Quando a equipe de Coleman colocou em gráficos os dados relativos às emoções de cada conversa, ficou claro que as formas geradas por conversas construtivas e destrutivas eram muito diferentes. As construtivas eram constelações bagunçadas de pontos espalhados;

as destrutivas eram linhas retas, como trilhos. É como se os participantes das conversas destrutivas tivessem sua gama de emoções reduzida a uma faixa estreita. Eles se tornam totalmente previsíveis.

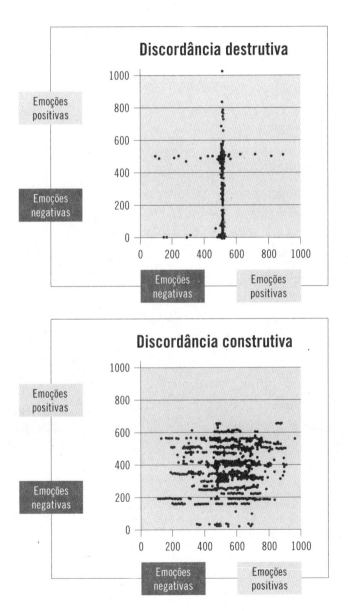

As regras da discussão produtiva

Na sessão 1 (destrutiva), os pontos estão bem-organizados ao longo de duas linhas, indicando uma faixa estreita de emoções durante a discussão. Na sessão 2 (construtiva), os pontos mostram que as emoções dos participantes flutuavam em todos os sentidos conforme a discussão se desdobrava. Coleman mediu pensamentos e comportamentos, além de emoções. Em todas essas dimensões, as conversas construtivas se mostraram mais complexas que as destrutivas.

Engenheiros de *software* que programam *chatbots* – programas de computador que simula um ser humano na conversação com as pessoas – distinguem entre conversas "com estado" e "sem estado". Uma troca com estado é aquela cujos participantes recordam o que é dito durante a conversa. Diálogos sem estado são aqueles em que pouco ou nada da conversa é guardado, e cada novo comentário responde apenas ao imediatamente anterior. Têm tão baixo contexto que nem contam com o contexto da última conversa.

Por motivos óbvios, é mais fácil programar *bots* para conversas sem estado: escolher uma resposta apropriada para uma única deixa exige menos poder de processamento do que tentar se envolver no fluxo de uma conversa. A desvantagem, para os programadores, é que *bots* sem estado soam robóticos, fornecendo respostas pré-programadas sem nenhuma indicação de que realmente sabem do que trata a conversa. Mas essa desvantagem não é tão grande quanto você talvez pense, já que muitas das conversas humanas são sem estado.

Você já ouviu uma discussão assim?

A: Gostei muito desse livro.
B: Sério? É tão mal-escrito...
A: Por que você tem que me fazer sentir mal por causa das coisas que eu gosto?

Saia do roteiro

B: Por que você tem sempre que se fazer de vítima?
A: Ah, essa é ótima. Você é que está sempre se fazendo de vítima.
B: Esquece, você claramente está de mau humor hoje.
A: Sou eu que estou de mau humor?

E por aí vai. Em uma troca assim, cada comentário só está relacionado ao anterior. A conversa quase não tem nenhuma lembrança de si mesma. Nenhuma das partes aprende nada com a outra, e ambas vão ficando cada vez mais irritadas.

Em 1989, um programador da Universidade de Dublin chamado Mark Humphrys criou um *chatbot* a que deu o nome de MGonz. Sempre que o *bot* não tinha uma dica clara de como responder a um comentário, optava por um insulto, como "Você é um babaca", "Já chega, não vou mais falar com você" ou "Digite alguma coisa interessante ou cale a boca". Humphrys deixou o programa ligado à rede da universidade durante uma noite e, quando voltou, descobriu que alguém havia passado uma hora e meia discutindo com MGonz, obviamente convencido de que se tratava de uma pessoa real.

Humphrys descobriu assim uma verdade sobre as discussões humanas: elas tendem a ser sem estado. Discussões que se iniciam "por causa" de alguma coisa logo não são sobre nada além de si mesmas, prendendo os envolvidos em um padrão de reciprocidade negativa. A conversa se torna tão simples e simplista quanto uma linha reta.

Discussões sem estado podem continuar indefinida e inutilmente, já que não há nada a resolver ou concluir. No processo, vão se tornando cada vez mais desagradáveis. Quanto mais acalorada a discussão, mais difusa ela fica, com resultados tóxicos. Você talvez até esqueça qual foi o motivo da polêmica, mas com certeza vai se lembrar de como se sentiu.

As regras da discussão produtiva

Brian Christian, que escreve sobre ciência, observa: "O abuso verbal é *menos complexo* que outras formas de comunicação". O correspondente anônimo de MGonz respondia aos insultos do *bot* com insultos também. Por mais inteligentes ou mordazes que fossem suas respostas, também tornavam as coisas mais fáceis para o robô. Se tivesse feito algumas perguntas, logo teria descoberto as limitações de seu interlocutor. É quase impossível que um *chatbot* responda de forma convincente a perguntas como "O que você quer dizer com isso?" ou "Como isso acontece?", porque exigem elaboração baseada em contexto; exigem que a outra parte amplie a conversa, em vez de apenas pegar o gancho do último comentário.

De maneira similar, para que uma conversa entre pessoas pareça mais humana e menos robótica, precisamos fazer perguntas que não podem ser respondidas seguindo um roteiro. Daí vem o papel essencial da empatia, da curiosidade e da surpresa em conversas conflituosas. Don Gulla passou para os policiais de Memphis um vídeo de uma tentativa de prisão (há muitos vídeos do tipo na internet, gravados com o celular ou com câmeras policiais de corpo). Um homem que acabou de cometer um assalto à mão armada está dentro de uma loja, diante de um policial com uma arma apontada para ele. A arma do assaltante está no bolso de trás. O homem não tenta pegar a arma ou fugir, mas se recusa a obedecer ao pedido do policial para que fique de joelhos.

O policial passa do pedido à ordem, seu tom de voz cada vez mais intenso. "De joelhos!", ele grita. "Eu *não* vou falar de novo!" O assaltante se recusa a se ajoelhar, e o policial repete a ordem. O impasse só é resolvido quando mais policiais chegam. Depois de passar o vídeo, Gulla diz: "O policial pede que o homem se ajoelhe umas dez vezes. Ele deveria perceber que o que está fazendo não está tendo efeito. Não prossiga no erro só porque já gastou muito tempo com ele".

Gulla elucidou a psicologia do impasse. "O cara diz pra você se afastar. Seu ego diz: 'Não, o policial aqui sou eu'. Mas quem se importa? Dá espaço pro cara. Talvez pergunte o nome dele. Você pode até baixar a arma e oferecer um cigarro. Pergunte a si mesmo: Por que ele está se recusando a ajoelhar? Talvez seja humilhante demais para ele. Diga: 'Pode pelo menos sentar?'."

"Às vezes", Gulla prosseguiu, "você só precisa mudar de marcha." Ele contou a história de um policial que perseguia um homem a pé por uma estrada, enquanto os carros passavam a toda velocidade. O policial já estava sem fôlego, então teve uma ideia. Ele parou e gritou: "Ei, estou fora de forma demais pra isso. Pare, por favor!". O cara parou, deu meia-volta e se entregou. "Foi lindo", Gulla disse, com os olhos brilhando.

• • •

Estava nevando na noite de janeiro de 1993 em que dois acadêmicos israelenses ligeiramente estupefatos chegaram a uma casa de campo norueguesa após a longa viagem desde o aeroporto. Ron Pundak e Yair Hirschfeld atuavam como representantes clandestinos de políticos israelenses. Seus pares palestinos, Abu Ala, Maher El Kurd e Hassan Asfour, chegaram atrasados porque a imigração tinha implicado com eles, o que os deixara aborrecidos. Um executivo norueguês havia emprestado a casa, que tinha o nome de Borregaard, a Rød-Larsen. Ele sabia apenas que seria usada para uma atividade política internacional.

No dia seguinte, palestinos e israelenses se reuniram na sala de estar. O clima era de desconforto, o que não surpreendia: ninguém estava muito certo de como aquilo ia se desenrolar ou de que deveriam mesmo estar ali. Rød-Larsen falou brevemente, explicando que o papel dos noruegueses, diferentemente do que acontecia com os americanos, seria apenas de facilitadores da conversa. "Para que consigam conviver, vão ter que resolver esse problema entre vocês." Ele os aconselhou a usar suas primeiras horas juntos para se conhecer, compartilhar histórias de casa e contar sobre seus filhos. Depois do almoço, a lareira foi acesa, e israelenses e palestinos se sentaram frente a frente nos sofás de veludo vermelho separados por uma mesa de centro baixa e começaram a conversar.

Rød-Larsen estava focado em coisas que a diplomacia convencional negligenciava ou ignorava: ambientação, clima, personalidade. Ele não via motivo para os negociadores palestinos e israelenses não se darem bem e até mesmo se gostarem — assim como não via motivo para os meninos que vira nas ruas de Gaza não estarem brincando juntos em vez de lutando uns contra os outros. Rød-Larsen acreditava que, se os negociadores conhecessem seus pares, a conversa ia se tornar menos previsível e mais criativa. Como ele me explicou: "O objetivo era fazer com que abandonassem o roteiro". Seu trabalho era criar as condições que tornariam aquilo possível.

Em Washington, os dois lados haviam mandado delegações de mais de cem pessoas cada. Ficavam em hotéis diferentes e se reuniam em mesas enormes, depois de participar de coletivas de imprensa separadas, enquanto os americanos intermediavam propostas e contrapropostas. Em Borregaard, israelenses e palestinos dormiam na mesma casa, comiam e passavam os intervalos juntos. Rød-Larsen prestava atenção especial a detalhes como os lugares à mesa do jantar. Eram servidas especialidades norueguesas, como peixe defumado e batatas cremosas, e vinho e uísque corriam soltos.

Os negociadores, que eram cinco no total, se reuniam em diferentes partes da mansão, e às vezes do lado de fora, discutindo durante longas caminhadas sob as estrelas em meio às árvores tomadas pela neve. Como Jane Corbin colocou, o clima era de

Saia do roteiro

"um fim de semana em uma casa de campo, com boa comida, boa companhia e conversas estimulantes até tarde da noite". Para os negociadores, aquilo era muito diferente dos altos escalões do governo nas capitais mundiais. O novo ambiente permitiu que emergisse uma conversa diferente, mais expansiva emocionalmente. Relações de confiança foram logo estabelecidas.

O papel do próprio Rød-Larsen era modesto. Ele não participava das discussões, mas, sempre que um negociador saía um pouco da reunião, ia até ele e desabafava, muitas vezes sobre suas frustrações com o outro lado. Rød-Larsen ouvia, refletia sobre o que lhe havia sido dito e reassegurava o negociador de que as conversas seriam produtivas. Um dos negociadores notou que Rød-Larsen nunca perguntava sobre a negociação em si, apenas sobre como se sentia. "O que você achou de se reunir com seu arqui-inimigo?", Rød-Larsen perguntava casualmente. "Você acreditava que aconteceria um dia?"

• • •

Peter Coleman afirma que há uma tensão fundamental entre *coerência* e *complexidade* na mente humana. Ele chama isso de "lei bruta" da nossa existência. Queremos resolução e encerramento, ao mesmo tempo que queremos interesse e novidade. Buscamos ordem e buscamos liberdade. Os problemas surgem quando sentimos que estamos sendo levados demais a uma direção ou outra. Sociedades excessivamente ordenadas se tornam sufocantes e opressoras; aquelas que não têm coerência são inquietantes e alienadoras. Transtornos de saúde mental tendem a resultar de uma inclinação excessiva para a ordem (transtorno obsessivo-compulsivo) ou para o caos (esquizofrenia).

Quando estamos ansiosos, sentimo-nos ameaçados ou só estamos cansados, temos um forte impulso a simplificar — a pegar atalhos rumo à coerência. O que acontece quando você está discutindo com alguém? Você fica estressado, sente-se atacado e fatigado. Então recorre a respostas simples (ela é uma *idiota*, ele é *maldoso*), e seus adversários fazem o mesmo. Quando um conflito de qualquer tipo sai de proporção, diz Coleman, há uma pressão, de ambos os lados, por coerência. Ambas as partes se tornam cada vez mais rígidas e inflexíveis. Nuances, ironia e conciliação dão espaço a oposições binárias: bom e mau, inteligente e burro. A curiosidade quanto ao ponto de vista fica sob suspeita, porque leva a perguntas que preferimos que não sejam feitas. A empatia também, o que pode deixar nossa percepção moral menos clara. A única pergunta permitida passa a ser: de que lado você está?

Quebrar essa dinâmica exige uma abordagem lateral. Em vez de ir direto ao ponto do conflito, o conselho de Coleman é "não fazer sentido". A principal tarefa é descobrir um modo, qualquer um, de despertar sentimentos positivos entre as partes. "Isso pode parecer simplista, mas é tudo. Na verdade, quanto mais distantes essas tentativas estiverem da persuasão racional e de tentativas óbvias de influenciar as emoções, melhor". Negociadores são treinados para analisar e racionalizar; seus pensamentos são diretos. E, quando isso é um problema, é preciso usar a imaginação.

Às vezes, terceiros são necessários para introduzir dissonância criativa à dinâmica "nós e eles". No processo de Oslo, esse papel foi desempenhado pelos noruegueses. Na Libéria do início dos anos 2000, um grupo de mulheres comuns, ainda que extraordinariamente corajosas — mães, tias e avós —, formou uma organização conhecida como Rede Internacional de Mulheres pela Paz, que ajudou a acabar com uma guerra civil que durava décadas. Quando as Forças de Manutenção da Paz da ONU se viram em um impasse armado com um grupo de forças rebeldes na selva, a rede foi chamada. As mulheres chegaram ao local usando camisetas brancas e adereços de cabeça. Entraram na selva com as mãos erguidas, dançando e cantando. Sua intervenção introduziu no impasse surpresa, variação de tom e sensações melhores. Depois de dois dias, as mulheres tiraram os rebeldes da selva.

• • •

A primeira reunião em Oslo foi encerrada depois de três dias. Em fevereiro, os participantes voltaram a se reunir em Borregaard, com a bênção tácita de seus respectivos líderes. O canal de Oslo, que permaneceu em segredo para o resto do mundo, agora era considerado por ambos os lados uma contrapartida séria às conversas oficiais. Ao longo dos meses seguintes, em uma série de reuniões em diferentes casas de campo norueguesas, os participantes foram abrindo o caminho rumo a um acordo revolucionário.

Como cientista social, Rød-Larsen prestava bastante atenção na dinâmica de grupo. Uma microcultura se formou em Borregaard, e ele procurava maneiras de preservar sua fluidez e impedir que se transformasse em protocolo, enquanto negociadores mais seniores eram introduzidos. Quando um oficial israelense bastante antigo se juntou a uma reunião pela primeira vez, Rød-Larsen puxou Ala, o negociador palestino, pela mão, aproximou os dois homens e comentou: "Conheçam seu inimigo público número um!". O comentário pareceu espontâneo, mas Rød-Larsen havia planejado aquelas palavras com todo o cuidado. Nos termos diplomáticos convencionais, não fazia sentido. Mas a brincadeira provocou um sorriso nos dois homens. Mais adiante, eles passaram a sair juntos para caminhar no bosque, intercalando discussões intensas com piadas sujas.

Dia e noite, durante oito meses, Rød-Larsen agiu como inter-

As regras da discussão produtiva

mediário para as equipes de negociação e seus respectivos líderes em Túnis e Tel Aviv. Ele se esforçou muito para manter a camaradagem do grupo — o sentimento de "nós contra o mundo". Sabia que só dentro do contexto daquela estranha solidariedade entre antagonistas novas maneiras de ver o mundo emergiriam. Exigiu um esforço emocional e físico terrível, mas Rød-Larsen conseguiu criar condições em que arqui-inimigos foram capazes de reconhecer uns aos outros como seres humanos — como indivíduos que compreendiam a dor do exílio e da perda; como pais que tinham esperanças para seus filhos; como homens com a mesma predileção por piadas ruins.

O processo de Oslo culminou em uma reunião em uma manhã de setembro de 1993. Sob um céu azul, dois homens se encararam no gramado da Casa Branca, diante de um público composto de líderes mundiais convidados para a ocasião, enquanto milhões de pessoas assistiam a tudo pela TV. Um dos homens era Yitzhak Rabin, primeiro-ministro de Israel, ex-general do exército e veterano de batalhas sangrentas com seus vizinhos, incluindo os palestinos. O outro era Yasser Arafat, líder da OLP, que por quarenta anos havia conduzido uma guerra de insurgência contra o Estado de Israel.

Menos de nove meses depois de Rød-Larsen ter realizado o primeiro encontro clandestino em Borregaard, os dois líderes estavam reunidos para assinar uma declaração de princípios que ficou conhecida como Acordos de Paz de Oslo. Foi a primeira vez que a OLP e Israel se reconhecerem como antagonistas legítimos — algo que a maior parte das pessoas julgava impossível, até acontecer. Entre os dois estava o presidente dos Estados Unidos, Bill Clinton, que pediu que os dois inimigos trocassem um aperto de mãos. Arafat estendeu a sua primeiro. Rabin hesitou, como se para demonstrar como aquilo era difícil para ele. E os dois apertaram as mãos.

Pouco depois, as negociações sobre os detalhes do acordo

Saia do roteiro

caíram por terra. Rabin, que talvez fosse o único líder suficientemente estimado em Israel para que o acordo funcionasse, foi assassinado em 1995. Cinco anos depois, o processo desencadeado pelos Acordos de Paz de Oslo foi encerrado definitivamente com a eclosão da Segunda Intifada, período de intensificação da violência entre palestinos e israelenses.

Oslo fracassou, mas teve seu valor. O espírito do acordo perdura na própria noção de uma solução pacífica de dois Estados. Assim como a história do canal de Oslo, cujas brasas brilham fraco na escuridão. Se o impossível de repente pareceu possível daquela vez, pode voltar a parecer.

• • •

Peter Coleman cita um estudo que estima que cerca de um entre vinte conflitos é classificado como "intratável" — ou seja, extremamente difícil de resolver. Diz-se que o número se aplica não só a embates diplomáticos e políticos, mas aos conflitos da vida cotidiana, entre familiares, amigos ou colegas. Disputas intratáveis podem ser raras, mas exercem uma poderosa influência na vida dos envolvidos e daqueles à sua volta, drenando energia e gerando hostilidade. Costumamos nos referir a esse tipo de conflito como "complexo", mas de certo modo, como vimos, trata-se do oposto, o que nos faz pensar sobre nossa abordagem. Como Coleman me disse: "No conflito, você é levado a simplificar, portanto precisa compensar isso com maior complexidade de sentimentos, pensamento e ação".

Discussões com amigos e parentes muitas vezes seguem padrões regulares. Depois que uma discussão começa, você já prevê como as coisas vão se desdobrar, assim como um especialista em xadrez prevê os oito movimentos seguintes de um jogo só de olhar

As regras da discussão produtiva

para o tabuleiro. Conforme o roteiro familiar se desdobra, somos arrastados para ele de maneira quase irresistível, desempenhando nosso papel no velho drama. Para impedir que isso aconteça, agite as coisas. Diga algo que a outra pessoa não espera, concorde com ela inesperadamente ou mude de assunto por um tempo. Você pode variar o modo de dizer as coisas assim como o que você diz, a linguagem utilizada ou o tom empregado. É possível incluir um toque de humor ou de carinho, ou até mesmo algo que não faça muito sentido. Se você sempre tem essa discussão na cozinha ou no escritório, leve-a para outro lugar.

O que você deve tentar fazer é criar espaço, literal e figurativo, para um novo modo de comunicação entre as partes. Na verdade, você pode pensar que está abrindo um canal de comunicação secreto com seu antagonista.

12. Restrições compartilhadas

Discordâncias se beneficiam de um conjunto de normas e limites acordados que apoiem a autoexpressão. Regras geram liberdade.

Em 2013, Kal Turnbull tinha dezessete anos e estava no último ano do ensino médio em Nairn, na Escócia, quando percebeu que ele e seu grupo de amigos tinham opiniões parecidas, quer se tratasse de política, música ou TV. Turnbull começou a se perguntar como fazer para ouvir a opinião de pessoas que viam as coisas de maneira diferente.

Isso não é tão simples quanto parece. Qualquer pessoa que já tenha vivido no mesmo lugar por um longo período tende a passar o tempo com pessoas que têm uma visão de mundo mais ou menos parecida com a sua. Nem sempre é fácil encontrar parceiros de conversa com pontos de vista radicalmente diferentes dos seus. Mesmo quando isso acontece, há uma pressão social pela concordância, uma vez que, como vimos, a discordância pode ser desconfortável e desagradável. Você pode usar a internet, claro. Mas, quando deu uma olhada nos debates nas redes sociais, Turnbull se deparou com muita pose e muito ataque, mas pouco envolvimento real. Não parecia haver um lugar ao qual recorrer para que seus pontos de vista fossem sondados e questionados sem que se sentisse agredido. Por isso Turnbull decidiu criar um. Ele começou um fórum no Reddit chamado Change My View [CMV — Mude minha opinião]. Em cinco anos, já tinha mais de meio milhão de inscritos.

O CMV é um lugar onde se pode explorar os limites de seu ponto de vista. Talvez você tenha uma opinião formada sobre algo

As regras da discussão produtiva

— como governar o país, se Deus existe ou não, o filme mais supervalorizado do ano —, mas sinta que não está considerando todos os aspectos da questão e pode estar se esquecendo de algo importante. Então pode levar sua opinião para o CMV, cuja comunidade vai te ajudar a pensar a respeito, discordando de você com educação. Mudando de opinião ou não, você certamente vai passar a ver as coisas de modo diferente.

• • •

Quando as pessoas celebram o valor da discordância, com frequência enfatizam a liberdade de expressão. Mas, como as redes sociais revelaram, quando elas podem se expressar como quiserem, discordâncias tendem a evoluir para aspereza e abuso. No CMV, não vale tudo. Turnbull trabalhou com uma equipe de mais de vinte moderadores, selecionados entre os contribuidores regulares do grupo, para manter um código de conduta rígido. Quem quebra as regras primeiro é alertado e, se ignorar os alertas, é expulso da plataforma. "Temos regras restritivas, que garantem a liberdade de certas conversas", ele me disse. As regras não foram criadas por Turnbull logo de início: evoluíram organicamente com o tempo, conforme ele e os usuários foram descobrindo o que contribui ou não para uma discordância saudável.

O CMV funciona assim: primeiro, você envia uma opinião que gostaria que fosse desafiada, como "Zoológicos são imorais", "Heroína deveria ser legalizada", "Radiohead é a melhor banda de todos os tempos". Não há nenhuma regra quanto ao conteúdo da crença — pode ser qualquer coisa. Mas tem que ser uma crença *sua* — você não pode escrever "Tenho um amigo que diz que…". Você também tem que estar verdadeiramente disposto a aceitar que sua crença pode estar errada. Essa última condição é difícil de impor, já que é impossível ter certeza do que se passa na cabeça de alguém, mas Turnbull e sua equipe identificaram alguns indicativos confiáveis de má-fé. Pessoas que dão sempre a mesma justificativa para sua opinião ou investem em discursos grandiosos repetidas vezes sem parecer absorver as perguntas dos outros usuários ou refletir sobre elas violam a regra que é informalmente conhecida como "nada de discurso".

O CMV pede que os usuários "entrem dispostos a conversar, e não debater", já que o último implica uma competição entre pessoas que nunca vão mudar de ideia e cujo objetivo é vencer, não aprender. O próprio ato de apresentar uma opinião ao CMV sinaliza que a pessoa, como alguém que decide fazer terapia, está *ambivalente*, de modo que também está aberta a mudanças. Turnbull me disse que quer que o CMV seja como uma clínica que as pessoas possam visitar para descobrir por que estão erradas.

O CMV pede à pessoa que vai apresentar um ponto de vista que não se restrinja a expô-lo grosseiramente, mas também forneça um resumo de por que acredita nele. Isso pode incluir sua linha de raciocínio, embora, de acordo com Turnbull, o mais importante, em geral, seja *como* a pessoa acabou acreditando naquilo. O ponto de vista está relacionado com a vida pessoal dela, ao ambiente em que foi criada, a uma experiência específica? Um filósofo poderia argumentar que é irrelevante como alguém chega a determinada opinião — que uma crença estar correta ou errada só pode ser estabelecido com base na lógica ou nos fatos. Mas Turnbull e os usuários do CMV descobriram que relacionar a opinião de uma pessoa à sua vida leva a melhores conversas.

Saber um pouco sobre de onde a pessoa vem ajuda os outros usuários a moldar suas perguntas e seus argumentos. Aqueles que são mais bem-sucedidos em fazer outros mudar de opinião tendem a não publicar argumentos prontos, que valeriam para qualquer um, mas a construir seus pontos de vista de acordo com a pessoa por trás da opinião. Quanto mais os comentadores sentem que estão falando com uma pessoa real, menor é a probabilidade de que ataquem o ponto de vista dela e maior a probabilidade de que demonstrem que estão realmente ouvindo — e pessoas que sentem que estão sendo ouvidas são mais abertas a mudar de opinião. "Que aparência o ato de ouvir assume em um fórum baseado em texto?", Turnbull se pergunta. "Acho que tem a ver com fazer referência aos motivos que justificam o ponto de vista de uma pessoa e o caminho que a levou até ali."

Na maior parte dos fóruns de redes sociais, Turnbull me contou, as pessoas vão direto ao ponto de discordância, sem se dar um momento para compreender umas às outras primeiro. O resultado é que ficam arranhando a superfície do problema em vez de ir a fundo nele. *Eu acho isso! Bom, eu acho isso!* "Às vezes, é melhor não ter pressa de chegar ao ponto da discordância", Turnbull diz. "Comece do começo, dê uma volta em torno da questão, depois veja para onde ir." Outro benefício de pedir a quem manda opiniões que se dediquem a articulá-las é dar início ao processo de abertura da mente a falhas em sua posição. Conforme as pessoas discutem as coisas em mais detalhes, muitas vezes descobrem que estão menos certas do que pareciam.

Comentadores precisam discordar do ponto de vista publicado. Turnbull não queria que o CMV fosse um lugar onde as pessoas tivessem suas crenças reafirmadas — afinal, há muitos outros locais para isso. No entanto, é crucial que as discordâncias sejam expressas com cortesia e respeito. A primeira regra é a mais simples: *não seja grosseiro ou hostil.* A equipe de moderadores de Turnbull está sempre alerta a qualquer sinal de grosseria ou agressão. A proibição de hostilidade é fundamental, ele diz. "É muito importante que as pessoas não quebrem essa regra, porque quando fazem isso

Restrições compartilhadas

atrapalham a conversa e dificultam que outras consigam passar sua mensagem ao autor da publicação. Porque o tom muda."

Vale a pena nos debruçarmos sobre isso. O tom às vezes é discutido como se fosse uma característica secundária da interação humana. ("Por que você está se preocupando com o tom? Foque o conteúdo.") Mas o tom é mais importante que o conteúdo. Vai mais fundo que as palavras. É o meio pelo qual expressamos o relacionamento que esperamos ter com quem estamos falando. Seu tom comunica de maneira eficaz como você se vê em relação a mim: como mais ou menos inteligente; como dominante ou deferente; como alguém com quem posso falar a sério ou fazer brincadeiras. E, como já vimos, até que as pessoas estabeleçam uma relação mutuamente agradável, discordâncias só podem acabar mal.

Turnbull nota que, quando as pessoas quebram a regra contra hostilidade no CMV, costumam fazê-lo sem notar e pedem desculpas imediatamente. "Elas querem mudar a opinião da outra pessoa. Ser grosseiro vai contra seus próprios interesses, porque assim a probabilidade de passar sua mensagem é menor." Embora devesse ser óbvio, as pessoas muitas vezes se esquecem disso no calor do momento. A regra mais engenhosa do CMV é aquela que as mantém focadas no motivo de estarem ali: quem publica um ponto de vista depois pode premiar os usuários que lhe mostraram seu equívoco. Se e quando uma pessoa decide que sua opinião foi alterada por uma conversa no CMV, ela concede um Δ (um delta, que na matemática e na física representa mudança) ao usuário que fez a diferença.

Uma pessoa com número elevado de deltas ganha *status* dentro da comunidade, já que provou sua habilidade de mudar a opinião das outras. "Da primeira vez que recebi um delta", um participante disse a um pesquisador que estudava o CMV, "senti que era muito importante." Comentadores têm um forte incentivo para manter bons relacionamentos com quem publica uma opinião, porque de outra maneira não serão capazes de persuadir ninguém de nada.

• • •

Nos primórdios do CMV, Turnbull e seus colegas moderadores notaram um problema: as pessoas que viam sua opinião ser abalada pela discussão tendiam a não admitir isso. Apesar de adotarem uma posição diferente daquela de início, elas fingiam, talvez para si mesmas tanto quanto para os outros, que sempre haviam tido aquela opinião. Turnbull queria que as pessoas admitissem que haviam se equivocado. Não porque queria humilhá-las, e sim o oposto. Ele queria acabar com o estigma do equívoco. "Ninguém gosta de estar errado. Não é uma sensação boa. Mas, com uma abordagem positiva, é uma chance de aprender, ter *insights* e perder um pouco de sua ignorância. Não precisa parecer um ataque." Mais de 2 mil anos depois de Sócrates ter tentado reassegurar os atenienses, essa ainda é uma mensagem que precisa ser transmitida.

Quando falamos de "mudar de ideia", tendemos a pensar em uma alteração de 180 graus — uma conversão completa. O problema nisso é colocar um preço alto demais na mudança de opinião. No CMV, os participantes são encorajados a conceder deltas mesmo quando só sentem que a discussão os levou a uma compreensão mais profunda do tema, ou quando aprenderam algo com quem os desafia. "Isso nos ajuda a pensar em termos de *pontos de vista* literais", diz Turnbull. "Mesmo que você só se movimente um pouco, já tem uma perspectiva diferente."

Turnbull notou que as pessoas que são muito boas em fazer as outras mudar de ideia — usuários com número elevado de deltas — são boas em fazer perguntas produtivas. Elas não usam as perguntas como uma maneira de criticar o outro ("Por que diabos você acha que...?"), mas como para compreender melhor seu ponto de vista. Às vezes, suas perguntas expõem uma contradição no cerne da posição de quem deu a opinião, fazendo que ele ou ela a repense (pessoalmente, sei que no momento em que ouço alguém resumindo meu ponto de vista de maneira justa fico com medo). Mas isso só funciona quando as perguntas surgem de uma curiosidade genuína — pessoas que fazem perguntas em um estilo forense e persecutório são menos eficazes em fazer os outros mudar de ideia. Como Turnbull coloca: "Isso pode parecer contradizer toda a ideia do CMV, mas começar com a intenção de mudar a opinião da outra pessoa pode destruir o processo".

Já vimos como o reflexo de endireitamento pode sair pela culatra. Uma abordagem melhor para fazer alguém mudar de ideia é se tornar seu parceiro em uma exploração. Pessoas bem-sucedidas no acúmulo de deltas demonstram alguma incerteza quanto à sua posição. O ato de mudar de ideia e o de tentar fazer outra pessoa mudar de ideia começam no mesmo lugar: com perguntas que levantam simultaneamente para o perguntado e para quem pergunta — você não acha?".

• • •

O CMV é uma fonte fértil de dados para pesquisadores acadêmicos interessados em como e por que as pessoas mudam de ideia. Uma equipe de cientistas da computação da Universidade Cornell analisou mais de dois anos de publicações na plataforma. Foi descoberto que cerca de um terço de quem publicava opiniões tinha mudado de ideia. Pode não parecer muita coisa, mas, considerando as pesquisas anteriores sobre persuasão e mudança de atitude, é excepcional. Os pesquisadores da Cornell levantaram

As regras da discussão produtiva

os tipos de conversa que resultaram em deltas e os que não resultaram. Suas conclusões ecoam os comentários de Turnbull e dão continuidade a eles.

Por exemplo, o fator mais associado ao sucesso na persuasão foi usar palavras diferentes daquelas da postagem original. Isso é intrigante, porque implica que, para mudar uma opinião, é preciso colocar os mesmos argumentos em termos diferentes, dando-lhes um novo contexto. Isso se relaciona com outra descoberta dos pesquisadores: o uso de exemplos específicos é de grande ajuda na mudança de ideia, assim como o emprego de fatos e estatísticas; a melhor receita é uma combinação de contar uma história e apresentar provas concretas.

Respostas mais longas tendiam a se sair melhor que respostas mais curtas (a não ser que pareça que o comentarista está fazendo discurso). Era mais provável que um ponto de vista mudasse ao longo de uma conversa com um comentador do que com um comentário devastador. Mas, se ele não mudasse depois de cinco rodadas de trocas, provavelmente não mudaria mais (isso me foi útil para decidir quando abandonar decisões no Twitter).

Os pesquisadores também descobriram que "cercear" ajuda. Discussões que incluíam frases como "pode ser que" tendiam a ser mais persuasivas que aquelas que projetavam certeza. Quando o tom de um comentarista sinalizava que não estava totalmente seguro, a outra pessoa baixava a guarda. Fraqueza é poder.

• • •

Especialistas em trânsito sabem que basta dois ou três motoristas fazerem algo que atrapalhe o fluxo em uma via movimentada para que centenas de carros fiquem presos em um engarrafamento. O mesmo princípio se aplica ao debate na internet. Um pequeno número de participantes com a intenção de perturbar pode chamar a atenção de todo mundo, e antes que se perceba um novo normal foi definido, resultando em um impasse negativo.

A maior parte das pessoas não toma a decisão de ser grosseira, tampouco está implacavelmente determinada a manter a educação. Independentemente do ambiente em que nos comunicamos, pegamos por instinto dicas de como os outros estão se comportando. Isso é verdade no nível básico da díade: quando duas pessoas estão conversando e uma delas insere um toque que seja de hostilidade, a outra nota imediatamente e sente a necessidade de retribuir. Na internet, essa dinâmica sai de proporção. Sem nem pensar, as pessoas olham em volta e se perguntam: esse é o tipo de lugar em que se espera que eu ataque todo mundo ou que participe de um debate respeitoso?

Isso atribui certa responsabilidade a cada indivíduo. Hoje, estamos acostumados com a ideia de que o que compramos ou como nos deslocamos tem efeitos ambientais. Mas como nos comunicamos também tem. A cada comentário que fazemos, podemos escolher entre melhorar ou poluir o discurso. Na verdade, *o que* você diz pode ser menos importante do que *como* você diz. Afinal, você não pode estar seguro de que está certo. A única coisa de que pode ter certeza — o que pode controlar — é seu exemplo.

Só que melhorar a qualidade da discordância na internet não depende apenas do comportamento individual: regras bem pensadas fazem a diferença, como o caso do CMV demonstrou. A mais simples das regras pode ajudar, desde que as pessoas sejam alertadas dela. Há certa preocupação de que regras estritas possam ter efeito negativo na participação e na livre expressão. Em 2016, Nathan Matias, professor de comunicação da Universidade Cornell, se debruçou sobre isso. Ele conduziu um estudo com a comunidade de discussão científica do Reddit, que na época tinha

As regras da discussão produtiva

13,5 milhões de inscritos. Matias organizou as coisas de modo que usuários de alguns tópicos vissem anúncios das regras da comunidade, incluindo uma proibição à linguagem hostil. Em comparação com discussões cujos usuários não viram o anúncio, os comentadores de primeira viagem foram significativamente mais propensos a cumprir as regras, e a taxa de participação de novatos aumentou em média 70%. As regras não os desanimavam. Na internet, como no ambiente de trabalho, criar regras de interação melhora visivelmente a conversa para todos, principalmente para aqueles que ainda não são tão veteranos que tenham absorvido as normas do grupo por osmose. Restrições compartilhadas criam espaço para discordâncias mais animadas.

Regras são importantes não tanto porque as pessoas precisam que lhes digam o que fazer e o que não fazer, mas porque elas se sentem melhor ao se expressar dentro de uma estrutura à qual se espera que todos se adéquem. Discussões sempre podem sair do controle, seja porque as pessoas quebram as regras conscientemente ou porque as desconhecem. Mas, quando se perde a mão, em geral as pessoas querem encontrar uma saída, e um conjunto de regras claramente articuladas pode ajudar nesse sentido.

Esse é um princípio que negociadores em situações com reféns compreendem. Com frequência, eles têm que acalmar os ânimos quando se está à beira do caos. O professor William Donohue me contou que, para fazerem isso, eles tentam fornecer uma estrutura através da qual o sequestrador possa se expressar. "O negociador entra em uma confusão altamente contenciosa, movida pela identidade e emocionalmente carregada, e tem que colocar ordem nela. Ele responde ao que está ouvindo de maneira estruturada: "Sua primeira preocupação é esta, sua segunda preocupação é esta…". Especialistas em conversas difíceis são treinados para fazer isso, mas, como Donohue comentou comigo, isso é algo que comunicadores habilidosos fazem por instinto. "Um bom amigo escuta suas diatribes emocionais e ajuda você a dar uma forma a elas. Ele transforma sua confusão em algo que você é capaz de controlar, para que você possa fazer algo a respeito."

Donohue relacionou esse processo a um sistema político. "É onde a democracia começa. A ideia da Magna carta era retomar direitos de um rei inconstante que tomava decisões no calor do momento. Uma sociedade democrática precisa de processos estabelecidos, de modo que as demandas ou as queixas não sejam resolvidas com base nos caprichos do rei. Em minha pesquisa, vejo as mesmas forças em ação. Negociadores e mediadores criam um mapa dos problemas e propõem um processo para resolvê-los. Quando essa estrutura se desfaz, cria-se a possibilidade de pessoas tomarem o poder e imporem sua vontade."

13. Só se enfureça de propósito

Nem toda a teoria do mundo nos prepara cem por cento para a experiência emocional da discordância. Às vezes, seu pior adversário é você mesmo.

Voltando ao ponto de partida: uma sala de reunião em um hotel qualquer, em algum lugar no interior da Inglaterra, em uma noite de inverno. Eis o que eu sei: uma jovem foi estuprada em uma passagem subterrânea no domingo. Um vídeo do incidente foi carregado em um *site* a partir de um celular que pertencia a uma empresa de entregas local que tinha dezessete motoristas homens. A última mensagem de texto enviada do celular foi perto da casa de Frank Barnet, um homem com histórico de violência doméstica.

O homem para quem eu olhava não era Frank Barnet, e não era um suspeito de estupro de verdade. Era um ator. Laurence Alison me ofereceu a chance de participar no tipo de encenação que constitui a espinha dorsal de seu treinamento de entrevistadores da polícia. Foi ele quem me passou as informações do caso, dirigindo-se a mim como "detetive inspetor Leslie".

Então por que meu estômago estava se revirando? Porque a mera simulação de uma conversa de alta pressão tem o poder de acionar nosso sistema nervoso, independentemente de seu cérebro racional lhe dizer que nada é real. Alison tinha me avisado que entrevistas encenadas com frequência pareciam autênticas demais. Entrevistadores de polícia experientes podiam ser levados ao limite em simulações. No mundo real, interrogadores profissionais às vezes precisavam de terapia na sequência de um período de entrevistas intensivo.

O que aprendi com a simulação breve mas intensa foi que, embora para tornar uma discordância produtiva seja preciso influenciar a outra pessoa, a primeira que você tem que influenciar é a si mesmo. Dominar suas emoções e suas próprias reações é a habilidade mais difícil de desenvolver.

• • •

FB: Estou pouco me fodendo para essas outras *pessoas*. Por que está falando *comigo*, Frank Barnet? Por que eu?

Quem interpretava Barnet era Lloyd Smith, que participava com regularidade dos cursos de Alison. Lloyd já tinha sido entrevistado por mais policiais do que praticamente qualquer outra pessoa viva. Ele já representara um senhor de guerra de Ruanda, um terrorista islâmico e um líder de quadrilha brasileiro; um assassino, um pedófilo e um estuprador. Às vezes ele é agressivo e beira a violência, às vezes é encantador e evasivo, às vezes se mantém em silêncio com determinação. Em cada caso, incorpora o perfil do personagem escrito por Alison, além de informações sobre o crime ou os crimes que cometeu. Seu trabalho é dificultar a vida do entrevistador tanto quanto possível, o que ele faz com enorme habilidade e astúcia. Lloyd não estudou táticas de interrogatório, mas já participou de tantas entrevistas com tantos entrevistadores diferentes que tem uma compreensão profunda de sua dinâmica.

Ele também é um excelente ator. Para mim, não era Lloyd quem estava naquela sala. Era Frank Barnet. Expliquei a ele, em uma voz que tentei sem sucesso fazer parecer segura, que estávamos entrevistando vários motoristas que trabalhavam para a empresa de entrega.

FB: Então você acha que eu sou um estuprador?

As regras da discussão produtiva

Eu não sabia como responder. Como responder a algo assim? Só me repeti, dizendo-lhe de forma mais elaborada que antes que ele era uma entre várias pessoas com quem estávamos conversando. Eu parecia um político evitando uma pergunta direta.

FB: É só responder sim ou não. Você acha que posso ser um estuprador?

Finalmente, eu disse que sim.

FB: É bom que saiba que não gosto da sua gente.
IL: Que gente?
FB: A polícia. Vocês têm me importunado e batido em mim desde que eu era pequeno.

Tentei voltar à questão do que ele estava fazendo naquele domingo à tarde, mas Barnet tinha outra coisa em mente.

FB: Você acha que sou um filho da puta?
IL: Não, não acho.
FB: Você não acha que um estuprador é um filho da puta?

Ignorei a pergunta. Com formalidade, questionei de novo sobre aquele domingo. Barnet notou a aliança na minha mão esquerda.

FB: Você é casado, não é?
IL: Sim.
FB: Se eu estuprasse sua mulher, você ia me considerar um filho da puta?
IL: [silêncio estupefato] Sim, provavelmente.

Só se enfureça de propósito

Eu já estava com calor e me sentia nervoso e desconfortável. Agora, fiquei furioso também. Por que aquele cara achava que tudo bem falar de estuprar minha esposa? Por que ele estava *me* fazendo as perguntas? Não era eu o suspeito de um crime. Laurence, que estava observando, interrompeu a entrevista e me perguntou como eu me sentia. Contei a ele, que acenou com a cabeça. O desafio, Laurence disse, era evitar ser puxado pelo campo de força de Barnet, evitar ter a conversa que ele queria ter. "Você está pensando: 'Meu Deus, esse cara está sendo um babaca comigo'. Mas um entrevistador realmente bom é capaz de dar um passo atrás e pensar: 'Ah, que interessante. O cara está se comportando como um babaca. Por que será?'."

Lloyd, agora fora do personagem, me explicou que eu precisava aprender quando ceder. "Não acho que você deveria ter medo de usar as palavras que eu uso, minha linguagem. São pequenas dificuldades que crio pra você. Se percebo que você está lutando para se segurar, vou continuar pressionando. Se você disse: 'Sim, eu ia te considerar um filho da puta', não tenho o que fazer com isso. Ou quando perguntei se você achava que eu podia ser um estuprador. É só dizer que sim! Aí não tenho mais como te pressionar." Lloyd disse que às vezes ele punha os pés na mesa para atrair o entrevistador para uma discussão fútil. Os menos experientes viam aquilo como uma ameaça à sua autoridade e se deixavam distrair; os mais espertos simplesmente ignoravam. "Depois de um tempo, fica desconfortável para mim, e tenho que baixar os pés de qualquer jeito."

Laurence disse que, quando Frank Barnet tentou me abalar personalizando a conversa, eu devia ter voltado educadamente à questão que me interessava. "Você podia ter dito: 'Sim, é claro que eu acharia que você era, nas suas palavras, um filho da puta, mas não interessa o que eu acho. Estou aqui para entrevistar você sobre o estupro de uma jovem. É isso que tenho que fazer.'"

Comentou que meu maior erro tinha sido não explorar *por que*

Barnet estava se comportando de maneira tão desagradável. Ele achava que eu tinha deixado uma abertura escapar quando Barnet comentara que não gostava da polícia. "Você podia ter trabalhado com isso", Laurence disse. "Podia ter perguntado: 'A polícia te persegue?'." Lloyd concordou. "É uma experiência humana, uma verdade da vida dele. Você não precisa se responsabilizar pessoalmente, mas pode reconhecer o fato. Poderia ter dito: 'Parece que você teve uma experiência ruim'." Perguntar a respeito poderia ter me ajudado a compreender com quem eu falava, o que traria outro benefício sutil. "Tem um impacto subconsciente", disse Lloyd. "Entro no modo *conversa* de verdade, em vez de ficar dando respostas curtas ou fazendo perguntas ásperas."

Demonstrando interesse na vida dele, eu poderia ter feito com que baixasse a guarda. Mas é difícil ficar curioso quando se está com raiva. Na verdade, é difícil até pensar direito.

• • •

Uma equipe de psicólogos do University College London convocou participantes de uma pesquisa para ir ao laboratório em duplas. Uma pessoa era ligada a uma maquininha que aplicava uma força muito leve em seu dedo. Ela era instruída a pressionar o dedo da outra pessoa *usando exatamente a mesma força*. A outra não sabia dessa instrução, o que era crucial para o experimento.

A segunda pessoa era então instruída a retribuir, usando exatamente a mesma força que sentia que era aplicada no seu dedo. Os dois indivíduos pressionavam o dedo um do outro, enquanto os cientistas mediam a força que usavam. Em todos os pares testados, o uso de força aumentou rapidamente, até que os dois estivessem pressionando o dedo um do outro com cerca de vinte vezes mais força que a pressão original.

Esse experimento oferece um triste vislumbre da dinâmica da intensificação. Cada participante achava que estava se comportando de maneira proporcional ao outro, e, embora ninguém o estivesse fazendo deliberadamente, a pressão aumentou mesmo assim. O que levanta a questão: por que nem todos os nossos conflitos se intensificam da mesma maneira?

Uma resposta é: algumas pessoas reagem devagar aos sinais emocionais que recebem dos outros. Pesquisadores que estudam a comunicação conjugal descobriram que casais que retribuem a negatividade um do outro têm maior probabilidade de ser infelizes (embora, como vimos, a negatividade possa ser útil em um relacionamento, sentimentos negativos em excesso não são saudáveis, claro; o que importa é a *proporção* de sentimentos positivos e negativos ao longo do tempo). Isso também é verdade para casais que retribuem a positividade um do outro. Casamentos e famílias infelizes são mais febris; os sentimentos se espalham em um ritmo mais rápido do que nos felizes. Em seu laboratório, o cientista do relacionamento John Gottman mediu o efeito da discussão na *fisiologia* de pessoas casadas — na frequência cardíaca e nas glândulas sudoríparas — e estabeleceu uma relação com a longevidade do casamento. Se o comportamento de um afeta as funções fisiológicas do outro, o casamento provavelmente terminará em divórcio.

Pessoas com "inércia emocional" — que tendem a manter seu estado emocional, independentemente do que estiver acontecendo — também agem como influências estabilizadoras. Você pode ficar frustrado porque seu parceiro ou colega não responde imediatamente ao seu bom ou mau humor, mas talvez devesse ser grato. Certa medida de inércia emocional é saudável para o relacionamento ou para o grupo. Quando você está montando uma equipe ou escolhendo um parceiro, pode ser bom pensar em misturar personalidades sob essa ótica. Uma boa equipe deve contar com pessoas

As regras da discussão produtiva

apaixonadas e criativas, mas, a menos que tenha pessoas céticas ou simplesmente desanimadas, as discordâncias vão sair do controle de maneiras imprevisíveis. Os Beatles realmente precisavam de Ringo.

Chegar à mistura certa de personalidades é uma coisa, mas tentar invocar seu Ringo interior — acalmar suas respostas voláteis quando necessário — é igualmente importante para evitar que as coisas saiam de proporção. Os participantes do experimento de pressão no dedo agiam de um modo que o cientista do relacionamento Alan Sillars chamou, no contexto de brigas conjugais, de "reciprocidade negligente". Cada um respondia instintivamente ao último movimento do outro, sem se perguntar antes como deveria responder (para deixar claro, ninguém pediu que o fizessem). Como não tinham nenhum objetivo a atingir, exerciam pouco autocontrole.

A Huthwaite International, uma empresa baseada no Reino Unido que oferece treinamento em vendas e negociação, vem reunindo dados sobre o comportamento de negociadores há mais de cinquenta anos. Ela conduziu uma série de estudos no longo prazo usando uma metodologia consistente, baseada na observação direta de negociações reais. Um dos objetivos da pesquisa é estabelecer diferenças de comportamento entre negociadores altamente habilidosos e aqueles medianos (os negociadores têm que ser considerados altamente eficazes por ambas as partes e apresentar um histórico bem-sucedido).

Uma das maiores diferenças identificadas pelos pesquisadores da Huthwaite foi a maneira como negociadores lidam com conflito. Como qualquer outra pessoa, eles às vezes ficam bravos com suas contrapartes quando se encontram em discordância. A Huthwaite usa o termo "defendendo/atacando" para o comportamento emocionalmente acalorado, no qual o negociador ou demonstra agressividade em relação à outra parte ou faz uma defesa emocional de si

Só se enfureça de propósito

mesmo. Os pesquisadores da empresa observaram que o comportamento tem uma tendência a formar "uma espiral de intensidade crescente". Conforme uma parte ataca, a outra se defende de maneira que a primeira recebe como um ataque. Como resultado, fica mais difícil diferenciar movimentos defensivos de ofensivos.

Negociadores medianos têm maior propensão a reagir defensivamente a discordâncias ou a críticas implícitas, usando frases como "Você não pode nos culpar por isso" ou "Não é culpa nossa". Mas isso só provoca uma forte reação do outro lado, dando início à espiral. Na verdade, negociadores medianos se envolvem em espirais de defesa/ataque *três vezes* mais que os mais habilidosos. Eles também seguem um padrão de intensificação que os cientistas do relacionamento identificaram como comuns em brigas conjugais: incorrem no comportamento agressivo devagar, com poucos ataques, e vão aumentando a intensidade gradualmente, enquanto o outro lado faz o mesmo, até se chegar a um confronto declarado.

A maior parte dos negociadores habilidosos lida com as coisas de maneira diferente. Não que nunca empreguem hostilidade, mas o fazem raramente e, quando atacam, vão com tudo e sem aviso. Isso sugere que negociadores habilidosos controlam sua agressão de maneira mais consciente que os medianos. Quando as coisas esquentam, é porque vão usar isso como um meio para atingir um fim. Talvez eles queiram mandar um sinal daquilo com que se importam, ou tirar a discussão da estagnação. O que quer que seja, o que nunca fazem é deixar que a conversa os controle.

Nas negociações que levaram ao Acordo de Belfast, em 1998, o negociador-chefe do governo britânico, Jonathan Powell, passou horas intermináveis com políticos e oficiais de todos os lados do conflito na Irlanda do Norte, mediando discussões e absorvendo a raiva e a culpa com toda a paciência. Powell tem um temperamento tipicamente diplomático, equilibrado e tranquilo, mas a tensão que envolvia seu papel nas negociações o afetou. Em seu livro sobre negociações, *Great Hatred, Little Room,* ele descreve um momento em que perdeu todo o autocontrole. Em uma reunião que contava com a presença de seu chefe, o primeiro-ministro Tony Blair, Powell teve um acesso de fúria contra um oficial unionista, que ele achava que estava fazendo tudo o que podia para provocar os britânicos. Powell pegou o homem pelas lapelas e teve que ser contido por Blair. Depois, o primeiro-ministro o puxou de lado e lhe disse: "Você nunca deve perder a paciência sem querer".

De acordo com Alan Sillars, comunicadores habilidosos se recusam a se submeter à lógica da reciprocidade sem primeiro considerar se é a melhor coisa a fazer. Eles desaceleram a conversa deliberadamente e consideram suas opções. Não pensam apenas no que querem fazer, mas em como o que fazem afeta a outra parte e na melhor maneira de atingir seu objetivo com a conversa. Não é algo fácil de fazer quando se está sentindo raiva ou medo, o que faz sua frequência cardíaca aumentar, preparando-o para tomar decisões rápidas, impulsivas e muitas vezes ruins. Mas só o fato de estar ciente do que causa sua reação pode ajudar a controlá-la.

• • •

Don Gulla, da Polis, sugeriu que eu falasse com Ellis Amdur, especialista em raiva — na dele e na dos outros. Ele trabalha com policiais e outros profissionais que têm encontros carregados de raiva durante o expediente. Criado em uma família de classe média de Pittsburgh, Pensilvânia, Amdur cresceu com uma vulnerabilidade marcada ao dano existencial. "Sou judeu, e eram os anos 1950. Meus pais me ensinaram a nunca confiar em um cristão. Eles diziam que, quando ocorreu o Holocausto, ou os cristãos participavam dele ou nos davam as costas." Amdur estudou em uma escola em que as crianças trocavam socos livremente. Depois de apanhar uma vez, decidiu que precisava aprender a arte do combate.

Após se formar em psicologia em Yale, Amdur passou quase catorze anos no Japão, frequentando uma série de escolas de artes marciais. Voltou aos Estados Unidos para estudar uma forma de psicoterapia influenciada pela fenomenologia, que explora como percebemos o mundo como moldado por aquilo em que acreditamos. "Fui atraído para um modo de pensar que diz que você tem que ser capaz de superar seus preconceitos para ver o que está diante dos seus olhos. Um bom policial, ou qualquer pessoa que lida bem com crises, sabe separar os dados que são importantes dos que não são. Para fazer isso, você precisa estudar suas próprias reações e estar ciente delas."

Para Amdur, a raiva nunca é apenas raiva. Ele ensina os policiais a avaliar, com alto nível de precisão, o tipo de raiva que a pessoa está demonstrando e a lidar com ela. "Raiva caótica: delírio. Raiva apavorada: um lobo encurralado que vai lutar, embora não queira. Raiva fria: um predador mantendo o controle. Raiva acalorada: um urso querendo destroçar você. Raiva manipuladora: um rato que precisa chegar a seu objetivo no fim de um labirinto. Raiva enganosa: uma cobra na grama alta. Cada tipo exige uma abordagem diferente."

Amdur afirma que o cérebro tem três níveis: o humano, o mamífero e o réptil ("Isso não é correto em termos neurológicos, mas é uma metáfora útil para a agressividade.") No nível do cérebro humano, ele diz, "o encontro pode ficar um pouco acalorado, mas estamos interessados no que a outra pessoa está tentando dizer. Procuramos chegar a uma solução com que todos saiam ganhando. Outra palavra para isso é diálogo." Quando uma discordância aumenta a frequência cardíaca, podemos passar ao nível do cérebro mamífero. O encontro se torna uma disputa por dominação, e a raiva se torna a emoção dominante. *Quem você pensa que é?* "O

As regras da discussão produtiva

foco se torna o que *eu* tenho a dizer. Tenho pouco interesse no que os outros dizem. É por isso que a gente ouve as pessoas falando: *Você não está me ouvindo. Me deixa falar. Você não entende.*" O nível do cérebro réptil é diferente. "É aí que a raiva realmente assume. Alguém com raiva pensa apenas em vencer a discussão. Esse objetivo pode se sobrepor à verdade — a pessoa pode estar certa —, mas a verdade não é o objetivo. Não dá para solucionar problemas quando a pessoa está com raiva." Não dá nem para fazer perguntas a ela, já que, no caso de alguém com raiva, elas só vão confirmar que você não estava ouvindo. "Se você pergunta: 'Você está bravo?', a resposta vai ser: 'O que é que você acha, porra?'. É melhor dizer: 'Estou vendo que você ficou bravo'." No nível do cérebro réptil, a fúria toma conta.

Amdur sempre pede que seus alunos reflitam sobre seus próprios gatilhos psicológicos. Que tipo de coisa costuma deixá-los com raiva? Ele diz aos policiais que é crucial estar preparado para a possibilidade de que alguém ataque um de seus pontos fracos naquele dia. "Vamos dizer que você tem certa insegurança. Você não pensa a respeito na maior parte do tempo, até que alguém ativa isso. Quando penso em quais são meus gatilhos, vou saber lidar melhor caso sejam acionados. Não terei aquela reação intensa de ameaça. Estarei preparado."

Os treinadores da Polis em Memphis voltavam com frequência à importância do autodomínio sob pressão, e lembravam que às vezes precisavam de certa ajuda dos colegas. "Todo mundo tem seus gatilhos", Mike O'Neill disse a eles. "O meu era qualquer incidente de violência doméstica. Meus pais brigavam muito. Quando estava lidando com violência doméstica, eu podia explodir em um segundo. Meu parceiro sabia disso. Ele só dizia: 'Deixa comigo, Mike'."

Um dos policiais que estavam ouvindo falou: "Meu gatilho é quando crianças estão envolvidas. Visitei um apartamento que estava uma bagunça horrível. Dava para ver que o cara gastava todo o dinheiro em bebida. Tinha baratas em toda parte, e uma criancinha no sofá. Comecei a perder a cabeça. Meu parceiro teve que me levar para fora".

• • •

Meu breve encontro com Frank Barnet me lembrou de como é absurdamente difícil fazer o que interrogadores especialistas fazem. Sua mente tem que operar em capacidade total em pelo menos três níveis por vez. No primeiro, você está disputando uma partida de xadrez cognitivo, focado no que sabe sobre o suspeito, no que ele sabe que você sabe e no que precisa conseguir dele. No segundo, você tenta estabelecer uma relação emocional de harmonia ou confiança com um indivíduo que faz o seu melhor para te manter à distância. No terceiro, você luta contra si mesmo.

Eu sabia que não era uma boa ideia perder o controle diante de Frank ou reagir a suas provocações. Mas isso não significava que era fácil me impedir de fazer isso. Se eu não era capaz de controlar meu próprio comportamento, tinha pouca esperança de que influenciaria o dele. É claro que isso não é verdade apenas para encontros em celas ou campos militares. Em qualquer discussão acalorada, nosso conflito com outra pessoa está entremeado com o conflito dentro de nós mesmos.

Parece-me útil pensar a respeito dessa discussão interna como uma disputa entre objetivos concorrentes. O que quer que estejamos fazendo, sempre tentamos atingir um ou mais objetivos, independentemente de estarmos em plena consciência disso ou não. O cientista comportamental William T. Powers vê a mente como uma série de sistemas hierarquizados orientados por objetivos. Os sistemas de nível mais baixo controlam nosso corpo — o sistema nervoso central, nossos músculos —, enquanto os de nível mais alto envolvem consciência e propósito. Nos níveis mais baixos, ações podem ser tomadas automaticamente e sem pensar, porque eles recebem instruções de cima; quando você está dirigindo, não precisa pensar em cada movimento que faz, porque estabeleceu dirigir como meta. O objetivo está a serviço de outro objetivo, maior e mais estratégico: ir à loja de móveis. Segundo Powers, nossos problemas surgem quando os sistemas entram em conflito entre si. Talvez seu corpo tenha estabelecido para si o objetivo de ficar no sofá, mas um sistema de nível mais alto exija que você vá à loja, porque você precisa de um sofá novo. Isso faz com que você se sinta ansioso e infeliz até que um lado ou outro vença.

Em confrontos de qualquer tipo — com seu parceiro, um colega, um desconhecido —, muitas vezes ficamos presos a uma dessas disputas internas. Nosso sistema inferior, mais instintivo, estabelece o objetivo de vencer a discussão que se apresenta, enquanto um sistema mais elevado estabelece a meta de manter um bom relacionamento com a outra pessoa. Não se trata necessariamente de uma competição equilibrada. Os sistemas de nível mais baixo são poderosos e podem nos intimidar. Ficamos tão focados no objetivo que temos à frente — vencer a discussão, ser o melhor, demonstrar nossa inteligência superior — que perdemos a noção de que há um objetivo maior. Mesmo quando os sinais de que se trata de um erro são altos e claros — quando a discussão é estressante e dolorosa —, vamos em frente, sem olhar para os lados.

Quando uma pessoa está sendo grosseira ou hostil com você, isso funciona quase como um convite para que você retribua. Uma parte sua naturalmente quer aceitar o convite e fazer o mesmo com ela. Se isso acontece, estamos permitindo que a outra pessoa controle nossas reações, em vez de nos lembrarmos de que podemos escolher entre diferentes objetivos. Talvez nosso objetivo seja mesmo fazer a outra pessoa se sentir mal a seu próprio respeito ou humilhá-la — talvez você não se importe de prejudicar o relacionamento. Nesse caso, vá em frente. Dedique-se a esse objetivo.

Mas, muitas vezes, é melhor recusar o convite e usar outro tom. Se você está falando com alguém com quem quer ou precisa ter um bom relacionamento, baixar o nível também será ruim para ambos. Nesse caso, a melhor coisa a fazer é recuar, desacelerar e escolher conscientemente seu próprio caminho, em vez daquele que foi convidado a tomar.

William Powers ofereceu uma maneira útil de pensar sobre isso: sempre que ficamos presos em um conflito interno, devemos levar o problema para o próximo nível, como um funcionário que transfere a responsabilidade para o gerente de linha. Em outras palavras, devemos tentar ter uma perspectiva melhor do nosso comportamento e objetivos mais claros. Especificamente, podemos perguntar *por que* e *como*. Perguntar *como* ilumina nosso comportamento nos níveis inferiores. Assim, em uma discussão desagradável com alguém, podemos dar um passo mental atrás e perguntar: como estou me comportando nessa discussão? Estou sendo ranzinza, sarcástico, agressivo? Perguntar *por que* ilumina nossos objetivos mais elevados. Por que estou entrando nessa briga? O que estou querendo? Qual é meu objetivo? Quando você sabe responder *por quê*, pode decidir o que fazer quanto ao *como*. Pode mudar de tom e ficar mais caloroso ou brincalhão — ou, se o momento exigir, pode ser mais agressivo, como negociadores experientes fazem nos momentos certos.

Ir para o próximo nível não garante que seu interlocutor vá responder ao seu convite. Por exemplo, ele pode responder a seu tom mais caloroso com mais agressividade. Mas, pelo menos, tira *você* da posição em que se encontrava. Vencer a discussão de repente parece menos importante. Mesmo que você não consiga se reconciliar com a outra pessoa, pode se reconciliar consigo mesmo.

14. A regra de ouro: seja sincero

Todas as regras estão subordinadas à regra de ouro: estabelecer uma conexão humana real.

Na sala de interrogatório, é hora do segundo *round*. O mesmo caso, o mesmo suspeito. Só que, dessa vez, Frank Barnet seria um personagem diferente. Eu havia pedido a Laurence e Lloyd que me dessem uma amostra da gama de desafios que um entrevistador da polícia podia enfrentar.

Dessa vez, quando Barnet se sentou à minha frente, não me encarou com suspeita nem apoiou os pés na mesa. Ele olhou para o chão, como se não quisesse fazer contato visual. Quando falou, foi em um tom de voz suave e hesitante. Perguntei a ele o que estava fazendo no dia em questão. Ele começou a responder, então parou. "A garota está bem?", perguntou.

Respondi superficialmente e voltei a perguntar sobre os eventos do dia. Depois de uma longa pausa, ele falou, em voz baixa: "Quero ajudar, mas estou confuso. Eu nunca faria algo assim. Me prenderam na frente da escola, quando eu estava com meus filhos". Comentei que aquilo devia ter sido difícil para ele, então prossegui com as perguntas.

Laurence parou a entrevista e me perguntou o que eu estava achando. Respondi que me sentia mais confiante daquela vez, mais no controle. Laurence franziu a testa. "Acho que faltou empatia. Seu tom foi quase idêntico ao da primeira entrevista, embora um pouco menos nervoso. Não houve modulação."

Percebi que ele estava certo. Eu estava tão preocupado em soar como o detetive inspetor Leslie — autoritário, no comando — que havia esquecido que precisava adaptar meu tom à pessoa à minha frente. Lloyd também falou: "Se você vai dizer 'Deve ter sido difícil para você', sem a emoção correta por trás, é melhor não dizer".

Aquela foi uma lição crucial: demonstrar empatia sem senti-la é pior que não demonstrar. "A menos que você dê a impressão de que realmente se importa com o que aconteceu comigo, sinto como se só fosse parte do processo, como se você estivesse apenas tocando em frente."

Era importante parecer passível de persuasão, Lloyd prosseguiu. "Se um policial parece ter a mente aberta sem julgar, a chance de que eu fale é maior. Talvez só porque eu ache que posso te enganar. De qualquer maneira, se você dá a impressão de que já está decidido, não tenho motivo para falar."

Então os melhores entrevistadores conseguem passar a impressão de que têm a mente aberta? "Não é tanto conseguir passar uma impressão", Laurence disse, "mas estar genuinamente interessado em descobrir a verdade."

• • •

O policial britânico Jake Rollnick (cujo pai, Stephen, foi um dos idealizadores da entrevista motivacional que vimos anteriormente) me contou sobre como constrói pacientemente um relacionamento com a pessoa em crise antes de chegar à ação que precisa ser tomada — seja fazer uma prisão ou colocá-la em segurança, o que acontece com a mesma frequência. Quando encerrávamos a conversa, Jake fez um último comentário:

Um relacionamento é importante, mas há maneiras diferentes de chegar a isso. Meu sargento é um cara grandalhão, jogador de rúgbi, o típico homem de Cardiff. Ele sempre parte para o confronto, e sempre funciona. Eu me lembro de um cara que tinha cortado os pulsos e tomado uma *overdose* de comprimidos. Fiquei um século com ele, tentando persuadi-lo gentilmente a me deixar que o levasse para o hospital. Então o sargento chegou gritando:

"O QUE VOCÊ QUER QUE EU FAÇA? QUER QUE EU TE LEVE PRO HOSPITAL OU NÃO? NÃO POSSO RESOLVER SEUS PROBLEMAS PRA VOCÊ. TENHO UM TRABALHO A FAZER. SE QUISER IR PARA O HOSPITAL, EU TE LEVO — OU VOCÊ PODE FICAR AÍ E MORRER".

"Ele fez tudo errado", Jake disse. "Fiquei ali pensando que ele tinha estragado todo o trabalho que eu vinha desenvolvendo. Mas então o cara aceitou ir para o hospital. E já vi o sargento fazer isso várias vezes. De alguma forma, ele sempre acaba estabelecendo uma conexão. Não há regras."

Pode parecer estranho dizer isso em um livro baseado em regras, mas Jake está certo: não há regras prontas e rígidas. Bom, quase não há. Identifiquei um fio condutor em todas as conversas que tive no processo de pesquisa e escrita deste livro: é impossível lidar com discordância e conflito com sucesso sem uma conexão humana verdadeira. Tendo uma, todas as regras são discutíveis. Não tendo, as técnicas e táticas que usar provavelmente causarão mais danos que benefícios.

• • •

Durante o impasse com o Ramo Davidiano, o FBI experimentou uma série de táticas de persuasão desastradas e contraproducentes, como as táticas de persuasão tendem a ser quando desprovidas de empatia genuína e curiosidade. Uma das técnicas ensinadas em manuais de negociação é identificar um ponto em comum para desenvolver um relacionamento. É um bom princípio — e o apresentei aqui —, mas quando seguido da maneira errada a pessoa pode parecer insincera e cínica. Por exemplo, ao propor um plano para Koresh, um dos negociadores lhe contou que aquilo só havia sido aprovado depois que seu chefe, "um cristão muito devoto", havia rezado, "como todos fazemos". Koresh não se deixou impressionar. Outra tática de persuasão do FBI foi mandar fotos e vídeos das crianças liberadas, além de mensagens escritas por elas, para que seus pais se motivassem a sair e se reunir com elas. Os davidianos ficaram furiosos com a tentativa descarada de manipulação.

Mesmo pessoas que você acredita que sejam menos inteligentes que você (o que é sempre uma aposta arriscada) podem ter uma boa noção dos sinais que você manda. Don Gulla, o treinador da Polis, enfatizou que os policiais nunca devem fingir compaixão e precisam sempre assumir que os outros são inteligentes o bastante para identificar quaisquer truques seus, não importa quem sejam. "Pessoas com transtornos mentais são inteligentes. Só estão doentes. Sabem quando estão mentindo para elas. Não tente ser alguém que você não é. Seja verdadeiro."

Uma das frases que Laurence Alison sempre repete é: "Você tem que ser sincero". A curiosidade de um interrogador não pode ser fingida, precisa ser autêntica. Laurence me alertou repetidamente para não recorrer a "truques": técnicas de manipulação que fazem o interrogador se sentir esperto, mas muitas vezes são identificadas pelos entrevistados. Truques são atrativos porque fazem com que nos sintamos inteligentes e no controle, mas raramente são eficazes e podem sair pela culatra. Niël Barnard, ex-chefe do serviço de inteligência sul-africano e uma das figuras envolvidas na mediação da libertação de Mandela da prisão, tinha uma regra de ouro da negociação: "Inteligência é idiotice".

As regras da discussão produtiva

Quando Alfred Wilson decidiu perguntar ao motorista do guincho sobre sua vida, não era um truque: ele estava realmente interessado. Charlan Nemeth descobriu que o jogo do advogado do diabo só funciona se a pessoa realmente acredita em sua posição. Os negociadores de crise que falaram com Miriam Oostinga enfatizaram que um pedido de desculpas só funciona se for sincero. Viljoen sabia que Mandela estava falando sério quando mencionou quanto os africâneres o haviam magoado.

• • •

Jonathan Wender, fundador da Polis, me contou que a maior dificuldade de quando trabalhava como policial era o que chamava de "paradoxo burocrático". Era apenas como policial, quando estava de uniforme, que ele tinha permissão para se intrometer na vida das pessoas. Ao mesmo tempo, era só quando transcendia seu papel oficial que conseguia influenciá-las. "Se meu trabalho como policial é construir uma sensação de confiança, não posso fazer isso agindo como um burocrata rígido. Se eu visse as coisas através das lentes técnicas da lei, não poderia influenciar as pessoas de maneira duradoura. Preciso ser humanamente autêntico."

Wender foi criado em Nova Jersey, em uma casa cheia de livros e ideias. "Eu era uma criança inclinada à intelectualidade." Seus pais eram donos de uma livraria independente, e o avô era professor de história. Wender estudou filosofia e línguas do Oriente Médio na universidade, antes de se juntar a um departamento de polícia nas proximidades de Seattle. Seis anos depois, começou uma pesquisa de doutorado que aplicava o trabalho do filósofo alemão Martin Heidegger à polícia. Sua tese acabou se transformando no livro *Policing and the Poetics of Everyday Life*.

Falar com Wender é como ouvir um filósofo que por acaso

sabe qual é a maneira mais eficaz de executar uma chave de braço. Eu lhe perguntei o que achava de tão estimulante no trabalho policial. "O mundo parece pensar na polícia em termos de agressão, mas, para mim, a polícia realiza um trabalho íntimo. Interagimos com as pessoas repetidamente em seus momentos de maior vulnerabilidade. Você vê pessoas nascer e morrer. Você conversa com elas sobre seus problemas conjugais ou por que tentaram se matar. É a natureza humana nua e crua."

Como muitas vezes faz, Wender se voltou para a filosofia. "Um ser humano não é como uma árvore ou uma rocha. Criamos sentido. Um jato se movendo no céu deixa um rastro de fumaça, um barco se movendo na água deixa uma onda. Não pode ser diferente. O mesmo vale para uma pessoa que se movimenta no mundo. Quando você entra em uma sala, irradia sentido, como uma estrela irradia luz." Ele fez uma pausa. "Se isso é verdade, então interagir bem com os outros é ter um bom propósito. Nunca objetificar ninguém. Compreender que todos têm uma alma, que você tem uma alma."

PARTE TRÊS

Mantendo a discussão

15. O jogo infinito

Discordância produtiva não equivale a boas maneiras, mas um mínimo de educação é necessário para não encerrar a discussão.

"Onde há muito desejo de aprender, necessariamente haverá muita discussão."
John Milton

Em 1962, o filósofo e ativista de causas progressistas Bertrand Russel recebeu uma série de cartas de Oswald Mosley, antigo líder da União Britânica de Fascistas. Mosley queria que Russell se envolvesse em um debate sobre a moralidade do fascismo. Finalmente, Russell, que já estava com quase noventa anos, respondeu. Em uma carta breve, explicou por que não ia entrar naquela discussão com Mosley:

É sempre difícil responder a pessoas cujo éthos é tão estrangeiro, e na verdade repulsivo, ao seu próprio. Não é que eu me oponha aos pontos gerais levantados por você, mas cada grama da minha energia foi dedicado a uma oposição ativa ao fanatismo cruel, à violência compulsiva e à perseguição sádica que caracterizaram a filosofia e a prática do fascismo.
 Sinto-me obrigado a dizer que os universos emocionais que habitamos são tão distintos, e tão profundamente opostos, que nada de proveitoso ou sincero poderia emergir de qualquer associação entre nós.

Se eu fosse discordar de mim mesmo quanto à premissa deste livro, eis por onde começaria: a discordância produtiva é algo ótimo,

Mantendo a discussão

mas a verdade é que algumas pessoas simplesmente não a merecem. Sim, podemos aprender com nossos adversários, mas nem todos têm algo a nos ensinar. É claro que devemos tentar atrair nossos antagonistas, mas não aqueles com opiniões que os tornam indignos de nossa atenção. Alguns adversários devem ser apenas ignorados ou derrotados. Lutar ou correr às vezes são as únicas boas opções, e é perigosamente inocente pensar de outra maneira.

Pode ser. Mas é difícil identificar de antemão quando esse é o caso. Muito poucas pessoas estão separadas umas das outras por um abismo intransponível de crenças. Progressistas e supremacistas brancos? Então Mandela não devia ter negociado com Viljoen — ou com o governo sul-africano? Seria possível argumentar que ele só o fez porque precisou — porque precisava de algo deles. Mas a questão é essa. Muitas vezes precisamos de algo de pessoas cujas opiniões consideramos repugnantes, ainda que seja apenas tratamento justo ou uma convivência pacífica. Diplomatas foram bem-sucedidos em negociar ou mediar disputas envolvendo algumas das pessoas mais terríveis do mundo. Interrogadores falam com pessoas que cometeram crimes horríveis e têm crenças abomináveis e, ainda assim, conseguem desenvolver uma conversa produtiva. Russell não precisava discutir com Mosley, porque àquela altura Mosley já não tinha influência, era irrelevante, e Russell não tinha muito tempo mais.

Não acho que possamos dizer que é impossível se relacionar com algumas pessoas com base em sua visão de mundo. No entanto, acredito que seja impossível interagir com algumas pessoas por causa *da maneira como discordam*. Há pessoas que têm a mente completamente fechada, que são agressivas e maldosas, que sempre presumem má-fé, que discursam mas nunca ouvem. Trata-se de uma disposição ou atitude, mas não de uma ideologia, que pode ser encontrada em qualquer lugar, não se restringindo à política. Em relacionamentos, famílias e ambientes de trabalho, sempre encontraremos pessoas que só querem fazer seu próprio jogo, que podem fingir discordar produtivamente só para arrastar você para batalhas inúteis. Perceba que Russell explica que o "universo emocional" de Mosley é muito diferente do seu.

    Dito isso, temos uma tendência persistente e habitual a superestimar o tamanho desse grupo de pessoas. Principalmente quando não dormimos o suficiente. Com isso, quero dizer que nosso cérebro está sempre procurando maneiras de conservar energia, e um modo de fazer isso é reduzir o número de pessoas e de opiniões que consideramos dignos da nossa atenção. Por isso, recorremos a rótulos — racistas, deploráveis, idiotas — que nos oferecem uma saída. A certeza que você sente quando repudia alguém não é um sinal de que está certo, e sim satisfação por ter se livrado de certo trabalho. Muitos daqueles que julgamos rapidamente que são um desperdício do nosso tempo valem a pena, seja porque podem nos ensinar algo ou porque são mais ambivalentes do que a princípio aparentam. Alfred Wilson podia ter considerado o homem que ostentava uma bandeira dos confederados como alguém que não era digno do seu esforço. Mas ficou feliz por não ter feito isso.

• • •

Ainda assim, tudo isso é muito *razoável*, não? Este é um livro eminentemente razoável, que enfatiza a necessidade de ouvir os outros, de prestar atenção, de assumir outros pontos de vista. É tudo tão... educado.

    Eu valorizo a educação. Mas levo uma vida confortável, relativamente livre de medo. Pessoas que estão desesperadas ou com medo, que sentem que ferraram com elas, talvez queiram algo além de uma conversa educada. A própria noção de discordância produtiva pode parecer a elas um item de luxo. De que serve quando o teto de sua casa está desabando? Além do mais, vale a pena ficar nervoso por causa de certas coisas — até mesmo irracionalmente nervoso. A educação pode atrapalhar a sinceridade. Nem eu quero viver em um mundo em que todos precisam respeitar os sentimentos dos outros o tempo todo. As opiniões de algumas pessoas — e algumas pessoas — são simplesmente horríveis. Pode haver uma verdade estimulante em "vai se foder".

Forçar as pessoas a ser educadas pode ser uma maneira de preservar o *status quo.* O que os brancos ricos do sul diziam sobre os manifestantes em defesa dos direitos civis nos anos 1960? Que eles eram truculentos e que não valia a pena ouvi-los, muito menos discutir com eles. Em sua "Carta da prisão de Birmingham", Martin Luther King expressou sua impaciência com os americanos brancos que diziam que apoiavam sua causa, mas não podiam apoiar ações diretas. O branco moderado, disse King, "é mais devotado à 'ordem' que à justiça".

A mudança é desconfortável e até mesmo dolorosa para aqueles que podem perder com ela, e colocar importância demasiada nas boas maneiras pode ser um modo de impedi-la. Em reuniões corporativas, as pessoas só são levadas a sério se obedecerem a certas regras de apresentação, principalmente em culturas formais e de alto contexto. Torna-se praticamente impossível se levantar e gritar: "A MENOS QUE MUDEMOS, E DEPRESSA, VAMOS NOS FERRAR BONITO", mesmo que muitas falências e decisões desastrosas pudessem ter sido evitadas se alguém tivesse sentido que poderia fazer isso.

Ser educado também pode funcionar para controlar a conversa, exercendo seu poder. A educação pode funcionar como um código complexo, que, como qualquer outro, dá vantagem a quem o conhece. O sistema de classes britânico ainda é cheio de distinções sutis sobre maneiras aceitáveis de falar, que ajudam a manter algo tão ultrapassado. Em sua forma extrema, o politicamente correto também pode ser usado assim — como uma tecnologia linguística empregada para distinguir um lado do outro, permitindo que as elites educadas tenham ainda mais autoridade. Pessoas que têm algo desconfortável a dizer são excluídas da conversa com comentários como "Ele é agressivo demais" ou "Ela é emotiva demais".

Discussões não deveriam ser um esporte sangrento, tampouco deveriam ser incruentas. Se todo discurso público fosse conduzido como um jantar entre amigos, não ouviríamos gritos de dor ou de raiva. Às vezes, precisamos nos lançar à discussão sem pensar demais nas regras que estamos quebrando ou em quem podemos estar ofendendo. Mas isso leva a uma questão complicada. Qual é a diferença entre estar justificado e ser grosseiro, entre falar a verdade na cara de uma pessoa e humilhá-la?

• • •

Qualquer pessoa que acredita que nada se iguala às discordâncias políticas na internet em termos de injúrias deveria conferir as discussões religiosas de quinhentos anos atrás. Eis a opinião de Martinho Lutero sobre os papas:

"São biltres perfeitos, irrecuperáveis, a escória da perversidade na terra. Estão cheios dos piores demônios do inferno — cheios, cheios, tão cheios que não fazem outra coisa além de vomitar, lançar e extinguir demônios!".

A grosseria de Lutero (ele também chegou a escrever sobre o "querido papinha ignorante" que lambia o ânus do diabo) era estratégica. Ele não achava possível evocar a corrupção penetrante e grotesca da Igreja Católica Romana com educação — fazer isso

Mantendo a discussão

seria neutralizar o poder de sua raiva. Para protestar de maneira eficaz, ele e seus seguidores precisavam romper tanto com *como* o *establishment* falava quanto com *o que* era dito. Eles tinham o dever moral de ofender sensibilidades delicadas.

Teresa Bejan, filósofa política da Universidade de Oxford, estudou como a ideia moderna de "civilidade" se formou em meio às controvérsias religiosas e políticas que se alastraram no longo rastro da Reforma Protestante, quando as pessoas na Europa e no Novo Mundo tinham que lidar com o problema novo da "tolerância" — se e como era possível que as pessoas vivessem lado a lado com outras cujas crenças desprezavam. Bejan notou algo que os debates na América colonial e no presente têm em comum: a preocupação com o declínio das boas maneiras. Os anglicanos discursavam sobre como o ponto de vista dos ateus era ofensivo sem abordar seus argumentos. Os quacres eram evitados por não tirar o chapéu e por seu hábito nojento de apertar a mão dos outros. Se eles não conseguiam nem ser educados, não mereciam ser perseguidos?

Bejan se propôs a escrever um livro que argumentasse que a "civilidade" é uma ferramenta utilizada pelos poderosos com o objetivo de reprimir a dissidência e a discordância. Mas, ao longo de sua pesquisa, mudou de ideia. Alguém a persuadiu de que o verdadeiro propósito das boas maneiras era criar espaço para discordâncias desconfortáveis e até mesmo raivosas. E quem fez isso foi um inglês nascido em 1603.

• • •

Em janeiro de 1636, Roger Williams vestiu um casaco pesado, encheu seus bolsos tanto quanto podia de pasta de milho seco e saiu de casa, no frio congelante da noite na Nova Inglaterra. Williams não sabia aonde ia, mas sabia que precisava partir. Soldados vinham de Boston para prendê-lo. Tinham ordens de colocá-lo em um navio voltando para a Inglaterra, onde seria jogado na prisão.

Carregar pasta de milho para seu próprio sustento era um truque que Williams havia aprendido com as tribos indígenas americanas que conhecera ao longo dos anos. Ele precisaria de cada grama daquilo. Era um inverno violentamente frio — cerca de 35 anos depois, Williams recordou "a neve que ainda sinto" —, e ele não tinha para onde ir. Por catorze semanas, não sabia o que "pão ou leito significavam". Ele não teria sobrevivido se tribos locais não o tivessem recebido.

Williams era um homem de energia, confiança e charme excepcionais. Também tinha um apetite feroz pela discussão. Nascido em Londres, filho de um alfaiate, de alguma forma tinha conseguido chamar a atenção de Sir Edward Coke, um advogado e juiz inglês famoso por suas defesas dos direitos civis contra a Coroa. Coke viu algo no jovem e o acolheu sob sua asa, nomeando-o secretário. Williams foi iniciado na elite inglesa e frequentou a Charterhouse School e depois a Universidade de Cambridge, onde ficou amigo do poeta John Milton.

Como Milton, Williams tinha uma intensa curiosidade pelo mundo e um enorme zelo religioso. Ambos foram atraídos pelo movimento protestante que contestava o *establishment* e ficou conhecido como puritanismo. Williams se formou, ingressou no sacerdócio e se tornou capelão particular de um aristocrata puritano. Mas o governo de Carlos I reprimia os não conformistas, de modo que, em 1631, Williams partiu para a Nova Inglaterra, para se juntar à colônia da baía de Massachusetts.

Mesmo pelos padrões puritanos, Williams era rígido. Quase assim que saiu do barco na América, aos 28 anos, foi convidado para ser teólogo da Igreja de Boston, uma posição de prestígio que lhe garantia um papel na criação daquela sociedade. Era a oportunidade de sua vida, mas ele a recusou. Declarou que os puritanos

Mantendo a discussão

locais não eram suficientemente devotos, uma vez que permitiam que sua congregação se misturasse com a da Igreja da Inglaterra. Ele também discordava dos líderes da baía sobre a extensão de sua autoridade: Williams acreditava que o governo não devia ter nenhuma relação com a religião. Escandalizados, os líderes de Boston deixaram claro que ele não era mais bem-vindo. Williams se mudou para Salém, onde esperava fundar uma sociedade cristã mais pura. Infelizmente, também encontrou inúmeras falhas ali e as enumerou em voz alta, para irritação de seus vizinhos.

Por volta daquela época, Williams começou a visitar as tribos *wampanoag* e *narragansett*, fazendo parceiros comerciais e amigos. Ele aprendeu suas línguas, em parte para poder debater religião com eles, mas também porque tinha curiosidade quanto a como viviam. Williams queria saber mais sobre como caçavam e como veneravam. Ele não considerava a civilização indígena inferior à europeia, o que era notável para a época. Acreditava que os indígenas eram pagãos que queimariam no inferno, mas os tratava como iguais. "A natureza desconhece diferenças entre europeus e americanos em termos de sangue, nascimento, corpo etc.", afirmou. Ele chegou ao ponto de acusar publicamente os colonos de roubar as terras dos nativos, declarando todo o projeto americano uma fraude.

Seus colegas puritanos, que consideravam as tribos bárbaras, ficaram ultrajados. Cansados daquele encrenqueiro que se recusava a segurar a língua, as autoridades de Massachusetts votaram por seu banimento da colônia. Williams recebeu a ordem de ir embora em seis semanas, caso contrário enfrentaria a prisão ou coisa pior. Foram enviados soldados, o que o levou a fugir no meio da noite.

Depois de perambular pela mata inclemente, primeiro o povo *wampanoag* e depois o *narragansett* ofereceram abrigo e comida a Williams. Ele nunca esqueceu sua hospitalidade. Sua amizade com eles abriu a porta para seu próximo e maior ato.

• • •

Exilado de sociedades nas quais não queria viver, Williams refletiu sobre o tipo de sociedade em que queria viver. Ele sabia que nela todos seriam livres para prestar culto como quisessem. Isso não significa que ele tinha o que hoje consideramos uma mente aberta. Williams era um fundamentalista religioso. No que lhe dizia respeito, qualquer pessoa que não atendesse a seus exigentes padrões de adoração — que era praticamente todo mundo — estava condenada. Como Teresa Bejan escreveu: "Ao fim de sua vida, ele era parte de uma congregação de duas pessoas, ele e a esposa. E talvez não estivesse totalmente seguro a respeito dela". Mas Williams tinha forte compromisso com a integridade da consciência pessoal alheia e acreditava que as pessoas deviam ter o direito de ir para o inferno se assim quisessem. Sua sociedade ideal era aquela em que todos tentavam converter uns aos outros, mas ninguém poderia forçar os outros a se converter.

O chefe da tribo *narragansett* acabou presenteando Williams com um terreno em uma enseada, onde Williams deu início a um assentamento. Mais tarde, ele escreveu: "Tendo, a partir do senso da providência misericordiosa de Deus para comigo em minha angústia, chamado o lugar de PROVIDENCE, desejei que pudesse ser um abrigo para pessoas com a consciência angustiada". Sua família e a dezena de seguidores que tinha em Salém se juntaram a ele. Williams renunciou a seus direitos à terra e a tornou propriedade comum da cidade. Ele elaborou uma constituição, que, diferentemente dos documentos fundadores de Massachusetts e de qualquer outro assentamento europeu na América, não mencionava religião. O mais devotado dos homens, Williams acreditava que era vergonhosamente arrogante da parte dos humanos envolver Deus com os negócios mundanos do governo.

Mantendo a discussão

Foi assim que Providence, Rhode Island, se tornou um ímã de radicais, hereges, encrenqueiros e opositores na Nova Inglaterra. Todos com "a consciência angustiada" — que desejassem escapar da ortodoxia forçada das colônias vizinhas — foram para lá. Isso incluía quacres, judeus e católicos. Quase inesperadamente, Roger Williams, um agitador puritano, fundou a sociedade mais tolerante que o mundo já vira.

• • •

Em 1643, Williams voltou para a Inglaterra com a perigosa missão de garantir o reconhecimento de sua colônia incipiente. Durante sua estada, elaborou um documento que se tornou seu mais importante legado por escrito. Em Londres, recorreu a Milton, que o colocou em contato com sua editora. *The Bloudy Tenent of Persecution for Cause of Conscience* foi publicado em 1644, quando a Inglaterra estava em guerra consigo mesma e o Estado reprimia folhetos e livros que disseminavam opiniões não ortodoxas.

The Bloudy Tenent fazia uma poderosa defesa da extensão da tolerância não apenas a todas as seitas protestantes, mas a indígenas americanos, judeus, muçulmanos e até mesmo àqueles que ele chamava de "anticristãos": os católicos. Isso ia muito além do que qualquer pessoa já havia defendido, o que tornou *The Bloudy Tenent* incendiário. Quando de sua publicação, o Parlamento ordenou que fosse queimado, e poderia ter mandado prender Williams se ele já não estivesse voltando para a América, com seu registro na mão.

A versão de Williams de tolerância envolvia mais que um consentimento relutante de deixar que os outros vivessem como bem entendessem. Embora deixasse muito claro que a única religião verdadeira era seu tipo de cristandade, ele acreditava que os que não eram crentes deviam estar ativamente envolvidos em um esforço pela "conversa civilizada" com o intuito de salvar sua alma. Depois de narrar aos indígenas a história de Adão e Eva, Williams ouvia enquanto eles lhe contavam seus próprios mitos de criação, ainda que apenas para estar mais bem equipado para uma discussão com eles.

Ao mesmo tempo que Williams fundava sua colônia, William Penn liderava outro grupo de dissidentes na Pensilvânia. Os primeiros quacres eram radicais sociais intransigentes que se envolviam deliberadamente em comportamento ofensivo, como sair nus na rua ou invadir igrejas e silenciar o clérigo batendo em panelas. Williams odiava aquele comportamento. Ele dizia que implicava que "não há homens a serem respeitados no mundo exceto eles mesmos". Uma sociedade funcional e tolerante dependia de um "laço de *civilidade*", ele dizia. Com isso, não se referia ao sentido que normalmente associamos ao termo — decoro, modos ou tato. Williams, como você talvez já tenha concluído, não era um homem decoroso. Ele se referia ao que quer que permitisse a todos que dissessem o que pensavam. Williams esperava que as pessoas discordassem umas das outras a respeito de coisas com que se importavam, de maneira apaixonada e sem pesar. Agir diferente, ele pensava, seria uma traição à consciência. A tolerância exigia liberdade de expressão para que as pessoas pudessem competir por conversões e tentar persuadir umas às outras. A "guerra de palavras" era prova de uma sociedade honesta.

Para Williams, conviver com pessoas que discordam conosco quanto às coisas mais importantes da vida podia ser tenso, desagradável e exasperador, mas ainda é melhor do que conviver com aquelas com quem apenas fingimos concordar. Era dever de todos, em vez de buscarem harmonia ou se manterem em silêncio, continuar discordando sobre as coisas que importavam. Nesse sentido, civilidade não é tanto um código quanto um princípio: o padrão de comportamento mínimo necessário para encorajar o oponente a responder.

Mantendo a discussão

Roger Williams ajudou Teresa Bejan a conceber a civilidade não como etiqueta ou boas maneiras, mas como o que quer que os envolvidos em uma conversa difícil precisem fazer para manter todos na discussão, quer ocorra dentro de quatro paredes ou na sociedade como um todo. Afinal, mesmo os mais ferozes críticos da civilidade esperam um mínimo dela daqueles com quem discutem. A alternativa é simplesmente não discutir.

Durante o século XVIII, as divisões religiosas diminuíram conforme a sociedade comercial colocou mais pessoas de origens diferentes em contato frequente. Aristocratas ingleses compravam suprimentos de mercadores judeus; anglicanos faziam negócios com católicos. A polidez azeitava as engrenagens dessa complexa dança transcultural. O filósofo iluminista Anthony Ashley-Cooper foi o primeiro a usar a palavra em inglês "politeness" no sentido moderno de polidez. Ele pegou um termo associado à joalheria — a pedras polidas — e o elevou a uma virtude social: "Polimos um ao outro, alisamos cantos e lados ásperos por uma espécie de colisão amigável". Diferentemente do decoro, que era indicativo de classe social, a polidez era democrática: a romancista francesa Mademoiselle de Scudéry a descreveu como "o desejo de não ser o *tirano* da conversa".

A polidez não é apenas superficial ou decorativa. Aderir a um conjunto de regras compartilhadas é um modo de conversação deliberado entre pessoas que não se conhecem bem, como o experimento de Kal Turnbull demonstrou. A linguista Robin Lakoff (que foi casada com George Lakoff, citado no primeiro capítulo) resumiu o comportamento polido a três regras gerais: *Não se impor. Dar opiniões. Fazer o interlocutor se sentir bem.* Adoro a simplicidade disso, e, como você vai notar, as regras de Lakoff são ecoadas e elaboradas neste livro. Mas todas elas acabam sendo muletas, ou guias, que podemos dispensar no caso de um relacionamento forte. Devemos ser educados com aqueles que não conhecemos e ter o objetivo de conhecê-los bem o bastante para podermos não ser.

• • •

Nos últimos anos, tem saído uma enxurrada de livros e artigos sobre *persuasão* — como vencer a resistência teimosa das pessoas a argumentos razoáveis. A questão que esses textos parecem responder é: "Como nós, os iluminados, os razoáveis, os informados, podemos convencer a eles, os fanáticos, os atrasados, os tribais?". É como se os autores e seus leitores de alguma forma estivessem de fora ou acima da confusão do discurso humano, avaliando suas falhas com toda a frieza.

Na internet, as pessoas adoram *lacrar*, *destruir* e *cancelar*. O objetivo não declarado é encerrar a discordância. O mesmo impulso está escondido nos tratados sobre persuasão. Não é de admirar que as pessoas do outro lado muitas vezes acabem se mostrando teimosas e resistentes ao ponto. Já fui essa pessoa também, que insiste irracionalmente porque não quer se deixar convencer. Fazemos isso porque sentimos que se trata de uma disputa de poder, na qual quem tenta persuadir exige que tenhamos a mente aberta ao mesmo tempo que mantém a sua resolutamente fechada.

Discordâncias deveriam ser uma maneira de ajudar uns aos outros a identificar pontos cegos e a aceitar a realidade que muitas vezes recusamos. Mas, se estamos focados apenas na persuasão, não vamos ouvir a outra pessoa, porque nos fechamos à possibilidade de mudar de ideia. Quando ouvir se torna mera tática, não ouvimos de verdade. Em vez de "Como posso persuadir a outra pessoa?", deveríamos nos perguntar: "Como posso tornar essa discordância proveitosa?".

Mantendo a discussão

Em seu livro *Jogos finitos e infinitos,* James Carse fez uma importante distinção: "Um jogo *finito* é jogado pelo propósito de ganhar; um jogo infinito, pelo propósito de continuar jogando". Um jogo finito — por exemplo, uma partida de xadrez ou futebol — tem um começo e um fim bem definidos. O jogo termina quando alguém ganha e alguém perde, ou quando um período de tempo predeterminado se esgota. Um jogo *infinito* não tem fim estabelecido e não pode ser vencido ou perdido definitivamente. Os jogadores ganham ou perdem ao longo dele, mas as vitórias e as derrotas são apenas momentos em um desdobrar infinito. Uma partida de futebol é um jogo finito; o esporte futebol é um jogo infinito.

Em um jogo finito, as regras existem para que o vencedor possa ser definido e o jogo possa chegar ao fim. Em um jogo infinito, as regras existem para impedir que alguém vença definitivamente. Os envolvidos em um jogo infinito estão sempre procurando maneiras de prolongá-lo. Quando o jogo é ameaçado pela possibilidade de vitória definitiva de uma parte, as regras são modificadas para impedir que isso aconteça. O objetivo é manter o jogo em andamento e atrair tantas pessoas quanto possível para ele. Na antiga Atenas, Sócrates transformou o debate de jogo finito em infinito.

Atenas foi o local de nascimento da democracia, que é em si um jogo infinito. As regras são determinadas para manter o equilíbrio — para equilibrar interesses e poderes concorrentes, contendo o conflito sem aboli-lo. Isso inclui as eleições, que são jogos finitos, com vencedores e perdedores. Eleições são ferozmente disputadas, mas há — ou deveria haver — reconhecimento de todos os jogadores de que nenhuma parte, nenhuma pessoa, é maior do que o jogo infinito. As regras da democracia mudam quando surge a necessidade, porque são pensadas para que nenhuma parte possa dominar para sempre. Quanto mais pessoas se sentem livres para participar do jogo, mais talentos são incorporados, mais ideias são geradas e mais progresso pode ser feito. O objetivo da democracia é mais democracia.

O mesmo vale para todos os níveis da colaboração humana. Reuniões e casamentos são melhores quando os participantes veem suas discordâncias como parte de um jogo infinito. O objetivo da discussão conjugal deveria ser redefinir o relacionamento de modo a torná-lo mais forte; o objetivo de uma disputa no trabalho deveria ser um futuro melhor para a organização. Às vezes, queremos tanto vencer que nos esquecemos disso. Políticos inescrupulosos contornam ou quebram as regras que fazem a democracia funcionar; executivos colocam seus interesses acima dos da equipe; companheiros dizem coisas ferinas um ao outro e colocam o relacionamento em perigo. Em um jogo infinito, quando se discorda radicalmente da outra parte, é preciso estabelecer uma conexão e aprender com ela, porque o objetivo é que a conversa continue. A meta é encontrar novas maneiras de discordar. Não se trata de uma partida de tênis, em que se tenta acertar um voleio indefensável. É mais como uma rodinha de amigos na praia tentando manter a bola no ar.

Anteriormente, referi-me ao costume de não discutir religião e política à mesa do jantar. Como todos os hábitos, ele não é universal. Quando o mencionei à escritora francesa Clementine Goldszal, ela ficou intrigada. Por que alguém ia querer perder a melhor parte do jantar? "Discutir à mesa do jantar é uma tradição francesa. Discutimos sobre política. Discutimos sobre tudo. É uma tradição: o jantar familiar se torna uma disputa política". Nos primeiros minutos da refeição, conforme Clementine descreveu para mim, reina uma sensação de antecipação: quem vai levantar a controvérsia do dia? Finalmente, alguém lança uma granada de mão, e bum! "Todo mundo fica meio 'Certo! Vamos começar!'. É animado."

Mantendo a discussão

Você e eu podemos não viver em uma cultura controversial. Mas ainda assim podemos aspirar à visão de uma boa discussão como algo produtivo que ajuda a abrir a cabeça, em vez de ameaçador e estressante. Se você trata a discordância como uma jogada em um jogo infinito, e não como um jogo finito do qual os vencedores saem triunfantes e os perdedores são humilhados, é muito mais divertido.

O que os franceses fazem que nós não fazemos? "É preciso ser capaz de separar a pessoa da posição que ela assume", Clementine me disse. Isso impede que a coisa fique pessoal demais e termine em uma espiral de ataque e defesa. "Ao longo da conversa, seu pensamento muda. Você diz coisas com que não necessariamente concorda, só para levar a discussão adiante. Eu faço isso com frequência." Às vezes, o que estamos defendendo é extremamente pessoal, enraizado em nossa experiência ou em crenças profundas. Mas, quando há certa distância da posição que se assumiu, é possível obter argumentos melhores dos outros.

Ajuda muito todo mundo reconhecer que é isso que se está fazendo; se há uma aceitação tácita de que às vezes as pessoas vão dar opiniões de que não estão totalmente certas para alimentar a discussão. Mas isso implica uma confiança de que as pessoas não vão dizer coisas só para chatear ou irritar as outras. Todo mundo precisa estar unido em uma aventura, mesmo que só dure até o café. Nesse contexto, ser discordante é bom. Significa participar.

• • •

"Se pensamos na diferença como aquilo que nos divide, não a apreciamos; quando pensamos na diferença como aquilo que nos une, acabamos por valorizá-la."
Mary Parker Follett

Na primeira seção, consideramos como a discordância é o motor da inovação e das ideias. Mas também é um ato criativo *em si*, caso se dê da maneira certa. Uma discordância intencional pode fazer com que dois mais dois sejam cinco. O que define uma discordância sem sentido? Acho que o fato de não haver interesse em criar algo novo.

A pensadora que me fez ver isso mais claramente foi Mary Parker Follett, que, embora admirada por acadêmicos da área da administração, é relativamente pouco conhecida nos dias de hoje. Follett é uma guru administrativa improvável. Nascida em uma família proeminente de Boston no fim do século XIX, ela estudou filosofia e psicologia em Harvard e Cambridge antes de se dedicar ao ativismo social. Por décadas, Follett trabalhou com as comunidades mais pobres de Boston, ensinando habilidades sociais e jovens e ajudando os desempregados a conseguir trabalho.

Enquanto trabalhava para o Conselho do Salário Mínimo de Massachusetts, Follett começou a considerar a natureza do conflito. Tratava-se de uma época de embates frequentes entre patrões e trabalhadores. Alguns patrões acreditavam que a única opção era combater os sindicatos e reprimir os dissidentes. Os mais previdentes estavam abertos a algum tipo de cooperação. Em 1924, Follett apresentou suas ideias sobre como lidar com conflitos em uma série de palestras em um clube de industriais, o que a tornou uma consultora muito procurada.

Follett disse aos industriais que as pessoas costumavam responder a qualquer tipo de conflito de duas maneiras, ambas equivocadas. Uma era buscando a vitória — tentando dominar o outro —, o que no caso de uma competição podia ser normal, mas não funcionava em qualquer situação em que fosse preciso trabalho colaborativo. A outra era cedendo. Follett não acreditava em chegar a um meio-termo. Ela acreditava que, quando duas ideias opostas entravam em choque, a melhor solução era criar uma terceira. "Quando duas pessoas chegam a uma decisão comum, ela só é de fato satisfatória se representar uma integração." Follett escrevia numa época em que o darwinismo era muito influente. Para ela, o choque de ideias era fonte de geração e variação.

Follett apreciava diferenças de todos os tipos. Muito antes que "diversidade" se tornasse o termo em evidência que é hoje, era a diversidade sem precedentes dos Estados Unidos que a encantava. Milhões de imigrantes chegavam ao país todo dia, e um ardente debate sobre a identidade nacional se desenrolava. Follett reprovava palavras como "fusão", "dissolução" ou "assimilação", porque implicavam que as pessoas tinham que abandonar sua identidade; a mera tolerância era inaceitável para ela. Follett queria que qualquer choque de culturas diferentes levasse a "algo novo que não é de nenhuma das duas";

Para ela, divergências de opinião deviam levar a uma nova forma de pensar — ao progresso. Isso significava que todo mundo deveria se orgulhar de ter suas próprias opiniões, ainda que ouvisse a de todos os outros. Follett comentou uma vez:

Alguém que conheço me disse: "Basta ter a mente aberta, não é?". Não, não basta. É preciso ter um respeito tão grande por suas próprias ideias quanto se tem pelas dos outros, e defendê-las firmemente até estar convencido do contrário. Pessoas inconsistentes não são melhores que as teimosas.

De acordo com Follett, encontrar uma nova solução que alcance os objetivos de ambas as partes é uma tarefa essencialmente criativa, que exige "um espírito inventivo brilhante". O primeiro passo nesse sentido é o autoexame. É impressionante como Follett soa contemporânea quando se trata desse tema. Para integrar verdadeiramente divergências de opinião, é preciso "colocar todas as cartas na mesa, encarar a verdadeira questão, desvelar o conflito, trazer tudo à tona". Seus "egoísmos subarticulados" — coisas que você mal admite para si mesmo e agora poderíamos chamar de gatilhos — devem ser desenterrados. De acordo com Follett, deve-se ouvir a outra parte — e ouvir *de verdade*, tanto o que é dito quanto o que não é. Tudo isso requer uma honestidade emocional com que os gestores de hoje ainda têm dificuldade, e com que os da década de 1920 deviam ter muito mais.

A abordagem de Follett para o conflito ressoou em mim. Ela me mostrou que as melhores discordâncias nem reforçam nem erradicam a diferença, mas criam algo novo a partir dela. A persuasão é uma arte nobre e necessária, e fico feliz quando consigo fazer alguém reconsiderar um ponto de vista, mas meu objetivo final não é fazer com que você concorde comigo. O que eu quero é que seu raciocínio faça o meu melhorar; que sua experiência sirva de modelo e enriqueça a minha. Quero que discordemos com criatividade, que criemos algo novo e melhor com nossas opiniões diversas do que seríamos capazes de conceber sozinhos. Assim, ambos ganhamos.

Enquanto escrevo estas palavras, o mundo está em meio a uma pandemia que colocou a maior parte de nossas discordâncias diárias sob uma perspectiva humilde e serviu como um lembrete de quanta energia desperdiçamos em discussões fúteis. O melhor que podemos dizer é que ela representa uma chance de redefinir hábitos enraizados que não têm nos servido tão bem quanto deveriam. Espero que o modo como discordamos possa ser incluído aí.

Muito se comenta que nós, seres humanos, devemos deixar nossas diferenças de lado para vencer as ameaças à nossa existência e encarar o futuro com um otimismo justificado. Não estou seguro de que esse é o caminho. Sim, é vital reconhecer que vamos afundar ou perseverar juntos. Mas também precisamos usar

Mantendo a discussão

nossas diferenças a nosso favor. Sem uma discordância robusta, honesta e criativa, qualquer progresso que fizermos será lento demais, qualquer unidade que atingirmos será superficial. Talvez eu queira persuadir você disso, no fim das contas.

16. Resumo das regras da discussão produtiva

Crie uma conexão primeiro
Antes de chegar ao conteúdo da discordância, estabeleça uma relação de confiança.

Solte a corda
Para saber discordar, é preciso desistir de tentar controlar o que a outra pessoa pensa e sente.

Preserve a fachada
Discordâncias se tornam tóxicas quando viram guerras por *status*. Quem sabe discordar faz o esforço necessário para que seu adversário se sinta bem consigo mesmo.

Fique de olho nas suas esquisitices
Por trás de muitas discordâncias há um choque de culturas que parecem estranhas umas às outras. Não presuma que a sua é a normal.

Seja curioso
A pressa em julgar nos impede de ouvir e aprender. Em vez de tentar ganhar a discussão, tente demonstrar interesse — e ser interessante.

Fortaleça o erro
Equívocos podem ser positivos se você se desculpar com rapidez

e sinceridade. Eles lhe permitem demonstrar humildade, o que pode fortalecer a relação e facilitar a conversa.

Saia do roteiro
Discussões hostis ficam restritas a padrões simples e previsíveis. Para tornar a discordância mais produtiva, introduza novidade e variação. Surpreenda.

Restrições compartilhadas
Discordâncias se beneficiam de um conjunto de normas e limites acordados que apoiem a autoexpressão. Regras geram liberdade.

Só se enfureça de propósito
Nem toda a teoria do mundo nos prepara cem por cento para a experiência emocional da discordância. Às vezes, seu pior adversário é você mesmo.

A regra de ouro: seja sincero
Todas as regras estão subordinadas à regra de ouro: estabelecer uma conexão humana real.

17. Caixa de ferramentas da discussão produtiva

Defina a discordância. Uma quantidade surpreendente de discordâncias não são discordâncias, e sim mal-entendidos ou antipatias disfarçadas. Quando você se encontrar preso em uma discussão improdutiva, dê um passo atrás e pergunte-se de que exatamente se trata a discussão (se é que há um conteúdo).

Procure pessoas que saibam discordar. Muitas vezes nos sugerem que abramos nossa mente e nossas redes sociais para pessoas que têm opiniões diferentes das nossas. Isso é ótimo na teoria, mas na prática pode ser contraprodutivo. O crucial é encontrar pessoas que dizem coisas com que você discorda de uma maneira que faça você respeitá-las e gostar delas.

Sinta a dor. Para aqueles de nós que não têm gosto pelo confronto, é sempre tentador fugir de qualquer conflito. Mas, assim como aprendemos a interpretar a dor da atividade física como um sinal de que estamos ficando mais fortes, também podemos aprender a dar as boas-vindas ao desconforto da discordância.

Veja seus adversários de maneira positiva. Talvez você tenha que fingir a princípio, mas gostar e respeitar seu interlocutor — e ele sentir isso — sempre ajuda na conversa. George Thompson, ex-policial, costumava dizer: "No momento em que eles percebem sua antipatia, ignoram o que quer que diga".

Sinta a oposição. Muitas vezes se diz que temos que apresentar da melhor maneira a visão oposta, e não da pior. Mas isso não pode ser apenas um exercício intelectual. Permita-se sentir a força emocional da posição contrária — experimente-a de algum modo, mesmo que apenas parcial e brevemente.

Fique alerta para a reatância. As pessoas são muito defensivas quando se trata de sua própria agência e autonomia, e em uma conversa tensa qualquer tentativa de correção pode desencadear uma reação forte. Psicólogos chamam isso de "reatância". É o motivo pelo qual o reflexo de endireitamento é contraprodutivo e está por trás do efeito do tiro pela culatra. Quando se preparam para uma ameaça, as pessoas podem focar os sinais de relacionamento e esquecer o conteúdo. Para ser ouvido, você precisa se esforçar mais para enviar os sinais certos.

Prepare a discordância. Para evitar desencadear um estado de ameaça na outra pessoa pegando-a de surpresa, deixe claro que você vai discordar dela antes de entrar na discordância em si. Reconheça que você pode estar errado e ela pode estar certa. Isso dá a ela a chance de se ajustar mentalmente antes de ouvir você (e pode ser particularmente útil quando se vai discordar de alguém mais poderoso).

Resista à reciprocidade negativa. Quando alguém é agressivo ou hostil conosco, nosso instinto é retribuir. Para que haja alguma chance de a conversa ser produtiva, alguém precisa romper com o círculo vicioso.

Crie uma cultura de discussão positiva. Quer seja no trabalho, em uma equipe esportiva ou com seu parceiro, faça com que

seja normal que todo mundo desafie decisões, verbalize dúvidas e exponha incômodos. Quando se está acostumado a abordar questões pequenas dessa maneira, as maiores têm menor propensão a separar o grupo.

Recompense dissidentes. Pessoas que oferecem opiniões divergentes em reuniões muitas vezes são punidas, ainda que de maneiras sutis, por tê-lo feito. Líderes deveriam fazer um esforço para demonstrar que valorizam o desafio de opiniões prevalentes, mesmo quando discordam delas ou as rejeitam.

Não diga aos outros o que fazer ou como se sentir. Nunca na história alguém respondeu bem a um "Vê se cresce". Esse e outros comentários do tipo ("Seja razoável", "Se acalme") só causam irritação. Dizer às pessoas como se comportar, ou pior, como se sentir, quase sempre tem o efeito reverso. Fique alerta ao que está por trás da opinião da outra pessoa: o que está em discussão é a posição ou as emoções dela? Se for o último caso, sua perspicácia não acabará com o impasse. Talvez você precise reconhecer os sentimentos ocultos.

Fique atento ao "você". No meio de uma discussão, a palavra "você" pode desencadear uma ameaça de identidade na mente do seu interlocutor ("*Você* faz isso, *você* parece pensar que..."). Embora não seja sempre possível evitar, use "você" com parcimônia nas discussões.

Corte o "mas". Como no caso do "você", é improvável que você consiga eliminar todos os "mas". Mas — veja só — o "mas" tende a despertar o instinto de defesa da outra pessoa. Só de substituir pelo "embora" pode suavizar a carga de uma frase.

Mantendo a discussão

Ponha fogo. No ambiente de trabalho, conflitos são muitas vezes evitados, e ninguém quer confrontá-los. Mas isso permite que as tensões se ampliem. Líderes não devem ter medo de reconhecer conflitos e podem organizar reuniões específicas para tratar deles. Talvez tomando uma cervejinha.

Demonstre fraqueza. Muitas vezes, a outra pessoa sente que você está tentando dominá-la ou provar sua superioridade de alguma maneira (e, vamos encarar, muitas vezes você está mesmo). Para afastar as suspeitas, demonstre vulnerabilidade, admita sua ansiedade e confesse incerteza, até — ou especialmente — se você estiver em uma posição de autoridade. O desarme unilateral é sua melhor chance de conseguir que os outros baixem a guarda.

Confirme se entendeu bem. *Então, se entendi direito, o que você está dizendo é...* A prática de confirmar o que entendeu com seu adversário é boa para os dois lados: você vê as coisas com clareza, e ele tem certeza de que você está ouvindo. Fazer isso honestamente pode levar a uma conversa aberta.

Reverta a polaridade emocional. Pode ser bom articular suas emoções diretamente quando em discordância, mas, para evitar a intensificação, é melhor fazer isso em um tom calmo e constante. Por outro lado, você pode infundir um pouco de vida e paixão ao discutir informações factuais, para não soar como se estivesse falando do alto de sua superioridade intelectual.

Identifique a verdade no erro do outro. Terapeutas que tratam pacientes delirantes dizem que em geral há alguma verdade em seu delírio, ainda que seja apenas emocional, e que parte de seu trabalho é identificar essa verdade. Quando se deparar com

opiniões de que discorda fortemente em uma discussão, faça um esforço para encontrar alguma verdade no que está sendo dito. No mínimo, isso vai ajudar você a respeitar seu interlocutor.

Pare de tentar estar certo. É claro que todos adoramos estar certos, mas essa é uma satisfação pequena em comparação à de aprender algo sobre alguma coisa ou alguém, e muitas vezes também é um obstáculo nesse sentido. Tente não deixar que a vontade de ganhar a discussão domine sua atitude na conversa. Por outro lado, ninguém gosta de ouvir que está errado, então, se você transmitir a ideia de que *de alguma maneira* a outra pessoa está certa, a probabilidade de que ela se abra para seu ponto de vista aumenta. Afinal, o que importa não é você estar certo, mas nós estarmos.

Reconheça a *expertise*. Você não deve ser deferente demais com especialistas, porque às vezes eles estão errados. Mas, quando seu interlocutor sabe mais do que você sobre o assunto em questão, seja porque o vivenciou ou porque o estudou, é melhor começar na posição de desvantagem e reconhecer a autoridade epistêmica dele. Assim, são maiores as chances de que você aprenda e de que ele escute.

Treine perder. Stephen Llano, professor adjunto de retórica na St. John's University, em Nova York, explicou melhor do que eu poderia: "Perder uma discussão é uma arte democrática muito importante, que nunca praticamos. É vital aprendermos a viver com nossos fracassos persuasivos. Não há grande segredo nisso além da prática. Quanto mais tempo passamos discutindo em situações em que há pouco em jogo, melhor nos sairemos quando a situação exigir séria consideração".

Acredite menos.
Fora do campo da fé religiosa, acreditar não é um fim em si. As pessoas que *gostam* de acreditar tendem a parar de refletir sobre os motivos *por que* acreditam no que acreditam. Também tendem a perder a habilidade de ouvir outros pontos de vista. Quanto menos crenças invioladas você tiver, maiores serão sua liberdade cognitiva e sua empatia.

Seja cético quanto à sua própria tribo.
Quase todos nós nos alinhamos a grupos, formais ou informais, que compartilham um conjunto de opiniões parecido. Não há nada de errado nisso, mas, quando se segue o roteiro do grupo de maneira fiel demais, abandona-se a parte de sua própria capacidade de pensar. Isso não é bom para você e acaba sendo ruim para a inteligência coletiva do grupo também. Use suas habilidades de discordância para colocar à prova crenças do seu grupo assim como as de outros.

Não se restrinja a corrigir: crie.
Como defende Mary Parker Follett, não tente apenas impor seu ponto de vista, nem se satisfazer com um meio-termo. Busque integração: a relação alquímica que ocorre quando opiniões opostas se chocam e se transformam em algo novo. Isso nem sempre é possível, mas deve ser o objetivo.

Agradecimentos

Este livro é produto de muitas conversas iluminadoras e discussões proveitosas. Minha primeira dívida é com os estudiosos e profissionais que contribuíram generosamente com seu tempo, sua experiência e sua história. Entre eles estão: Robert Agne, Ellis Amdur, Rob Bardsley, Emma Barrett, Teresa Bejan, Agnes Callard, Peter Coleman, Bill Donohue, Bertis Downs, Catarina Dutilh Novaes, Eleanor Fellowes, Clementine Goldszal, Ben Ho, Neil Janin, Steven Klein, Jeremy Lascelles, Terje Rød-Larsen, William Miller, Simon Napier-Bell, Mike O'Neill, Miriam Oostinga, Nickola Overall, Emmanuelle Peters, Gabrielle Rifkind, Jake Rollnick, Stephen Rollnick, Michelle Russell, Alan Sillars, Lloyd Smith, Nathan Smith, Elisa Sobo, Elizabeth Stokoe, Garry Tan, Paul Taylor, Kal Turnbull, Gregory Trevors, Bill Weger, Simon Wells, Jonathan Wender, Alfred Wilson e Warren Zanes. Agradeço a Emily e Laurence Alison por compartilhar seu trabalho e suas ideias comigo. Obrigado ao departamento de polícia de Memphis e a todos os policiais impressionantes que participaram do treinamento da Polis e não se opuseram à presença de um inglês franzino com um caderninho. Agradeço a Don Gulla e sua equipe pela hospitalidade, pela recepção calorosa e pelas conversas fascinantes acompanhadas de costelinha e frango frito. Um agradecimento especial a Susan Bro por ter falado comigo, de maneira tão eloquente, sobre a vida e a morte de sua notável filha, Heather Heyer.

Agradeço a meu agente, Toby Mundy, que com toda a paciência me ajudou a moldar meus pensamentos incipientes em uma

Agradecimentos

proposta viável de livro. Obrigado a todos da Faber & Faber, em especial a Laura Hassan, por sua confiança neste livro e seu entusiasmo; a Rowan Cope, pelo cuidado e pela atenção que dedicou ao manuscrito e por resolver o título; a Marigold Atkey, por seus comentários brilhantes e pelo apoio moral; a Donald Sommerville, pelo trabalho contínuo com a edição do texto. Agradeço à equipe superprofissional da HarperCollins, em especial a Hollis Heimbouch, por sua energia positiva e seu modo de falar direto. Tenho a sorte de contar com uma equipe absurdamente talentosa de leitores informais. Em primeiro lugar, agradeço ao indispensável Stephen Brown, meu socorrista de manuscritos: sem você, este livro não teria sobrevivido ao primeiro manuscrito e certamente não ficaria pronto para publicação. Obrigado a Tom Stafford, pela verificação da parte científica e por seus comentários muito úteis. Agradeço a meus brilhantes amigos Helen Lewis, Oliver Franklin-Wells e especialmente Oli, por seus comentários sobre o capítulo de abertura. Obrigado a Jonathan Shainin e David Wolf, de *The Guardian*, que me pediram e ajudaram a moldar um artigo sobre interrogatórios que acabou se tornando o ponto de partida deste livro. Agradeço a Teresa Bejan e Agnes Callard, por ler e melhorar os capítulos em que menciono seu trabalho. Todos os erros são meus.

Um profundo agradecimento a Clydette de Groot, Audrey Chapuis e à maravilhosa equipe da Biblioteca Americana em Paris. Sou muito grato pela oportunidade que tive de ser bolsista ali — o fato de ter trabalhado neste livro em Paris é algo que vou recordar pelo resto da minha vida. A biblioteca e sua comunidade se provaram fontes vitais de inspiração. Agradeço a Pamela Druckerman e Simon Kuper, e a Simon em especial, por ter me alertado para o livro de John Carlin sobre Nelson Mandela. Obrigado aos inúmeros amigos, muitos dos quais já foram mencionados aqui — tenho medo de ter deixado alguém de fora —, que discutiram ideias

Agradecimentos

comigo, compartilharam suas percepções ou simplesmente me incentivaram. Agradeço à minha mãe, Margaret, e a meu irmão Stephen, que, junto com meu falecido pai, Brian, me treinaram na arte da discordância. Obrigado a meus filhos, Io e Douglas; a vida sem vocês teria muito menos discordâncias, mas seria muito menos agradável. Finalmente, agradeço à melhor editora e amiga, Alice Wignall, com quem tenho a sorte de ser casado. Alice, eu te amo e mal posso esperar por mais discussões, produtivas ou não. Ah, e obrigado por permitir que eu aceitasse a bolsa; ficarei para sempre em dívida com você. Você sempre terá Paris.

Notas

Na maior parte dos casos, mencionei minhas fontes no texto e na bibliografia; aqui, vou incluir aquelas que não citei explicitamente, além de fazer algumas observações adicionais.

PARTE UM

1. Além do lutar ou correr

O estudo dos tópicos de discussão no fórum da BBC foi feito por Chmiel et al. Edward Hall introduziu o conceito de culturas de alto e baixo contexto em seu livro *Beyond Culture*, de 1976. O exemplo do *bubuzuke* em Kyoto é citado em Nishimura et al., e a fonte original é o Conselho de Turismo de Kyoto. A citação "constante e às vezes incessante uso das palavras" também é de Nishimura. Nesse ponto, também recorri a artigos de Croucher e Kim. O estudo sobre a diversidade das novas dietas é do Reuters Institute Digital News Report, de Fletcher et al. O estudo da Universidade Colúmbia é de Sun e Slepian. O estudo da Harvard Business School é de Noam Wasserman. Para indícios de como a raiva afeta a impressão que temos das pessoas e as maneiras como tomamos decisões, ver DeSteno.

Uma vez que ambas são classificadas como "emoções negativas" na psicologia, a tristeza e a raiva muitas vezes são estudadas juntas. Na verdade, elas têm efeitos contrastantes no nosso pensamento. Em um estudo de Litvak et al., pediu-se a universitários que haviam sido predispostos à tristeza ou à raiva que se imaginassem em uma situação emocionalmente carregada (por exemplo, quando se convida alguém que se acabou de conhecer a uma festa na sua casa porque acredita que há possibilidade de envolvimento romântico e a pessoa aparece com alguém, te deixando constrangido). As pessoas predispostas à tristeza demonstraram maior probabilidade de pensar de maneira reflexiva e analítica sobre as ambiguidades da situação; aquelas predispostas à raiva foram mais rápidas em atribuir culpa e identificar culpados.

Os outros estudos a que faço referência sobre conflito entre pais e filhos são de Brett Laursen ("três ou quatro conflitos com pais") e Ryan Adams, com Laursen ("um estudo de 2007").

2. Como o conflito nos aproxima

Meu relato dos experimentos de William Ickes foi tirado de seu livro *Everyday Mind Reading*. A conversa entre Penny e seu marido está registrada em Sillars *et al.*, "Stepping into the stream of thought: Cognition during marital conflict". Minha conversa com Alan Sillars foi importante para tudo o que digo nesse capítulo, incluindo a distinção entre relacionamento e conteúdo. Para a seção sobre conflito no ambiente de trabalho, recorri à metanálise de Carsten *et al.*, assim como De Wit. "Era esperado que executivos seniores, tanto homens quanto mulheres, se conformassem com as normas dominantes" é de Martin e Meyerson.

3. Como o conflito nos deixa mais espertos

"Psicólogos estabeleceram de maneira a não deixar dúvidas que as pessoas têm maior propensão a notar e considerar indícios que confirmam aquilo em que acreditam [...]." Para indícios do viés de confirmação, ver Nickerson. Para indícios de que "pessoas inteligentes e educadas são apenas melhores em convencer os outros de que estão certas", ver, por exemplo, o

Notas

artigo de Richard West et al. A história de John Yudkin é baseada no meu artigo "The Sugar Conspiracy", publicado em *The Guardian*.

4. Como o conflito nos inspira

Para meu relato das discussões entre os irmãos Wright, recorri ao maravilhoso livro de Mark Eppler *The Wright Way*. Ele chamava a abordagem dos dois para a solução de problemas através da discussão de "forjamento". As histórias e entrevistas sobre grupos de *rock* são amplamente inspiradas no meu artigo "A Rocker's Guide To Management", publicado na revista *1843*. Para anedotas sobre os Beatles, recorri à história definitiva dos primeiros anos do grupo escrita por Mark Lewisohn, *Tune In*. A teoria de Bormann é descrita em *Group Dynamics*, de Donelson Forsyth. Encontrei a história sobre Crick e Watson em *Powers of Two*, excelente livro de Joshua Wolf Shenk.

PARTE DOIS

5. Crie uma conexão primeiro

O vídeo e a transcrição parcial do discurso de Susan Bro sobre a filha Heather Heyer podem ser encontrados em: https://www.buzzfeednews.com/article/coralewis/heres-heather-heyers-mothers-eulogy-they-wanted-to-shut-her. Minha narração do assassinato de Heather foi tirada de relatos publicados e de minhas conversas com Susan Bro e Alfred Wilson. Susan me contou que há gravações de Heather pouco antes de ser assassinada indo até um grupo de jovens neonazistas e tentando iniciar uma conversa. "Podem me dizer por que vieram? Podem me dizer por que acreditam no que acreditam?". Uma mulher respondia apenas, repetidamente: "Sem comentários". Por favor, visite o *site* da Fundação Heather Heyer, que estabeleceu um programa de bolsas para oferecer assistência financeira a jovens engajados com a mudança social.

O significado de uma pausa no início de uma conversa telefônica é observado por Elizabeth Stokoe em seu fascinante livro *Talk: The Science of Conversation*. A observação de Eli Pariser foi feita em uma entrevista realizada por Jessi Hempel para a revista *Wired*.

6. Solte a corda

Assisti ao vídeo de interrogatório e entrevistei os Alison, Stephen Rollnick e Steven Klein para um artigo que pesquisei e escrevi em 2017 e foi publicado por *The Guardian* (o qual também contava com uma entrevista com William Miller). Detalhes foram alterados, incluindo o nome do entrevistado no vídeo. As citações do interrogatório são literais. A permissão para que eu assistisse à gravação foi negociada com a polícia contraterrorista do Reino Unido quando eu estava escrevendo o artigo.

Carli Leon é citado em um artigo de 2018 do *Voice of America News*, escrito por Sadie Witkowski.

A referência a "agentes de saúde pública" e a Emma Wagner é de um artigo de Jan Hoffman para o *New York Times*. O estudo sobre terapia de 2011 é de Freda McManus et al., e o estudo alemão é de Ziem e Hoyer.

7. Preserve a fachada

Para a história de Mandela, recorri ao maravilhoso retrato dele feito por John Carlin em *Knowing Mandela*, que recomendo fortemente. O estudo do Twitter é de Zhu e Lerman. A história de Laura Chasin é contada no livro *The Five Percent*, de Peter Coleman. A transcrição e o vídeo da discussão de Ocasio-Cortez sobre discordância podem ser encontrados em: https://theintercept.com/2019/03/09/alexandria-ocasio-cortez-aoc-sxsw.

Notas

8. Fique de olho nas suas esquisitices

Recorri a múltiplas fontes para meu relato do incidente em Waco, incluindo livros de Thibodeau e Reavis. Minha maior dívida é com a análise erudita e penetrante das negociações feita por Jayne Docherty em *Learning Lessons From Waco* (e uma entrevista que ela deu depois, a qual citei). Também tenho uma dívida com o soberbo artigo que Malcolm Gladwell escreveu para a *New Yorker*. A citação do "completo sádico" é do livro de memórias *No Heroes*, de Danny Coulson, que trabalhou na equipe de resgate de reféns do FBI. Para o relato do trabalho de Joe Henrich, recorri a uma entrevista que Ethan Watters fez com ele para a *Pacific Standard*. Para a análise das diferenças culturais na negociação feita por Richard Lewis, ver seu livro *When Cultures Collide*.

10. Fortaleça o erro

Devo um agradecimento a Paul Taylor por ter me apresentado ao trabalho de Miriam Oostinga sobre pedidos de desculpa em negociações de crise. Fiz a relação com o trabalho de Ben Ho depois de ouvir um episódio do excelente *podcast Freakonomics* (apresentado por Stephen Dubner) dedicado a pedidos de desculpa. Sinais custosos têm muitas formas. No século XVIII, piratas usavam bandeiras com um crânio e dois ossos cruzados porque ninguém ousaria fazer o mesmo. A pirataria era ilegal e punida com a morte. As vítimas dos piratas tinham maior propensão a se render sem lutar depois que viam a bandeira, já que sabiam que estavam lidando com criminosos imprudentes e declarados.

11. Saia do roteiro

Para meu relato das negociações de Oslo, recorri ao reconhecido e atraente livro de Jane Corbin, assim como a uma conversa por *e-mail* com Terje Rød-Larsen. Deparei com essa história pela primeira vez ao assistir a Oslo, uma peça brilhante de J. T. Rogers. Peter Coleman também coordena o Laboratório de Conflitos Intratáveis, mencionado anteriormente. Para muito mais sobre a dinâmica do conflito, recomendo seu excelente livro *The Five Percent*.

12. Restrições compartilhadas

O Change My View continua no Reddit, mas Kal Turnbull agora tem um *site* independente e um aplicativo chamado Ceasefire (ceasefire.net). Aconselho dar uma olhada e talvez testar algumas das suas crenças ali. O estudo da Cornell sobre as discussões no CMV é de Chenhao Tan et al. A descoberta de que respostas mais longas são mais persuasivas que as mais curtas coincide com as descobertas de uma pesquisa relacionada a uma mudança que o Twitter fez em sua plataforma em 2017, quando dobrou o limite de 140 caracteres para 280. Uma análise estatística publicada no *Journal of Communication* (Jaidker et al.) revelou que a mudança tornou o discurso político na plataforma mais educado, analítico e construtivo.

13. Só se enfureça de propósito

O estudo da University College London é de Shergill et al.

No Japão, Ellis Amdur estudou uma arte marcial de quatrocentos anos chamada *arakiryu*. Nos primeiros três meses, a única técnica que ele tinha permissão para treinar era servir saquê a seu professor de um modo que escondesse sua verdadeira intenção. Ele carregava o saquê em um *sanpo*, uma bandeja de madeira tradicional que deve ser mantida na altura dos olhos. No momento em que servia, tinha que sacar uma faca falsa que levava escondida (feita de carvalho) e fazer uma tentativa de assassinato. Se o professor detectasse qualquer indício de sua intenção de atacar, ele pegava a própria arma de madeira e batia no pupilo ou o golpeava com ela, muitas vezes deixando marcas.

Notas

As descobertas da pesquisa da Huthwaite foram resumidas pelo fundador da empresa, Neil Rackham, em um artigo chamado "The Behaviour of Successful Negotiators".

PARTE TRÊS

15. O jogo infinito

A carta de Bertrand Russell está na biografia que Ronald Clark escreveu sobre ele.

Meu relato da vida de Roger Williams foi tirado do livro de Teresa Bejan e da excelente biografia de John Barry sobre ele. No mesmo ano em que *The Bloudy Tenent* foi publicado, seu amigo John Milton publicou *Areopagitica*, sua polêmica defesa da liberdade de expressão: "Onde há muito desejo de aprender, necessariamente haverá muita discussão, muita escrita e muitas opiniões; pois a opinião no bom homem nada mais é que o conhecimento sendo criado".

Sobre a democracia como um jogo infinito, também foi influenciado pela defesa de David Hume de que a sociedade fosse construída com base em um conflito que é sempre equilibrado e nunca resolvido: "Em todos os governos, há uma disputa intestinal perpétua, aberta ou secreta, entre a autoridade e a liberdade, sem que nenhuma delas possa prevalecer por completo".

Sobre a cultura francesa da discussão: antes do desembarque na Normandia em 1944, o Exército britânico elaborou um manual para suas tropas com o intuito de instruí-las sobre os hábitos culturais nativos. Ele incluía o seguinte alerta: "Em geral, os franceses apreciam uma discussão intelectual muito mais do que nós. Vocês muitas vezes pensarão que dois franceses estão tendo uma briga violenta quando eles estão apenas discutindo sobre alguma questão abstrata".

Susan Bro coloca grande ênfase em ser respeitoso, mas me disse que ser educado não é o bastante. "Tentar falar educadamente com todo mundo não vai funcionar, porque as pessoas não vão entender sua raiva. Por isso, você deve falar de maneira apaixonada, mas também tentar ouvir o que a outra pessoa está dizendo, mesmo que nunca vá concordar com ela."

Deparei com Mary Parker Follett no livro *The Five Percent*, de Peter Coleman, e depois em *Capitalist Philosophers*, de Andrea Gabor. Também recorri a artigos sobre Follett escritos por Gary Nelson e Judy Whipps (o último incluiu uma maravilhosa citação de Follett: "A verdade emerge da diferença [...] das incontáveis diferenças da nossa vida diária".

17. Caixa de ferramentas da discussão produtiva

A citação de George Thompson pode ser encontrada em seu livro *Verbal Judo*, que contém muitos outros aforismos preciosos ("O insulto fortalece a resistência, enquanto a polidez a enfraquece"; "Quando você para de pensar como o outro, perde seu poder sobre ele") e muita sabedoria quanto a como lidar com o conflito.

Bibliografia

ADAMS, Ryan E.; LAURSEN, Brett. "The Correlates of Conflict: Disagreement is Not Necessarily Detrimental", *Journal of Family Psychology*, v. 21, n. 3, set. 2007.

AGNE, Robert R. "Reframing Practices in Moral Conflict: Interaction Problems in the Negotiation Standoff at Waco", *Discourse and Society*, v. 18, n. 5, 2007.

ARNOLD, K.; VAKHRUSHEVA, J. "Resist the negation reflex: minimising reactance in psychotherapy of delusions", *Psychosis*, v. 8, n. 2, 2015.

AYOKO, O.; ASHKANASY, N.; JEHN, K. *Handbook of Conflict Management Research*. Edward Elgar, 2014.

AZOULAY, P. et al. "Does Science Advance One Funeral at a Time?", *American Economic Review*, v. 109, n. 8, ago. 2019.

BARRY, John. *Roger Williams and the Creation of the American Soul: Church, State and the Birth of Liberty*. Duckworth Overlook, 2012.

BEJAN, Teresa. *Mere Civility: Disagreement and the Limits of Toleration*. Harvard University Press, 2017.

BRADBURY, T. N.; COHAN, C. L. "Negative Life Events, Marital Interaction, and the Longitudinal Course of Newlywed Marriage", *Journal of Personal and Social Psychology*, v. 73, n. 1, ago. 1997.

BRADY, William et al. "Emotion shapes the diffusion of moralised content in social networks", *Proceedings of the National Academy of Sciences*, v. 114, n. 28, 2017.

BUDIANSKY, Stephen. "Truth Extraction", *The Atlantic*, jun. 2005.

BUFFETT, Warren. "Letter to Shareholders", Berkshire Hathaway Annual Report, 2009.

CANARY, Daniel J.; LAKEY, Sandra G.; SILLARS, Alan L. "Managing Conflict in a Competent Manner: A Mindful Look at Events that Matter". In: *The SAGE Handbook of Conflict Communication*, org. de Oetzel e Ting-Toomey.

CARLIN, John. *Knowing Mandela*. Atlantic, 2014.

CARNEVALE, P. J. Disponível em: https://www.researchgate.net/publication/228255884_Creativity_in_the_Outcomes_of_Conflict.

CARSE, James P. *Finite and Infinite Games: A Vision of Life as Play and Possibility*. Simon & Schuster, 1986.

CHMIEL, Anna, et al. "Negative Emotions Boost Users' Activity at BBC Forum", *Physica A: Statistical Mechanics and its Applications*, v. 390, n. 16, 2011.

CHRISTIAN, Brian. *The Most Human Human: What Artificial Intelligence Teaches Us about Being Alive*. Penguin, 2012.

CLARK, Ronald. *The Life of Bertrand Russell*. Bloomsbury, 2012.

COLEMAN, Peter. *The Five Percent*. PublicAffairs, 2011.

CORBIN, Jane. *Gaza First: The Secret Norway Channel to Peace between Israel and the PLO*. Bloomsbury, 1994.

COULSON, Danny; SHANNON, Elaine. *No Heroes: Inside the FBI's Secret Counter-Terror Force*. Pocket Books, 1999.

CROCKETT, M. J. "Moral outrage in the digital age", *Nature Human Behaviour*, v. 1, 2017.

CROUCH, Tom. *The Bishop's Boys: A Life of Wilbur and Orville Wright*. W. W. Norton, 1991.

CROUCHER, Stephen M. et al. "Conflict Styles and High-Low Context Cultures, A Cross-Cultural Extension", *Communication Research Reports*, v. 29, n. 1, 2012.

CUSK, Rachel. *Coventry: Essays*. Faber & Faber, 2019.

DE DREU, K. W.; WEINGART, L. R. "Task Versus Relationship Conflict, Team Performance, and Team Member Satisfaction: A Meta-Analysis", *Journal of Applied Psychology*, v. 88, n. 4, 2003.

Bibliografia

DESTENO, David et al.; "Prejudice from thin air: the effect of emotion on automatic intergroup attitudes", *Psychological Science*, v. 15, n. 5, jun. 2004.

DE WIT, Frank R. C. et al.; "The paradox of intragroup conflict: a meta-analysis", *Journal of Applied Psychology*, v. 97, n. 2, 2012.

DOCHERTY, Jayne. *Learning Lessons from Waco: When the Parties Bring Their Gods to the Negotiation Table.* Syracuse University Press, 2001.

_____. Entrevista disponível em: https://www.beyondintractability.org/audiodisplay/docherty-j.

DONOHUE, W. A.; TAYLOR, P. J. "Role Effects in Negotiation: The one-down phenomenon", *Negotiation Journal*, v. 23, n. 3, 2007.

DRUCKMAN, Daniel. "Stages, Turning Points, and Crises: Negotiating Military Base Rights, Spain and the United States", *Dans Négociations*, v. 2, n. 28, 2017.

DUTILH NOVAES, C. "What is logic?", *Aeon*, 2017. Disponível em: https://aeon.co/essays/the-rise-and-fall-and-rise-of-logic.

EPPLER, Mark. *The Wright Way: Seven Problem-Solving Principles from the Wright Brothers That Can Make Your Business Soar.* Amacom, 2003.

FABER, Adel; MAZLISH, Elaine. *How to Talk so Kids Will Listen and Listen so Kids Will Talk.* 3 ed., Piccadilly, 2013.

FLETCHER, Richard; NIELSEN, Rasmus Kleis, "Using Social Media Appears to Diversify Your News Diet, Not Narrow It", relatório *NiemanLab*, Reuters Institute Digital News Report, 2017.

FORSYTH, Donelson. *Group Dynamics*. Wadsworth Publishing, 1980.

GABOR, Andrea. *Capitalist Philosophers: The Geniuses of Modern Business — Their Lives, Times, and Ideas.* Wiley, 2020.

GALEF, Julia. *Podcast Rationally Speaking*, episódio 206, abr. 2018, entrevista com Kal Turnbull do ChangeMyView.

GALLAGHER, Brian. Entrevista com James Evans e Misha Teplitskiy, "Wikipedia and the Wisdom of Polarised Crowds", *Nautilus*, 14 mar. 2019.

GALLO, Amy. "How to Disagree with Someone More Powerful Than You", *Harvard Business Review*, 17 mar. 2016.

GAWANDE, Atul. Discurso na Escola de Medicina da UCLA, publicado em: *New Yorker*, 2 jun. 2018.

GELFAND, M.; HARRINGTON J.; LESLIE, L. "Conflict cultures: a new frontier for conflict management and practice". In: AYOKO et al.

GITTELL, Jody Hoffer. *The Southwest Airlines Way: Using the Power of Relationships to Achieve High Performance*. McGraw-Hill Education, 2005.

GLADWELL, Malcolm. "Sacred and Profane: How Not to Negotiate with Believers", *New Yorker*, 31 mar. 2014.

GOFFMAN, Erving. *The Presentation of Self in Everyday Life*. Penguin, 1990.

GOLDBERGER, Ary L. "Fractal Variability versus Pathologic Periodicity: Complexity Loss and Stereotypy in Disease", *Perspectives in Biology and Medicine*, v. 40, n. 4, 1997.

GOTTMAN, John. *The Relationship Cure*. Crown, 2002.

GOTTMAN, John; SWANSON, Catherine; SWANSON, Kristin. "A General Systems Theory of Marriage: Nonlinear Difference Equation Modeling of Marital Interaction", *Personality and Social Psychology Review*, v. 6, n. 4, 2002.

GRAHAM, Paul. *How to Disagree*. Mar. 2008, disponível em: http://www.paulgraham.com/disagree.html.

GREENE, Joshua. *Moral Tribes*. Atlantic, 2014.

GROSSMAN, Lev. "Mark Zuckerberg, Person of the Year 2010", *Time*, 15 dez. 2010.

GRUBB, Amy Rose. "Modern-day hostage [crisis] negotiation: the evolution of an art form within the policing arena", *Aggression and Violent Behaviour*, v. 15, n. 5, 2010.

HAIDT, J. et al. "The Moral Stereotypes of Liberals and Conservatives: Exaggeration of Differences across the Political Spectrum", *PLoS ONE*,

Bibliografia

v. 7, n. 12, 2012, disponível em: https://doi.org/10.1371/journal.pone.0050092.

HALL, Edward T. *Beyond Culture*. Anchor, 1976.

HALPERIN, Basil; HO, Benjamin; LIST, John A.; MUIR, Ian. "Towards an understanding of the economics of apologies: evidence from a large-scale natural field experiment", NBER, documento de trabalho n. 25676, mar. 2019.

HEMPEL, Jessi. "Eli Pariser Predicted the Future. Now He Can't Escape It", *Wired*, 24 May 2017.

HENDRICK, Carl. "The Growth Mindset Problem", *Aeon*, 11 mar. 2019.

HENRICH, J; HEINE, S. J.; NORENZAYAN, A. "The Weirdest People in the World?", *Behavioral and Brain Science*, v. 33, n. 2-3, jun. 2010, disponível em: https://doi.org/10.1017/S0140525X0999152X.

HERMAN, Arthur. *The Scottish Enlightenment: The Scots' Invention of the Modern World*. Fourth Estate, 2003.

HO, Benjamin; LIU, Elaine. "Does Sorry Work? The Impact of Apology Laws on Medical Malpractice", *Journal of Risk and Uncertainty*, v. 43, n. 2, jun. 2011.

HOFFMAN, Jan. "How Anti-Vaccine Sentiment Took Hold in the United States", *New York Times*, 23 set. 2019.

HOROWITZ, Ben. *The Hard Thing about Hard Things*. HarperCollins, 2014.

HUGHES, Bettany. *The Hemlock Cup: Socrates, Athens, and the Search for the Good Life*. Vintage 2011.

HUTHWAITE INTERNATIONAL. *The Behaviour of Successful Negotiators*.

ICKES, William. *Everyday Mind Reading: Understanding What Other People Think and Feel*. Prometheus, 2006.

JACOBS, Alan. *How To Think: A Guide for the Perplexed*. Profile, 2017.

JAIDKER, K.; ZHOU, A.; LELKES, Y. "Brevity is the soul of Twitter: The constraint affordance and political discussion", *Journal of Communication*, v. 69, n. 4, ago. 2019.

JANIS, Irving L. *Victims of Groupthink: A Psychological Study of Foreign-Policy Decisions and Fiascoes.* Houghton Mifflin, 1972.

JHAVER, S.; VORA, P.; BRUCKMAN, A. "Designing for Civil Conversations: Lessons Learned from ChangeMyView", GVU, relatório técnico, dez. 2017.

KAHAN, Dan. "Ideology, motivated reasoning and cognitive reflection", *Judgement and Decision-Making*, v. 8, n. 4, jul. 2013.

KAHAN, Dan et al.; "Science Curiosity and Political Information Processing", *Advances in Political Psychology*, v. 38, n. S1, fev. 2017.

KAHNEMAN, Daniel. *Thinking, Fast and Slow.* Penguin, 2012.

KAPLAN, Jonas T.; GIMBEL, Sarah I.; HARRIS, Sam. "Neural correlates of maintaining one's political beliefs in the face of counterevidence", *Scientific Reports*, v. 6, n. 1, 2016, disponível em: https://doi.org/10.1038.srep39589.

KIM, D.; PAN, Y.; PARK, H. S. "High-context versus low-context culture: a comparison of Chinese, Korean and American cultures", *Psychology and Marketing*, v. 15, n. 6, 1998.

KLAR, Samara; KRUPNIKOV, Yanna. *Independent Politics: How American Disdain for Parties Leads to Political Inaction.* Cambridge University Press, 2016.

KLEIN, Kristi; HODGES, Sara D. "Gender Differences, Motivation, and Empathic Accuracy: When It Pays to Understand", *Personality and Social Psychology Bulletin*, v. 27, n. 6, jun. 2001.

KOLB, Deborah et al. *When Talk Works: Profiles of Mediators.* Jossey Bass, 1994 (entrevista com Patrick Phear conduzida por Austin Sarat).

KRAMER, R.; NEALE, M. *Power and Influence in Organizations.* SAGE, 1998.

LAKOFF, G.; JOHNSON, M. *Metaphors We Live By.* University of Chicago Press, 1980.

LAKOFF, R. T. *Language and Woman's Place.* Oxford University Press, 2004.

Bibliografia

LAURSEN B.; COLLINS, W. A. "Interpersonal conflict during adolescence", *Psychological Bulletin*, v. 115, n. 2, 1994.

LEE, Fiona et al. "Mea Culpa: Predicting Stock Prices from Organizational Attributions", *Personality and Social Psychology Bulletin*, v. 30, n. 12, 2004.

LESLIE, Ian. "A Rocker's Guide to Management", *The Economist*, 14 nov. 2018.

_____. "The Scientists Persuading Terrorists to Spill Their Secrets", *The Guardian*, 13 out. 2017.

_____. "The Sugar Conspiracy", *The Guardian*, 7 abr. 2016.

LEWIS, Richard D. *When Cultures Collide*. 3 ed. Nicholas Brealey, 2005.

LEWISOHN, Mark. *The Beatles — All These Years, Volume One: Tune In*. Little, Brown, 2013.

LITVAK, Paul M. et al. "Fuel in the Fire: How Anger Impacts Judgment and Decision-Making". In: M. Potegal et al. *International Handbook of Anger*. Springer, 2010.

LLANO, Stephen. Carta publicada em *The Atlantic*, 30 abr. 2019, disponível em: https://www.theatlantic.com/letters/archive/2019/04/how-argueletters-erisology/588265/.

MACDUFF, Ian. "Here, There and Everywhere: Taking mediation online", Kluwer Mediation Blog, 28 mar. 2014, disponível em: http://mediationblog.kluwerarbitration.com/2014/03/28/here-there-and-everywhere-takingmediation-online/.

MARKEN, Richard T.; CAREY, Timothy A. *Controlling People: The Paradoxical Nature of Being Human*. Australian Academic Press, 2015.

MARTIN, J.; MEYERSON, D. "Women in Power: Conformity, Resistance, and Disorganized Coaction". In: Kramer e Neale, *Power and Influence in Organizations*.

MATIAS, J. N. "Preventing harrassment and increasing group participation through social norms in 2,190 online science discussions", *Proceedings of the National Academy of Sciences of the United States of America*, v. 116, n. 20, abr. 2019, disponível em: https://doi.org/10.1073/pnas.1813486116.

MCMANUS, Freda, et al. "An investigation of the accuracy of therapists' self-assessment of cognitive-behaviour therapy skills", *British Journal of Clinical Psychology*, v. 51, n. 3, set. 2012.

MCNULTY, James K. "When Positive Processes Hurt Relationships", *Current Directions in Psychological Science*, v. 19, n. 3, 2010.

MCNULTY, James K.; RUSSELL, V. Michelle. "When 'Negative' Behaviors Are Positive: A Contextual Analysis of the Long Term Effects of Problem-Solving Behaviours on Changes in Relationship Satisfaction", *Journal of Personality and Social Psychology*, v. 98, n. 4, 2010.

MERCIER, Hugo; SPERBER, Dan. *The Enigma of Reason: A New Theory of Human Understanding*. Penguin 2018.

MILLER, William; ROLLNICK, Stephen. *Motivational Interviewing: Helping People Change*. 3. ed. Guilford Press, 2012.

MONTAIGNE, Michel de. *Essays*. Trad. de Charles Cotton, via Projeto Gutenberg.

MORRILL, Calvin. *The Executive Way*. University of Chicago Press, 1995.

MOSHMAN, David; GELL, Molly. "Collaborative Reasoning: Evidence for Collective Rationality", *Thinking and Reasoning*, v. 4, n. 3, jul. 1998.

NELSON, Gary M. "Mary Parker Follett — Creativity and Democracy", *Human Service Organizations: Management, Leadership and Governance*, v. 41, n. 2, 2017.

NEMETH, Charlan. *No! The Power of Disagreement in a World that Wants to Get Along*. Atlantic, 2019.

NEMETH, Charlan; BROWN, K.; ROGERS, J. "Devil's Advocate versus Authentic Dissent: Stimulating Quantity and Quality", *European Journal of Social Psychology*, v. 31, n. 6, 2001.

NEMETH, Charlan, et al.; "The liberating role of conflict in group creativity: a study in two countries", *European Journal of Social Psychology*, v. 34, n. 4, 2004.

NICKERSON, Raymond S. "Confirmation Bias: A Ubiquitous Phenomenon in Many Guises", *Review of General Psychology*, v. 2, n. 2, jun. 1998.

Bibliografia

NISHIMURA, Shoji; NEVGI, Anne; TELLO, Seppa. "Communication Style and Cultural Features in High/Low Context Communication Cultures: A Case Study of Finland, Japan, and India", Departamento de Ciência da Educação Aplicada da Universidade de Helsinque, relatório de pesquisa n. 299, 2008.

NISSEN-LIE, Helene A. "Humility and self-doubt are hallmarks of a good therapist", *Aeon*, 5 fev. 2020.

NYHAN, B.; REIFLER, J. "When corrections fail: The persistence of political misperceptions", *Political Behavior*, v. 32, n. 2, 2010.

OOSTINGA, M. "Breaking [the] ice: communication error management in law enforcement interactions", tese de doutorado, Universidade de Twente, 2018.

OVERALL, Nickola. "Does Partners' Negative-Direct Communication During Conflict Help Sustain Perceived Commitment and Relationship Quality Across Time?", *Social Psychological and Personality Science*, v. 9, n. 4, 2018.

OVERALL, Nickola C. et al. "Regulating Partners in Intimate Relationships: the costs and benefits of different communication strategies", *Journal of Personal Social Psychology*, v. 96, n. 3, 2009.

OVERALL, N. C.; MCNULTY, J. K. "What type of communication during conflict is beneficial for intimate relationships?", *Current Opinion in Psychology*, v. 13, 2017.

PERLOW, Leslie. *When You Say Yes but You Mean No*. Crown Business, 2003.

PLATÃO. *Complete Works*. Org. de John M. Cooper. Hackett, 1997.

POWELL, Jonathan. *Great Hatred, Little Room: Making Peace in Northern Ireland*. Vintage, 2009.

_____. *Talking To Terrorists: How to End Armed Conflicts*. Vintage, 2015.

RACKHAM, Neil. "The Behaviour of Successful Negotiators". In: *Negotiation: Readings, Exercises and Classes*. Org. de Lewicki, Litterer, Saunders e Minton. McGraw Hill, 2014.

RACKHAM, Neil; MORGAN, Terry. *Behaviour Analysis in Training.* McGraw-Hill, 1977.

REAVIS, Dick J. *The Ashes of Waco: An Investigation.* Simon & Schuster, 1995.

RESNICK, Brian. "There may be an antidote to politically motivated reasoning. And it's wonderfully simple", *Vox*, 7 fev. 2017.

RICHARDS, Keith. *Life: Keith Richards.* Weidenfeld & Nicolson, 2011.

ROZENBLIT, L.; KEIL, F. "The misunderstood limits of folk science: an illusion of explanatory depth", *Cognitive Science*, v. 26, n. 5, 2002.

SHERGILL, S. S.; BAYS, P. M. et al. "Two eyes for an eye: the neuroscience of force escalation", *Science*, v. 301, n. 5.630, 2003.

SHI, F. et al. "The Wisdom of Polarised Crowds", *Nature Human Behaviour*, v. 3, n. 4, 2019.

SILLARS, Alan et al. "Cognition and Communication during Marital Conflict: How Alcohol Affects Subjective Coding of Interaction in Aggressive and Nonaggressive Couples". In: P. NOLLER; J. A. FEENEY (Orgs.). *Understanding marriage: Developments in the study of couple interaction.* Cambridge University Press, 2002.

SILLARS, Alan et al. "Stepping into the stream of thought: Cognition during marital conflict". In: MANUSOV, V.; HARVEY, J. H. (Orgs.). *Attribution, Communication Behavior, and Close Relationships.* Cambridge University Press, 2001.

SLOMAN, Steven; FERNBACH, Philip. *The Knowledge Illusion: the myth of individual thought and the power of collective wisdom.* Pan, 2018.

SMITH, Dana. "The Wisdom of Crowds Requires the Political Left and Right to Work Together", entrevista com James Evans, *Scientific American*, 8 mar. 2019.

SOBO, Elisa. "Theorising (Vaccine) Refusal: Through the Looking Glass", *Cultural Anthropology*, v. 31, n. 3, 2016.

STOKOE, Elizabeth. *Talk: The Science of Conversation.* Little Brown, 2018.

SUN, Katherine Q.; SLEPIAN, Michael L. "The conversations we seek to avoid", *Organizational Behaviour and Human Decision Processes*, v. 60, set. 2020.

TALHELM, Thomas et al. "Liberals Think More Analytically (More 'WEIRD') Than Conservatives", *Personality and Social Psychology Bulletin*, v. 41, n. 2, 24 dez. 2014.

TAN, Chenhao et al.; "Winning Arguments: Interaction Dynamics and Persuasion Strategies in Good-faith Online Discussions", *Proceedings of the 25th International World Wide Web Conference*, 2016.

TESSER, Abraham et al. "Conflict: the role of calm and angry parent-child discussion in adolescent adjustment", *Journal of Social and Clinical Psychology*, v. 8, n. 3, 1989.

THIBODEAU, David; WHITESON, Leon. *A Place Called Waco*. PublicAffairs, 1999.

THOMPSON, George. *Verbal Judo: The Gentle Art of Persuasion*. HarperCollins, 2014.

TIEDENS, Larissa Z. "Anger and Advancement versus Sadness and Subjugation: The Effect of Negative Emotion Expressions on Social Status Conferral", *Journal of Personality and Social Psychology*, v. 80, n. 1, 2001.

TREVORS, Gregory et al.; "Identity and Epistemic Emotions During Knowledge Revision: A Potential Account for the Backfire Effect", *Discourse Processes*, v. 53, n. 5, jan. 2016.

WALLACE, David Foster. "Tense Present: Democracy, English, and the Wars over Usage". In: *Consider the Lobster and Other Essays*. Little Brown, 2006.

WASSERMAN, Noam. *The Founder's Dilemmas*. Princeton University Press, 2013.

WATTERS, Ethan. "We Aren't the World", *Pacific Standard*, 25 fev. 2013.

WENDER, Jonathan. *Policing and the Poetics of Everyday Life*. University of Illinois Press, 2009.

WEST, Richard F. et al. "Cognitive Sophistication Does Not Attenuate the Bias Blind Spot", *Journal of Personality and Social Psychology*, v. 103, n. 3, 2012.

WHIPPS, Judy D. "A Pragmatist Reading of Mary Parker Follett's Integrative Process", *Faculty Peer Reviewed Articles*, v. 8, 2014, disponível em: https://scholarworks.gvs.o.edu/lib-articles/8.

WITKOWSKI, Sadie. "Psychology Researchers Explore How Vaccine Beliefs Are Formed", *Voice of America News*, 16 ago. 2018.

WOLF SHENK, Joshua. *Powers of Two: Finding the Essence of Innovation in Creative Pairs.* John Murray, 2014.

ZANES, Warren. *Petty: The Biography.* Macmillan USA, 2015.

ZARTMAN, I. W.; AURIK, J. "Power Strategies in De-escalation". In: KRIESBERG, L.; THOMSON, J. (Orgs.). *Timing the De-escalation of International Conflicts.* Syracuse University Press, 1991.

ZHU, Linhong; LERMAN, Kristina. "Attention Inequality in Social Media", *ArXiv*, 2016, abs/1601.07200.

ZIEM, M.; HOYER, J. "Modest, yet progressive: Effective therapists tend to rate therapeutic change less positively than their patients", *Psychotherapy Research*, v. 30, n. 4, 2020.

Índice remissivo

Acordo de Belfast, 227
Adams, Ryan, 275, 282
adolescentes: benefícios do conflito construtivo, 20, 21, 32, 33; disputas de poder, 256
advogado do diabo, em tomada de decisão em grupo, 55, 85
agressividade: controle da, 227, 232; nas redes sociais, 9-10, 15-17, 214; *ver também* raiva; emoções negativas, 274; comportamento passivo-agressivo, 37
Ala, Abu, 201, 205
Alison, Emily, 113, 114, 116, 120, 271
Alison, Laurence, 113, 114, 115, 116, 120, 176, 220, 223, 224, 234, 235, 237, 271
ambiente de trabalho: evitação de conflitos, 18-19, 36-37; benefícios do conflito construtivo, 20, 21, 32, 33; cultura corporativa, 38; comportamento passivo-agressivo, 37; respeitar a fachada, 143; pesquisas, 4, 29, 41, 67, 114, 129; conflito de tarefa *vs.* relacionamento, 13, 35, 41, 42, 44
ambivalência em relação à mudança, 118, 119 durante terapia para dependência, 118, 119
Amdur, Ellis, 228, 271, 279
amizades, precisão empática, 28, 29, 30, 31
aquisições corporativas, 58, 59
Arafat, Yasser, 206
araki-ryu (arte marcial), 279
Aristóteles, 52
Arnold, Kyle, 126
Arnold, Philip, 166
Asfour, Hassan, 201
Ashley-Cooper, Anthony, 254
ativistas contra e a favor do aborto, 142
Aurik, Johannes, 145
autenticidade: no pedido de desculpa, 191, 237; dissidente autêntico *vs.* advogado do diabo, 57; na curiosidade, 235, 237; na empatia, 233, 234, 237; e policiamento, 238, 239; no relacionamento, 235-237
Bacon, Francis, 67
bandas, 77, 78, 79

Índice remissivo

Barnard, Niël, 237
Barnet, Frank (interrogatório com encenação), 1, 2, 4, 220, 221, 223, 231, 234; *ver também* Smith, Lloyd
Barry, John, Roger Williams e *Creation of the American Soul: Church, State and the Birth of Liberty*, 243
Beatles, 80, 81, 83, 226, 276
Beautiful South, 79
Beck, Jeff, 79
Bejan, Teresa, 248, 251, 254, 271, 272, 280, 282; *Mere Civility: Disagreement and the Limits of Toleration*, 282
benefícios do conflito construtivo: para adolescentes, 20, 21, 22, 32, 33; em bandas, 76, 77, 78, 80; como/para a criatividade, 77-79, 258-262; divisão do trabalho cognitivo, 64, 67; divisão do trabalho epistêmico, 49; na família, 20, 21; em geral, 20, 23, 46; em tomadas de decisão em grupo, 20, 25, 41, 54, 66; no casamento e nas relações amorosas, 26, 30-33; franqueza negativa, 32; opiniões de Roger Williams, 248, 252, 254, 280; em avanços científicos, 74-76; no ambiente de trabalho, 19, 20, 21, 22, 41, 43, 44, 246, 260
Blair, Tony, 228
Bormann, Ernest, 79, 276
Brady, William, 16, 17
brainstorm, 84, 85
Bro, Susan, 92, 108, 271, 276, 280
Buffett, Warren, 58, 66
busca da verdade, 62, 66
caixa de ferramentas da discussão produtiva, 87, 265, 281
Callard, Agnes, 49, 271, 272
Carlin, John, 132, 147, 272; *Knowing Mandela*, 277
Carse, James, *Jogos finitos e infinitos*, 256
casais *ver* casamento e relações amorosas
casamento e relações amorosas: benefícios do conflito, 26, 30, 33; papéis de gênero trocados, 13; estilo de comunicação, 24-26; início da conversa, 94-95; acompanhamento da conversa (nível do conteúdo *vs.* do relacionamento), 34-37; mediação de divórcio, 97; reciprocidade emocional, 226; precisão empática, 28, 29, 30, 31; intensificação em, 226, 227; comportamento passivo-agressivo, 37, 40, 46; pesquisas, 24-26, 31-36, 94, 136, 225
cauda do pavão (como "sinal custoso"), 185
Ceasefire (aplicativo), 279
cercear, em discussão persuasiva, 216
Change My View (CMV), 209, 279

Índice remissivo

Chasin, Laura, 142, 277

chatbots, 198

Christian, Brian, 200

civilidade e educação: *vs.* raiva, 245, 246; e se manter na discussão, 245, 254; compreensão moderna da, 254; regras de Robin Lakoff, 254; opiniões de Roger Williams, 248, 252, 254, 280; como ferramenta de controle/opressão, 246, 247, 248; *ver também* grosseria

Clark, Ronald, *The Life of Bertrand Russell*, 280

Clinton, Bill, 206

coerência: *vs.* complexidade, 203; desejo de,

cognição: processamento de informações de maneira enviesada, 41; cognição de proteção da identidade, 172; prejuízo (durante o conflito), 42; ilusão do conhecimento, 64; e emoções negativas, 274

cognição de proteção da identidade, 172; *ver também* processamento de informações de maneira enviesada

Coke, Sir Edward, 249

Coleman, Peter, 195, 203, 207; *The Five Percent*, 277, 279, 281

"começar de onde eles estão", 102; *ver também* empatia

companhias aéreas, 38, 44, 45

complexidade: *vs.* coerência, 203; e discordância construtiva, 197; introdução deliberada de (surpresa), 174, 178, 200, 203, 204, 207

comportamento distanciado: quanto ao discurso político em pessoa, 17, 18, 257; no ambiente de trabalho, 18, 19, 37, 38

comportamento passivo-agressivo: no casamento e nas relações amorosas, 25; como inútil, 46; no ambiente de trabalho, 37, 40

comunicação *on-line*: cultura, 216; "ouvir" na, 211, 212; como baixo contexto, 14; linguagem moralizante, 16; disputas de poder, 256; extinção das normas sociais, 16, 17; e disseminação de falsas crenças, 124; tom, 213, 214, 216, 217; *ver também* redes sociais

concessão, *vs.* criatividade, 259, 260

conexão *ver* relacionamento e conexão

confiança: durante terapia para dependência, 117, 118; erosão através do comportamento passivo-agressivo, 46; em cultura de comunicação de alto *vs.* baixo contexto, 12; importância da, 57, 76, 86; durante a negociação, 202

conflito árabe-israelense, 193, 206;

Índice remissivo

negociações para o Acordo de Oslo, 195, 204-207, 278
conflito construtivo: benefícios *ver* benefícios do conflito construtivo; futilidade ocasional do, 241, 242, 243; *vs.* persuasão, 256, 260, 261; regras (resumo), 263, 264; caixa de ferramentas, 265-270
conflito construtivo como/para a criatividade, 77, 79, 258-262
conflito na tarefa, *vs.* no relacionamento, 41, 42
conflito no relacionamento (no ambiente de trabalho), *vs.* conflito na tarefa, 41, 42
conflitos internos, 231, 233; *ver também* emoções negativas
conhecimento coletivo, 64
conselhos de dieta (e viés de confirmação), 68-72
consumo de açúcar, *vs.* gordura (e viés de confirmação), 69, 70
consumo de gordura, recomendações nutricionais (e viés de confirmação), 69, 70
contar uma história, em discussão persuasiva, 216
conversa(s): início *ver* início da conversa; construtiva *vs.* destrutiva, 196, 198; com estado *vs.* sem estado, 198; acompanhamento (nível do conteúdo *vs.* nível do relacionamento), 34-37
conversas com estado *vs.* sem estado, 198
conversas construtivas *vs.* destrutivas, 196, 197, 198
conversas destrutivas *vs.* construtivas, 196, 197, 198
conversas telefônicas, pausa antes do "alô" inicial, 94
cooperação, no casamento e nas relações amorosas, 26, 30-33
Corbin, Jane, 194, 202, 278
Coulson, Danny, *No Heroes*, 278
crianças *ver* adolescentes; família; pais
criatividade: *vs.* concessão, 259, 260;
Crick, Francis, 83, 84, 276
Crockett, Molly, 16
Crouch, Tom, 74
cultura corporativa, 38
cultura de comunicação, alto *vs.* baixo contexto, 12
cultura de comunicação de alto contexto: características, 10, 11, 12; *vs.* baixo contexto, 12
cultura de comunicação de baixo contexto: características, 12; *vs.* alto contexto, 12; prevalência crescente de, 13, 14
cultura de comunicação japonesa, 11; *ver também* cultura de comunicação de alto contexto

Índice remissivo

curiosidade científica, 173, 174
curiosidade e questionamento: sobre a perspectiva dos outros, 46,47,156; sobre a própria perspectiva, 48, 49, 57, 66, 96; ser genuíno, 237; em conversas construtivas, 196, 200; e desejo de coerência *vs.* complexidade, 203; em interrogatório, 176, 223, 224, 235, 237; em discussão persuasiva, 216; curiosidade científica, 173, 174; estimular a curiosidade do outro, 79, 178
Cusk, Rachel, 146
"custoso" (eficaz), pedido de desculpa, 185, 186, 189, 192, 278; *ver também* pedido de desculpa
davidianos *ver* Monte Carmelo (EUA) e Ramo Davidiano
De Wit, Frank, 42, 275
debates: *vs.* conversas, 211; disputas, 52; método socrático, 52
delírio clínico, 125, 126, 127, 268
democracia, como um jogo infinito, 256, 280
Descartes, René, 53
desequilíbrio de poder e dificuldades: com adolescentes, 119, 136; em geral, 112, 113; durante o interrogatório, 111-113, 114, 136, 212, 223; parte em desvantagem (desequilíbrio de *status*), 135-138, 143, 183, 191; na comunicação *on-line*, 212
desequilíbrio de *status* (parte em desvantagem), 135-138, 143, 183, 191; *ver também* desequilíbrio de poder e dificuldades
desprezo, 91, 117
diferenças culturais: valorização da cultura dos outros, 154-155, 161, 162, 163, 166, 168; em discussões, 257, 279; cultura de comunicação de alto *vs.* baixo contexto, 10, 12, 14; em estilo de negociação, 150-151, 152, 153; e discurso político, 161; tipos de racionalidade, 176, 177; entendendo sua própria cultura, 154-155, 169-170, 270; mentalidade WEIRD, 160-162
diferenças de gênero: acompanhamento de conversas (nível do conteúdo *vs.* do relacionamento), 34-37; precisão empática, 28, 29, 30, 31
dinâmica emocional das conversas, 195
discordância produtiva *ver* conflito construtivo, 21, 33, 279; disputas, 3, 16, 52, 53, 77, 136, 185, 207, 232, 244; *ver também* debates
discurso político: diferenças culturais, 161, 162, 257; e cognição de proteção da identidade, 172; e aumento no número de caracteres, 279;

Índice remissivo

desvantagem do eleitorado, 137; em pessoa, 17, 18; pesquisas, 161, 173-174; nas redes sociais, 16, 279; trabalho de Susan Bro, 92, 108, 271, 276, 280

discussão persuasiva: *vs.* conflito construtivo, 21, 33, 279; como comportamento de endireitamento, 121, 122, 123, 124, 128, 215, 266; estratégias para, 214-216

discussões: complexidade deliberada, 228; sem estado, 198, 199; no Twitter, 17, 109, 216, 277, 279

disputas "intratáveis", 94, 207, 209

divisão do trabalho: cognitiva, 64, 67; epistêmica, 49

Docherty, Jayne, 163, 177, 278; *Learning Lessons From Waco*, 278

Donohue, William, 134-136, 141, 218, 219

Downs, Bertis, 78

Druckman, Daniel, 135

Dubner, Stephen, *podcast Freakonomics*, 278

"efeito tiro pela culatra", 178, 266; *ver também* reflexo de endireitamento e comportamento

Egeland, Jan, 194

egoísmo, 60, 261

El Kurd, Maher, 201

emoções *ver* emoções epistêmicas; emoções negativas

emoções epistêmicas, 178; *ver também* curiosidade e questionamento

emoções negativas: e cognição, 274; controle das, 226, 226, 227, 228, 233; importância da articulação, 97, 99; conflitos internos, 231, 233; dos entrevistadores, 220, 221, 222, 223; em negociações, 226, 227; reação ao comportamento de "endireitamento", 121, 178; papel das, 32, 45, 65; entendendo as próprias reações e emoções, 228, 233, 260; *ver também* raiva

empatia: ser genuíno, 234, 235, 237; início de conversa, 95, 98, 101, 104; definição, 27; e desejo de coerência *vs.* complexidade, 203; "começar de onde eles estão", 102

empresas *ver* ambiente de trabalho

entrevista motivacional, 118, 119, 120, 235

Eppler, Mark, *The Wright Way*, 276

erros: médicos, 184, 185; em negociações, 180-183, 191; pesquisas, 181-183; *ver também* pedido de desculpa

estado de ameaça, *vs.* estado de desafio, 42, 266

estado de desafio, *vs.* estado de ameaça, 42, 266

Índice remissivo

estigma do equívoco, 214; *ver também* respeitar a fachada
estilo de comunicação, no casamento e nos relacionamentos, 33, 35, 102
eu, noção de *ver* identidade e noção de eu
Evans, James, 58, 66
evolução humana, habilidades de raciocínio, 62, 63
Faber, Adele, *Como falar para seu filho ouvir e como ouvir para seu filho falar*, 121
Facebook, 9, 10, 109, 138, 184; *ver também* redes sociais, trabalho de fachada (primeiras impressões), 132; *ver também* respeitar a fachada
Fagan, Livingstone, 166
família: discussões, ruptura deliberada da, 207; relacionamentos de apoio, 21; *ver também* crianças; casamento e relações amorosas; pais
FBI, cerco a Monte Carmelo, 148-150, 154, 155, 159, 162-169
Follett, Mary Parker, 258-261, 270, 281
Forsyth, Donelson, *Group Dynamics*,
Franklin, Rosalind, 84
franqueza negativa, benefícios, 32
Gabor, Andrea, *Capitalist Philosophers*, 281
gatilhos (para a raiva), 230, 261
Gawande, Atul, 99

Gimbel, Sarah, 15
Gittell, Jody Hoffer, 38
Gladwell, Malcolm, 278
Goffman, Erving, 132
Goldszal, Clementine, 257
Gottman, John, 45, 94, 95, 225
Graham, Paul, 9
Grécia Antiga, 48-52
Greer, Lindred, 82
grosseria: aceitável, 84, 85; e diferenças culturais, 152, 153; como ruptura deliberada (Martinho Lutero), 247; na comunicação *on-line*, 212; *ver também* civilidade e educação
Gulla, Don, 101, 102, 200, 201, 228, 237, 271
Haidt, Jonathan, 162
Hall, Edward T., 10, 12; *Beyond Culture*, 274
Halperin, Basil, 187
Harrison, George (piada da gravata com George Martin), 81, 83
Heiberg, Marianne, 195
Hempel, Jessi, 277
Henrich, Joe, 160, 161, 278
Heyer, Heather, 91, 92, 104, 105, 106, 108, 109, 271; Fundação Heather Heyer, 276
Hirschfeld, Yair, 201
Ho, Benjamin, 183, 184, 185, 186, 187, 188, 278

Índice remissivo

Hoffman, Jan, 277
Horowitz, Ben, 79
Howell, Vernon *ver* Koresh, David, 149, 150, 153-159, 162, 163, 167, 168, 237
Hume, David, 280
humilhação, 143, 145, 186
humor, uso eficaz do, 80-83, 151, 157, 179, 208
Humphrys, Mark, 199
Huthwaite International, 226, 280
Ickes, William, 27, 28, 31; *Everyday Mind Reading*, 275
identidade e noção de eu: e pertencimento, 142, 172; respeitar a fachada, 143; *ver também* trabalho de fachada (primeiras impressões)
ilusão do conhecimento, 64
importância econômica do pedido de desculpas, 183, 187, 188
inércia emocional, 225
início da conversa: articulação de emoções, 97-99; empatia, 94-96, 102-104; importância de, 92, 93, 94; concordância inicial, 97, 104; conversas telefônicas, 93, 276; reciprocidade, 93-94, 96-97, 102, 109
intensificação: e controle emocional, 225, 226; em negociações, 226, 227; pesquisas, 224, 225, 226
interrogatório: evitar "truques", 237; níveis cognitivo e emocional do, 230; curiosidade, 177, 223, 224, 235, 237; reação emocional aos entrevistadores, 220-223, 230-231; empatia, 95, 96; dar ao suspeito o direito de não falar, 116; disputas de poder, 111-113, 114, 136, 221, 223; relacionamento, 115, 118; pesquisas, 114-116, 181-183; encenação (Frank Barnet), 1-2, 220-224, 230, 234; semelhança com terapia para dependência, 116, 119; terroristas, 111-116; fracasso, 111, 112, 114
Jagger, Mick, 76, 77
Janin, Neil, 175, 176, 179
Janis, Irving, 55
jogos finitos *vs.* infinitos, 256
jogos infinitos *vs.* finitos, 256; democracia como jogo infinito, 256
Johnson, Mark, 23
Juul, Mona, 193, 194
Kahan, Daniel, 171-174, 177, 179
Kaplan, Jonas, 15
Keil, Frank, 64
Kelleher, Herb, 37, 38, 39
King, Martin Luther, 246
King, Rollin, 39
Klar, Samara, 18
Kleinman, Steven, 96, 97
Koresh, David (Vernon Howell), 149, 150, 153-159, 162, 163, 167, 168,

Índice remissivo

237; *ver também* Monte Carmelo (EUA) e Ramo Davidiano
Krupnikov, Yanna, 18
Lakoff, George, 23, 254
Lakoff, Robin, 254
Lascelles, Jerry, 78, 271
Laursen, Brett, 275
Lee, Fiona, 184
lei de pedido de desculpa médico (EUA), 184, 185
Lennon, John, 81, 82
Leon, Carli, 127, 178, 277
Lewis, Richard, 150, 278
Lewisohn, Mark, *Tune In*, 276
Libéria, fim da Segunda Guerra Civil, 204
liderança: exemplo de comportamento, 44, 85; recompensar dissidentes, 267
limitações e regras: importância de, 217, 218; redes sociais, 211-213, 217-218
limite de tolerância, 79, 80
linguagem moralizante na comunicação *on-line*, 16
linguagem usada para descrever conflito, 22, 23
List, John, 187
Liu, Elaine, 184
Llano, Stephen, 269
Lustig, Robert, 71; *Fat Chance*, 71
Lutero, Martinho, 247
Lynch, Larry, 149, 165

machiguenga, povo (da bacia amazônica), 160, 161
Mandela, Nelson, 130, 133, 147, 272; encontros e negociações com general Viljoen, 131, 132
Martin, George (piada da gravata), 81, 83
Martin, Wayne, 157, 164, 165
"mas", evitar o uso de, 267
massacre de Munique, 134
Matias, Nathan, 217
Mazlish, Elaine, *Como falar para seu filho ouvir e como ouvir para seu filho falar*, 121
McCartney, Paul, 81
McNulty, Jim, 31, 32
mediação: mediação de divórcio, 97; articulação de emoções, 97-99; concordância inicial, 97, 104
médicos, erros e pedido de desculpa, 184, 185
Mercier, Hugo, 62, 63, 64
método e avanços científicos: benefícios do conflito construtivo, 74-75, 83-84; e divisão do trabalho cognitivo, 66, 67; impacto do viés de confirmação, 66, 67, 68; *ver também* pensamento e raciocínio
MGonz (chatbot), 199, 200
militares, uso do humor, 151
Miller, William, 117, 118, 119, 121, 127, 277

Índice remissivo

Milton, John, 243, 249; *Areopagitica*, 280
mistura de personalidade nas equipes, 225
Moran, major Sherwood, 95, 96
Morrill, Calvin, 43
Mosley, Oswald, 243, 244, 245
Monte Carmelo (EUA) e Ramo Davidiano: cultura, 154-159, 166-168, 177; fundação, 156; percepção pública de, 153, 157, 163; cerco, 148-150, 153-155, 158-159, 162-167, 236-237, 278; *ver também* Koresh, David (Vernon Howell)
movimento antivacina, 124, 128
mudar a opinião de outra pessoa, experiência de, 213, 215; *ver também* discussão persuasiva
Muir, Ian, 187
Napier-Bell, Simon, 79, 80, 271
narragansett, tribo, 251
negociação: valorização de outras culturas, 155-156, 169-170, 163-168; benefícios da privacidade, 142-143, 195, 202; diferenças culturais em estilo de negociação, 150-153; controle emocional, 227-228; erros de comunicação, 180-185; intensificação, 226-227; negociação de crise, 180; parte em desvantagem (desequilíbrio de *status*), 135-138, 143, 183, 191; negociações para o Acordo de Oslo, 195, 204-207, 278; respeitar a fachada, 143; fornecer ordem e estrutura, 218; relacionamento, 164-165, 201-202, 2026; pesquisas, 181-183, 226; negociações durante o cerco (Monte Carmelo, EUA), 148-150, 153-155, 169-170, 162-168, 236-237, 278; negociações com suicidas, 180, 181; negociações com terroristas, 133; confiança, 202
negociação de crise, 180
negociações com suicidas, 180, 181
negociações durante o cerco, Monte Carmelo (EUA), 148-150, 153-155, 169-170, 162-168, 236-237, 278
negociações para o Acordo de Oslo, 195, 204-207, 278
Nelson, Gary, 281
Nemeth, Charlan, 56, 85, 238
Newton, Isaac, 68
Nickerson, Raymond, 61
Nissen-Lie, Helene, 129
objetivos concorrentes (conflitos internos), 231; *ver também* emoções negativas
Ocasio-Cortez, Alexandria, 145, 277
O'Neill, Mike, 101, 102, 103, 122, 144, 230, 271
Oostinga, Miriam, 180-183, 187, 189, 190, 191, 238, 271, 278

Índice remissivo

ouvir: na terapia para dependência, 119; e precisão empática, 28-29; na comunicação *on-line,* 211,212; as emoções dos outros, 99-100; habilidade policial, 102; habilidade dos irmãos Wright, 76
Overall, Nickola, 24, 31, 32, 46, 271
pais: exemplo de raciocínio, 63; disputas de poder com adolescentes, 119, 136; reflexo de endireitamento e comportamento, 120, 121
Pariser, Eli, 104, 277
parte em desvantagem (desequilíbrio de *status*), 135-138, 132, 143, 183, 191; *ver também* desequilíbrio de poder e dificuldades
pedido de desculpas: corporativo, 183-184, 186,189; "custoso" (eficazes), 186, 188, 192; importância econômica do, 183-184, 186-189; frequência e excesso, 188, 189; erros médicos, 185, 190; e competência percebida, 190; de políticos, 186-188, 189, 190; como oportunidade de relacionamento, 183-184, 191-192; pesquisas, 184-185, 186-188; sinceridade, 192, 237; tipos de, 186, 187, 189; *ver também* erros
pedidos de desculpa de políticos, 186-188, 189, 190
Penn, William, 253

pensamento e raciocínio: *brainstorming*, 84; viés de confirmação, 60-61, 65-67, 68-71; evolução humana, 61-62; abordagens filosóficas, 48-53; reflexão sobre o pensamento, 48; através do debate, 48, 62-63, 84-85; através da introspecção solitária, 48, 52-53, 63; em busca da verdade *vs.* habilidade de discussão, 60-63; *ver também* cognição; método e avanços científicos
perder uma discussão, treinar, 269
Perlow, Leslie, 41
pesquisas: *brainstorming vs.* debate e crítica, 84-85; comunicação no casamento e nas relações amorosas, 24-26, 31-32, 33-34, 35-37, 94, 136, 225; cultura corporativa, 38-39, 43, 44, 45; dinâmica emocional da conversa, 195-198; precisão empática, 27-28; erros e pedido de desculpa, 181-184, 186-189; intensificação, 224, 225, 226; justiça e diferenças culturais, 160-161; tomada de decisão em grupo, 55, 56, 57, 58, 59; humilhação, 145; interrogatório, 114-116, 181-183; ilusão do conhecimento, 64; entrevista motivacional, 119; negociação, 181-183, 226; discussão persuasiva (no Change My View), 215-216; reações fisiológicas, 42, 225; discurso político,

Índice remissivo

162, 173-174, 279; curiosidade científica, 173-174; redes sociais, 137, 205, 206, 207, 279; eficácia e dúvida do terapeuta, 128; escolhas de vacinação, 141-142; mentalidade WEIRD *vs.* holística, 162; edição da Wikipédia, 58, 59, 60, 65

pessoas "delirantes", reação a, 124, 125, 127, 268

Peters, Emmanuelle, 124, 271

Phear, Patrick, 97, 98

piratas, crânio e ossos cruzados (como "sinais custosos"), 278

Planck, Max, 71, 72

Platão, 50, 51, 52; Górgias, 51; Hípias Menor, 50; *A República*, 51

polarização política, e tomada de decisão em grupo (edição da Wikipédia), 58, 59, 60, 65

polícia: habilidades de comunicação (desintensificação), 100-105, 144, 200-201; humilhação de suspeitos, 144-145; importância da autenticidade, 238-239; filosofia de Jonathan Wender, 238-239; habilidades de escuta, 102-103; simulações para treinamento, 220; compreensão de suas próprias reações e emoções, 228-229

Posterous (plataforma de *microblog*), 18, 19, 78

Powell, Jonathan, *Great Hatred, Little Room*, 227, 228

Powers, William T., 231, 232, 233

precisão empática, 28, 29, 30, 31

primeiras impressões (trabalho de fachada), 132; *ver também* respeitar a fachada

privacidade durante negociações, benefícios da, 142-143, 195, 202

processamento de informações de maneira enviesada, 41; *ver também* cognição de proteção da identidade

Providence, EUA, 251, 252

Pundak, Ron, 251

questionamento *ver* curiosidade e questionamento

Rabin, Yitzhak, 206, 207

raciocínio *ver* cognição; pensamento e raciocínio

racionalidade, tipos de,

raiva: e cognição, 274; como transmissão de investimento, 32, 46; e competência percebida, 190; *vs.* civilidade e educação, 245-246, 280; tipos de, 229; *ver também* agressividade; emoções negativas

reação lutar ou correr, 15, 23, 59, 244; *ver também* agressividade; comportamento de esquiva; comportamento passivo-agressivo

reações fisiológicas: e reciprocidade/

305

Índice remissivo

inércia emocional, 225; reação lutar ou correr, 15, 23, 59, 244; pesquisas, 42, 225; estado de ameaça *vs.* desafio, 42, 266

reatância; *ver também* "efeito tiro pela culatra"

reciprocidade, 94-95; início da conversa, 94-95, 96-97, 102, 109; emocional reciprocidade, 225-226, 227-228, 266; tipo "errado" de, 102

reciprocidade emocional, 94, 97, 101, 199, 226, 228, 266

recomendações nutricionais (e viés de confirmação), 69, 70

Reddit, 209, 217, 179; Change My View (CMV), 209, 210, 211, 212, 213, 214, 215, 217, 279; *ver também* redes sociais

Rede Internacional de Mulheres pela Paz, 204

redes sociais: "ouvir" nas, 211, 212; negatividade e agressividade, 9-10, 15-17, 212; pesquisas, 137, 215-216, 217, 279; regras, 210-213, 217-218; desequilíbrio de *status*, 135-138, 143, 183, 191; tom, 212, 213; *ver também* Facebook; comunicação *on-line*; Posterous (plataforma de *microblog*); Reddit; Twitter

reenquadramento, na discussão persuasiva, 215

reflexão em grupo, 54

reflexo de endireitamento e comportamento: na terapia para dependência, 116-117, 120-121; "efeito tiro pela culatra", 177-178, 215, 255, 266; reação emocional a, 121, 178; para emoções, 122, 267; nos pais, 120-121;

resistência, 42, 73, 95, 116, 121, 128, 130, 255, 281; onipresença da,

reforço cognitivo, 56

regras *ver* limitações e regras

regras da discussão produtiva (resumo), 263

relacionamento e conexão: durante terapia para dependência, 117; ser genuíno, 235-236; definição, 115; durante interrogatório, 115, 119; durante negociação, 164-165, 201-202, 205-206

R.E.M., 77, 78, 81

respeitar a fachada, 143; *ver também* trabalho de fachada (primeiras impressões)

Richards, Keith, *Vida*, 76

Rød-Larsen, Terje, 193, 194, 195, 201, 202, 203, 205, 206, 271, 278; negociações para o Acordo de Oslo, 195, 204-207, 278

Rogers, Carl, 27

Rogers, J. T., Oslo, 279

Índice remissivo

Rolling Stones, 76, 77
Rollnick, Jake, 235, 271
Rollnick, Stephen, 116, 271, 277
Rozenblit, Leonid, 64
ruptura *ver* complexidade; humor, uso eficaz de; surpresa, utilidade de
Russell, Bertrand, 243, 244, 245, 280
Russell, Michelle, 31, 32, 271
Schneider, Steve, 150, 155, 158, 166
Schroeder, Kathryn, 162
Shenk, Joshua Wolf, *Powers of Two*, 276
Sillars, Alan, 30, 31, 33, 34, 36, 94, 95, 136
"sinais custosos", 278
Smith, Lloyd, 221, 271; *ver também* Barnet, Frank (interrogatório encenado)
Smith, Nathan, 44, 271
Sobo, Elisa, 141, 271
Sócrates, 48, 49, 50, 51, 52, 54, 55, 60, 63, 64, 72, 214, 256
Southwest, companhia aérea, 37-40, 44, 45
Sperber, Dan, 62, 63, 64, 65
Spratt, George, 73, 74
Stokoe, Elizabeth, *Talk: The Science of Conversation*, 277
surpresa, utilidade da, 174, 178, 200, 203, 204, 207
Tabor, James, 166
Talhelm, Thomas, 161

Tan, Garry, 18, 22
Taylor, Charles, 75
Taylor, Paul, provocação, 135, 278; *ver também* humor, uso eficaz do
tensões étnico-raciais e conflito: África do Sul, 130-131, 145-146; EUA, 1, 92, 100; *ver também* conflito árabe-israelense; Mandela, Nelson
teoria dos jogos, 185; jogos finitos *vs.* infinitos, 256
terapia: terapia para dependência, 116-117, 120; para delírios clínicos, 124-125; eficácia e dúvida do terapeuta, 128
terapia para alcoolismo *ver* terapia para dependência
terapia para dependência: ambivalência da dependência, 118-119; ouvir, 119; harmonia, 117; reflexo de endireitamento e comportamento, 116-117, 120; semelhança com interrogatório, 116, 119; confiança, 117
Terreblanche, Eugene, 130, 131
terroristas: interrogatório, 111-116; negociação, 133
Tesser, Abraham, 21
Thompson, George, 265; *Verbal Judo*, 281
Tiedens, Larissa, 189, 190
tom, 212-213

Índice remissivo

tomada de decisão em grupo: benefícios do conflito construtivo, 55-56, 58-60, 64-67; advogado do diabo *vs.* dissidente autêntico, 56-57, 237; motivação e incentivos, 57-58; e polarização política, 58-60; pesquisas, 56-58, 59-61

trabalho cognitivo, divisão do, 65, 66, 67

traços de personalidade, 20

Trevors, Gregory, 178, 179, 271

tribalismo, 60

tristeza, e cognição, 25, 274, 275

Turnbull, Kal, 210-216, 254, 271, 279; *ver também* Change My View (CMV)

Twitter: discussões no, 216; efeito do aumento do número de caracteres, 279; respeitar a fachada, 143; linguagem moralizante e emocional, 16; desequilíbrio de *status*, 135-138, 143, 183, 191; como "gritar" (Susan Bro), 109; *ver também* redes sociais

Uber, 187, 188

uso de provas, na discussão persuasiva, 216

Vakhrusheva, Julia, 126, 127, 128

verificando a compreensão, 268

Obs.: a tradução no miolo é "confirme se entendeu bem".

viés de confirmação, 61, 65, 66, 67, 68, 69, 275

viés de informação compartilhada, 55

Viljoen, general Constand, 131-133, 136, 139-147, 238, 244

"você", evitar o uso, 267

Waco (EUA) *ver* Monte Carmelo (EUA) e Ramo Davidiano

Wagner, Emma, 128, 277

wampanoag, tribo, 250

Watson, James, 83

Watters, Ethan, 278

Watts, Charlie, 76

WEIRD (ocidental, educado, industrializado, rico e democrático), 160; mentalidade, 161, 162

Wender, Jonathan, 101, 143, 238, 271; *Policing and the Poetics of Everyday Life*, 238

Whipps, Judy, 281

Wikipédia (pesquisa), edição da, 58, 59, 60, 65

Wilkins, Maurice, 84

Williams, Roger, 248, 252, 254, 280; *The Bloudy Tenent of Persecution for Cause of Conscience*, 252, 280

Wilson, Alfred, 91, 104, 238, 245, 271, 276

Witkowski, Sadie, 277

Wright, Bob, 98

Wright, Wilbur e Orville, 73-75

Wright Miller, Ivonette, 75

Yardbirds, 79

Índice remissivo

Yudkin, John, 68, 69, 70, 71, 276;
 Pure, White e Deadly, 69
Zanes, Warren, 77, 271
Zartman, William, 145

SUA OPINIÃO É MUITO IMPORTANTE
Mande um e-mail para **opiniao@vreditoras.com.br**
com o título deste livro no campo "Assunto".

1ª edição, out. 2021

FONTE Adobe Garamond Pro Regular 12,25/16,3pt;
　　　　Akzidenz-Grotesk Pro Medium 15/6,3pt
PAPEL Book Fin 60g/m²
IMPRESSÃO Geográfica
LOTE GEO112789